中等职业学校教育创新规划教材
新型职业农民中职教育规划教材

现代农业创业实务

马俊哲　郭　淼　主编

中国农业大学出版社
·北京·

内 容 简 介

本教材根据项目驱动式教学的需要，以引导学生主动学习为目的，进行体例架构设计，按照认识创业、准备创业(一)、准备创业(二)和实施创业四个模块，重点介绍了创业概述、现代农业创业概述、现代农业创业的心理与知识能力准备、现代农业创业的机遇把握、选择现代农业创业项目、充分了解现代农产品市场及其行情、筹集现代农业创业资金、编制现代农业创业计划、组建现代农业创业团队与组织、实施现代农业创业计划、规避现代农业创业风险和提高现代农业创业的经济效益等内容，涵盖了现代农业创业的各个环节。

图书在版编目(CIP)数据

现代农业创业实务 / 马俊哲，郭森主编. —北京：中国农业大学出版社，2015.9

ISBN 978-7-5655-1358-9

Ⅰ.①现… Ⅱ.①马…②郭… Ⅲ.①农业经营 Ⅳ.①F306

中国版本图书馆 CIP 数据核字(2015)第 181949 号

书　　名　现代农业创业实务

作　　者　马俊哲　郭　森　主编

策划编辑　张　蕊　张　玉　　**责任编辑**　张　玉

封面设计　郑　川

出版发行　中国农业大学出版社

社　　址　北京市海淀区圆明园西路 2 号　　**邮政编码**　100193

电　　话　发行部 010-62818525,8625　　读者服务部 010-62732336

编辑部 010-62732617,2618　　出　版　部 010-62733440

网　　址　http://www.cau.edu.cn/caup　　**E-mail**　cbsszs @ cau.edu.cn

经　　销　新华书店

印　　刷　北京俊林印刷有限公司

版　　次　2015 年 9 月第 1 版　　2015 年 9 月第 1 次印刷

规　　格　787×1 092　　16 开本　　17 印张　　306 千字

定　　价　45.00 元

中等职业学校教育及新型职业农民
中职教育教材编审委员会名单

编审人员

主　编　马俊哲　郭　淼

副主编　包利民　陶周喜

参　编　（以姓氏笔画为序）

马俊哲　包利民　秦　芳

郭　淼　陶周喜　喻　艳

主　审　赵晨霞　曹春英　纪绍勤　陈肖安

编写说明

积极开展与创新中等职业学校教育和新型职业农民中职教育，提高现代农业与社会主义新农村建设一线中等应用型职业人才及新型职业农民的综合素质、专业能力，是发展现代农业和建设社会主义新农村的重要举措。为贯彻落实中央的战略部署及全国职业教育工作会议精神，特根据《教育部关于"十二五"职业教育教材建设的若干意见》《中等职业学校新型职业农民培养方案（试行）》和《中等职业学校专业教学标准（试行）》等文件精神，紧紧围绕培养生产、服务、管理第一线需要的中等应用型职业人才及新型职业农民，并遵循中等农业职业教育与新型职业农民中职教育的基本特点和规律，编写了《现代农业创业实务》教材。

《现代农业创业实务》是中等职业学校种植、养殖、农业工程、农业经济管理等四大类专业公共课教材之一。该教材构思新颖，内容丰富，结构合理，以行动导向的教学模式为依据，以学习性工作任务实施为主线，物化了本门课程历年来相关职业院校教育教学改革中所取得的成果，并统筹兼顾中等职业学校教育及新型职业农民中职教育的学习特点。

《现代农业创业实务》按照认识创业、准备创业（一）、准备创业（二）和实施创业四个模块，重点介绍创业概述、现代农业创业基础、现代农业创业的心理与知识能力准备、现代农业创业的机遇把握、选择现代农业创业项目、充分了解现代农产品市场及其行情、筹集现代农业创业资金、编制现代农业创业计划、实施创业、组建现代农业创业团队与组织、实施现代农业创业计划、规避现代农业创业风险和提高现代农业创业的经济效益等内容，涵盖了现代农业创业的各个环节。本教材根据项目驱动式教学的需要，以引导学生主动学习为目的，进行体例架构设计，以适应中等农业职业教育和新型职业农民中职教育创新和改革的需要。本教材内容深入浅出、通俗易懂，具有很强的针对性和实用性，是中等职业教育及新型职业农民中职教育的专用教材，也可作为现代青年农场主的培育教材，还可作为农村创业培训的教材和相关专业人员作为参考用书使用。

《现代农业创业实务》由北京农业职业学院教授马俊哲与河南南阳农业职业学

院高级讲师郭淼担任主编，北京农业职业学院副教授包利民与湖北武汉市农业学校高级讲师陶周喜担任副主编，广西桂林农业学校助理讲师秦芳、湖北武汉市农业学校喻艳博士参加了编写。编写分工为：项目一、四、十一的任务三和十二由马俊哲编写，项目二和五由包利民编写，项目三和十由秦芳编写，项目六和七由陶周喜与喻艳编写，项目八、九和十一的任务一与二由郭淼编写。北京农业职业学院教授赵晨霞、山东省潍坊职业学院教授曹春英、农业部科技教育司处长纪绍勤和原农业部农民科技教育培训中心教材处原处长陈肖安等同志对教材内容进行了审定，在此一并表示感谢。

由于编者水平有限，加之时间仓促，教材中可能存在着不同程度和不同形式的错误和不妥之处，衷心希望广大读者及时发现并提出，更希望广大读者对教材编写质量提出宝贵意见，以便修订和完善，进一步提高教材质量。

编　者

2015 年 5 月

目　录

模块一　认识创业

模块二　准备创业(一)

模块三　准备创业(二)

模块四　实施创业

模块一　认识创业

项目一　创业概述

项目二　现代农业创业基础

项目一 创业概述

【项目目标】

完成本项目学习任务后，你应该能

1. 理解就业、创业及农业创业的概念；
2. 掌握农业创业的特定内涵、基本类型与主要模式；
3. 知晓为什么创业、应该什么时候开始创业，以及应该在什么地方创业；
4. 熟悉创业有哪些途径。

【项目任务描述】

创业，是放手让一切劳动、知识、技术、管理和资本的活力竞相迸发，让一切创造社会财富的源泉充分涌流，形成想干事、能干事、能干成事的良好氛围，促进经济社会全面、协调、可持续发展的有效途径。通过教师组织引导，学生听课、自学、讨论和案例分析等，理解创业与就业不同；掌握农业创业的特定内涵、基本类型和主要模式；知晓为什么创业、应该什么时候开始创业，以及应该在什么地方创业；熟悉创业有哪些途径。

【引导性案例】

"90后"创业大获成功

开着宝马车、在月租过万的高档写字楼开公司，这个"90后"看起来很"款"。然而，他并不是富二代，眼前的这些都是靠双手打拼来的。他叫龚伟明，出生于1990年，今年21岁，一个被称为"90后差等生"的年轻人，通过自己的努力，仅两年就赚了百余万元！

读书：不算好学生

龚伟明的公司设在厦门市鹭江道第一广场，推门走进总经理办公室，鼓浪屿全景迎面而来。龚伟明稚气未脱,生人刚见到他,还以为他是总经理助理。

龚伟明告诉访者,单从读书来衡量,他不算好学生。初中毕业后,他坚持要到新加坡读高中,但只读了两年便回国了,随后到集美大学旁听了一年。他说:"初回国时,全家人很失望。"龚伟明的家庭只是小康之家,为他留学期间花了不少钱。"连文凭都没有拿到!"他妈妈一下子哭了起来。

然而,在龚伟明看来,两年的新加坡之行收获颇多,不仅开拓了思路,而且还积累了巨大的人脉资源。

赚钱:台风天送机票

"从 2009 年开始到现在,我没从家里拿过一分钱。"龚伟明说。龚伟明从骨子里就想赚钱。2009 年,他还在集大旁听期间,发现代购机票利润很高。于是,他跟航空公司联系,称自己可以帮其卖机票。他开始在校内校外骑着摩托车到处跑,帮人买票送票。

有一次,一名学长向他买机票。当时正遇台风天,他为了不失信于人,冒雨送机票,送到时全身已经湿透了。那名学长很感动,之后为龚伟明介绍了很多客户。就这样,龚伟明卖了两年机票,赚了好几万元。

创业:被家人说没救

真正让龚伟明赚到第一桶金,是 2009 年秋天。那时,他在新加坡的一位同学来自台湾,家中主营垃圾处理设备,计划开拓大陆市场。同学请已经回厦门的龚伟明打听,寻找合作者。龚伟明把这件事放在心上,并问遍了亲戚和熟人,最后找到了意向人。然而,台湾方面要求意向人先拿 20 万元做保证金,但意向人没有见到设备,不愿意付钱。为了促成此事,龚伟明决定自己筹钱,先把保证金垫上。他说:"我当时跟家里一说,都说我没救了,没赚钱还开口要几十万,根本不同意。我只好向朋友开口。"这时,他在新加坡期间积累的人脉资源发挥了作用。他找了众多的朋友和同学,竟然凑到了 20 万元。他终于帮别人促成了生意,而他也从中赚到了 50 万元。

龚伟明从中发现了商机,开起了公司,做起了企业营销推广。仅两年时间,就赚到了 100 多万元。

(资料来源:http://topic.yingjiesheng.com/chuangye/gushi/101910535M2012.html)

案例点评:"90 后"龚伟明作为创业者,其身上的特质不是一般人认为有出息的读书好、老实、本分,而他善于把握人脉资源、诚实守信、敢冒风险的长处正是创业者所需要的。龚伟明做到了这些,因而他创业成功了。

任务一 明确什么是创业

一、学习准备

【知识准备】

(一)创业与就业

(1)创业的概念与内涵。创业是创业者对自己拥有的资源或通过努力能够拥有的资源进行优化整合,从而创造出更大经济或社会价值的过程。其内涵在于:

①创业是一种劳动方式,是一种需要创业者运营、组织、运用服务、技术、器物作业等的思考、推理和判断的行为。根据杰夫里·提蒙斯(Jeffry A. Timmons)所著的创业教育领域的经典教科书《创业创造》(New Venture Creation)的定义:创业是一种思考、推理结合运气的行为方式,它为运气带来的机会所驱动,需要在方法上全盘考虑并拥有和谐的领导能力。

②创业作为一个商业领域,致力于理解创造新事物(新产品、新市场、新生产过程或原材料、组织现有技术的新方法等)的机会,如何出现并被特定个体发现或创造,这些人如何运用各种方法去利用和开发它们,然后产生各种结果。

③创业是一个人发现了一个商机并通过实际行动转化为具体的社会形态,获得利益、实现价值的过程。

(2)就业的概念与内涵。就业是指在法定劳动年龄内的有劳动能力和劳动愿望的人们依法从事的为获取劳动报酬或经营收入的社会活动。因此,对于是否属于"就业",需要从以下三个方面进行界定:一是就业条件,指在法定劳动年龄内,有劳动能力和劳动愿望;二是收入条件,指获得一定的劳动报酬或经营收入;三是时间条件,即每周工作时间的长度。

(3)创业与就业的联系与区别。俗话说,创业就是自己当自己的老板,就业就是给人家打工、帮人家干活。但从不同的角度来看,其联系与区别主要有以下三大方面:

①从社会就业的角度看:就业是得到职业,参加工作;创业是广义上的就业,是就业的一种特殊形式。一般来说,狭义上就业与"打工"联系在一起,创业与"当老板"联系在一起。创业是自己创办企业,不仅自己得到了"职业"、有了"工作",还能通过创业创造岗位,安排其他人员就业,这叫创业的"倍增效应"。我国创业与就业的比例为2:8,也就是说我国创业的人占20%,打工就业的人占80%。创业是为

社会提供就业岗位，是为社会做贡献。相对而言，单纯的找工作"就业"是消费岗位，是社会要解决的负担。

②从经济学角度看：创业是民生之本、民富之基。创业是获取资本收益，是从无产阶层向资产阶层发展的过程。在这个过程中，参与剩余价值的分配，能使自己获得更多的经济利益，成为拥有更多财富的人。一个人一辈子单纯靠劳动报酬，靠工资吃饭，要想与别人拉开收入档次是不现实的。现在一般企业基本工资(不含工龄工资)最高与最低标准相比，相差仅为3倍左右；机关单位仅是4.28倍；事业单位只有2.81倍。俗话说，"好汉不挣有数的钱"。"有数的钱"，就是指做那种稳定的工作所得到的数额固定、发薪时间固定、一辈子打工，靠按劳分配得到的工资。其实，改变生活，拥有财富、权力、地位和名望才是多数创业者创业的本质目的。目前，珠江三角洲地区已经出现了"民工荒"。据调查，有79%的农民工有存钱计划，其中70%以上的要选择投资做生意，远远超过了要回家盖房子、结婚的人数比例。他们想通过"鲤鱼跳龙门"的方式完成向"城市人"的转变。创业在当今已成为大势所趋、人心所向！

③从个人的价值体现上看：创业的过程，是从被管理者向管理者转变的过程。打工就业，是借别人提供给自己的平台来展示能力，把希望和梦想托付给上司和老板，每天想的是如何表现更好，让老板给加薪水。而创业是靠自己的决心和眼光创造平台，把希望和梦想交给自己，每天只想如何更好地利用各种社会资源来赚钱养活自己、组织和员工。

(二)创业的本质特征与农业创业

综上所述，创业实际上就是依托一定的组织形式，通过资本投入，发挥自己的最大潜能，开创一项新的事业并实现其经济和社会价值的过程。它表现为以下一些特征：

从发展看，创业是一个从无到有、从小到大、从弱到强的过程；

从动机看，创业是一个谋求生存、追求财富、实现自我、服务社会的过程；

从效果看，创业是一个自强不息、增加就业、创造财富、改变人生、献身社会的过程。

【典型案例】

从办公室白领到百亩果园"园主"

2012年，由一名"80后"经营的大南满园农业发展有限公司引起了社会的关注，其成熟的创业路径为广东中山的创业激励政策出台提供了方向。

从律师事务所走向田间地头，从写字楼白领摇身一变成为新一代果农，港口镇一名“80后”小伙子李斯毅的创业路径被认为是“剑走偏锋”。不过，放弃自己原来的法律专业转而投向绿色有机火龙果种植的他，看到“大南满园农业发展有限公司”(下称“大南满园”)日趋成熟壮大之时，对自己的创业选择信心满满。

经过三年的奋斗，李斯毅的“大南满园”已经拥有一片130亩、在广东中山颇具规模的火龙果园，2013年便开始实现盈利。“我们完全不愁销路，市场对火龙果这种健康、绿色的产品依然是供不应求，现在我们的产品主要销往珠三角地区，已经联系好经销商，2013年就供往香港和上海等大城市。”他说，但销售绿色种植的火龙果只是最初的一步，在他的创业蓝图中，还有更大的“火龙果产业链”在设想和筹划。

(资料来源：http://news.pedaily.cn/chuangye/201210/20121023609765.shtml)

案例点评：李斯毅有勇气放弃律师事务所律师的职业从事农业创业，关键是他的敏锐眼光，把握住了有市场前景的“火龙果”项目。他虽走向成功，但他的果园面积并不算大，而他并没有止步，他还要进一步延伸“火龙果产业链”。这就是创业要一步一步走，从无到有、从小到大。

农业创业，顾名思义就是创业者在农业范畴内进行投资开发，并从事农业相关活动，实现自身价值的过程。

实际上，现代农业的范畴极其广泛。一方面，现代农业不再局限于传统种养业，还包括生产资料、食品加工、保鲜贮运、市场营销、信息技术服务等内容，从而使农业创业可选择的领域很大，包括农业企业、合作社、种养大户等在内的多种农业经营主体类型，也使得农业创业可选择的形式很多。因此，现代农业创业，既包括在涉农生产、加工、流通、社会化服务以及技术研发与应用等领域的自主创业活动(狭义“农业创业”)，也包括直接在这些农业领域的就业行为(广义“农业创业”)。

农业创业也具有一般创业的本质特征。

【资料准备】

1. 图书馆或资料室：利用图书馆或资料室的书籍或报刊，查找有关农业创业的知识、案例等信息资料。

2. 电脑、网络、新媒体：利用电脑上网或利用手机上WiFi等，查找有关农业创业的知识、案例等信息资料。

3. 教师准备的资料单：关于就业、创业、农业创业等概念的相关文章。

二、学习任务设计与实施

【学习任务设计】

见图 1-1。

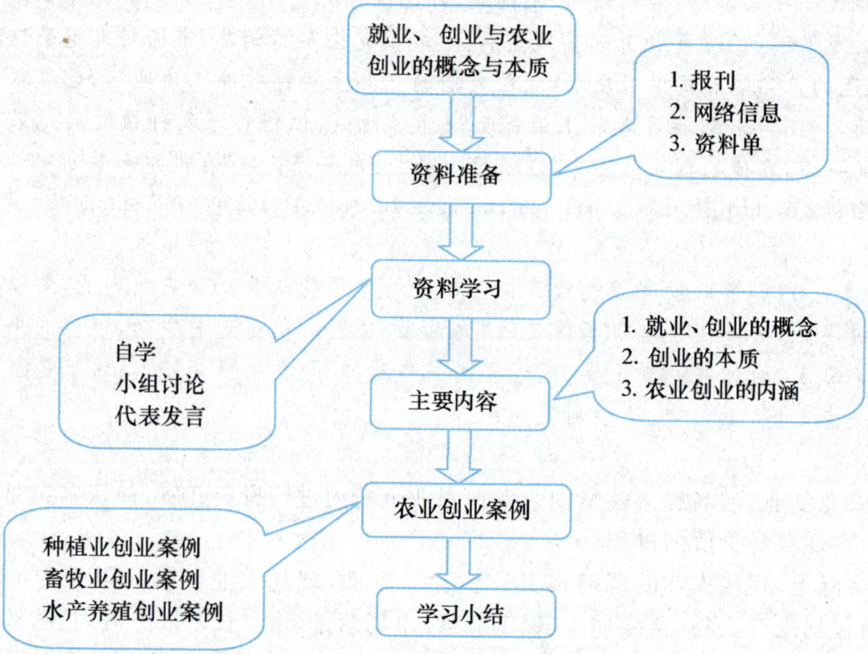

图 1-1 认识创业学习任务完成流程

【学习任务实施】

1. 安排学生课前预习就业、创业及农业创业的概念等有关内容。

2. 在教师的指导下，通过多种信息渠道查询资料。关键词有：就业、创业、农业创业等。

3. 对所搜集的有关就业、创业和农业创业的资料进行整理、归纳和分析，每人写一份学习收获；然后进行小组讨论，通过头脑风暴法扩大学习成果，并集中集体智慧每组完成一份综合性的学习收获体会。

4. 每组选一个代表，在全班讲解小组的学习路径、学习收获，组员补充收获的内容；教师组织发动全班同学讨论、评价各小组的学习情况，达到全班同学共享学习资源和收获体会，巩固所学的知识内容。

三、学习拓展

(一)农业创业的基本领域

按生产对象进行分类,农业通常分为:种植业、养殖业(畜牧业)、林业、渔业、农业社会化服务业。因此,农业创业的基本领域也主要有如下一些。

1. 种植业

种植业,也称植物栽培业,是指栽培各种农作物以及取得植物性产品的农业生产部门。种植业是农业的主要组成部分之一。它利用植物的生活机能,通过人工培育以取得粮食、饲料、副食品和工业原料的社会生产部门,主要包括各种农作物、果树、药用和观赏植物等的栽培,有粮食作物、蔬菜作物、经济作物、绿肥作物、饲料作物、牧草、花卉等园艺作物及其他。在中国,种植业通常指粮、棉、油、糖、麻、丝、烟、茶、果、药、杂等作物的生产,亦称狭义的农业、农作物栽培业。

种植业的特点是:以土地为基本生产资料,利用农作物的生物机能将太阳能转化为化学潜能和农产品。就其本质而言,种植业是以土地为重要生产资料,利用绿色植物,通过光合作用把自然界中的二氧化碳、水和矿物质合成有机物质,同时,把太阳能转化为化学能贮藏在有机物质中。它是一切以植物产品为食品的物质来源,也是人类生命活动的物质基础。种植业不仅是人类赖以生存的食物与生活资料的主要来源,还为轻纺工业、食品工业等提供原料,为畜牧业和渔业提供饲料。我国种植业历史悠久,农业中种植业的比重较大,其产值一般占农业总产值的50%以上,它的稳定发展,特别是其中粮食作物生产的稳定发展,对畜牧业、工业的发展和人民生活水平的提高,对我国国民经济的发展和人民生活的改善均具有重要意义。

2. 养殖业

养殖业是利用畜禽等已经被人类驯化的动物,或者鹿、麝、狐、貂、水獭、鹌鹑等野生动物的生理机能,通过人工饲养、繁殖,使其将牧草和饲料等植物能转变为动物能,以取得肉、蛋、奶、毛、绒、皮张、蚕丝和药材等畜产品的生产部门,是人类与自然界进行物质交换的重要环节。养殖业也是农业的主要组成部分之一,是农业的重要组成部分,与种植业并列为农业生产的两大支柱。

实际上,养殖业是用放牧、圈养或者二者结合的方式,饲养畜禽以取得动物产品或役畜的生产部门。它包括牲畜饲牧、家禽饲养、经济兽类驯养等。养殖业的主要特点和要求是:一是它的扩大再生产同各类畜禽内部的公畜、母畜、仔畜、幼畜的比例有十分密切关系。因此,保持合理的畜群结构,对加快养殖业的发展十分重要。二是饲料是养殖业的基础,只有不断解决好饲料问题,才能加快养殖业发展。

三是养殖业的商品性很高，而产品又不便于运输而且易于腐坏。因此，要求收购、加工、贮藏、运输等方面密切配合。四是养殖业对于自然条件和经济条件有较大的适应性，既可以放牧，又可以舍饲。由于存在这些特点和要求，因此，发展养殖业必须根据各地的自然经济条件，因地制宜，发挥优势。

3.林业与林业经济

林业是指为保护生态环境、保持生态平衡，培育和保护森林以取得木材和其他林产品、利用林木的自然特性以发挥防护作用的生产部门，也是国民经济的重要组成部分之一。林业在人和生物圈中，通过先进的科学技术和管理手段，从事培育、保护、利用森林资源，充分发挥森林的多种效益，且能持续经营森林资源，促进人口、经济、社会、环境和资源协调发展的基础性产业和社会公益事业。

林业经济是林业生产建设活动和林业再生产各环节（生产、分配、流通）经济关系的总称，包括培育森林，木材、多种林特产品的生产和加工等生产建设活动及其经济关系。林业经济的特点是：培育森林近似农业种植业，以土地为基本的生产资料，培育森林的生产过程，是人的劳动过程与林木生长发育的自然过程相互交织；而木材生产则是林木的采伐和运输过程；木材及林特产品加工，又具有加工工业的性质。培育森林是林业生产建设的基础。木材及多种林特产品的生产与加工利用，都直接或间接受它的制约。培育森林生产时间长而劳动时间短，劳动过程具有明显的阶段性和作业之间的相互继进性。培育森林多在山地、滩涂等种植业难以利用的土地上进行。在森林环境持续保持的条件下，具有生产木材产品和保护自然生态环境的双重功能。木材商品非标准化；木材流通和市场交易规范性差，木材市场价格信号对培育森林树种、材种规格的调节作用不明显。

4.渔业

渔业是指捕捞、养殖鱼类和其他水生动物及海藻类等水生植物以取得水产品的社会生产部门，一般分为海洋渔业、淡水渔业。渔业可为人民生活和国家建设提供食品和工业原料，是农业的重要组成部分，也是国民经济的一个重要部门。

开发和利用水域，采集捕捞与人工养殖各种有经济价值的水生动植物，以取得水产品是渔业的主要任务。渔业，按照水域可分为海洋渔业和淡水渔业；按生产特性可分为养殖业和捕捞业。渔业生产的主要特点是以各种水域为基地，以具有再生性的水产经济动植物资源为对象，具有明显的区域性和季节性，初级产品具有鲜活、易变腐和商品性等特点。渔业除提供丰富的蛋白质外，还可以为农业提供优质肥料，为畜牧业提供精饲料，为食品、医药、化工工业提供重要原料。

5.农业社会化服务业

农业社会化服务业是指为满足农业生产的需要，为农业生产经营主体提供各种服务的部门，是与农业相关的一切社会经济组织。

农业社会化服务主要包括为农民提供的产前、产中和产后的全过程综合配套服务。根据农民生产需求的多样性和复杂性，农业社会化服务的内容大体包括以下八个方面：一是供应服务，主要有化肥、种子、农药的供应，资金的供应，农机配件和农电供应等；二是销售服务，主要是农产品销售服务，旨在解决农民的卖难问题；三是加工服务，主要有畜禽饲料加工，农产品的初级加工、保鲜加工等；四是储运服务，主要有修筑道路、开通航道、组织农产品运输等；五是科技服务，主要包括水利、农机、畜牧兽医、作物栽培、良种繁育、植物保护等所需要的技术指导，重点是技术培训、技术咨询、技术承包；六是信息服务，主要为农户家庭经营提供所需的产品供求信息、价格信息等服务；七是法律服务，主要有法律咨询、契约公证、合同仲裁和提供诉讼方便，保护农民的合法权益；八是经营决策服务，主要包括生产计划的安排，项目选定，产品的销向和经营方面的意见、建议等。

（二）农业创业的主要模式

农业创业的主要模式有：

1. 渐进积累式

一些农业创业者可能有过打工的经历，从打工开始，就逐步积累经验和资金，为创业做准备。一是要选择自己感兴趣的事情，如农产品销售等。自己比较喜欢或较熟悉的事情，能够激发自己的灵感和主动性，能够给人以启发和创新的思维，对于今后的创业和发展有潜意识的帮助。二是要选择打工区域有规模、有优势、有潜在发展前途的农业项目来做。这对于今后的创业有一个起点高不高、能不能借鉴的问题。三是要做有心人，有目的地去学习和积累。学习你所在企业的农产品加工知识、经营销售知识、管理知识等，不能简单地学习你所从事的岗位知识。四是要充分利用好现有的各种资源。现在所积累的经验和人脉资源都是今后的无形资产，条件逐步成熟后，就可以独立或合伙开创自己的事业了。

2. 连锁经营式

这种模式就是创业者选择一个自己比较喜欢的或者说是有发展潜力的事情，别人又成功地创造出了品牌，这样可以省去创立品牌的艰辛，寻求前辈或集体的支持，感悟成功者的福荫，降低创业的风险。加入连锁经营、参加农民专业合作组织，成为其中的一员，打好基础，再发展壮大。如成都红旗连锁经营、万源的巴山雀舌富硒茶、眉山泡菜系列、大凉山红富士等。

3. 独立开创式

这种创业模式，是创业者独立开创自己的事业，独自承担创业风险。因此，这种模式在具体的创业之前必须充分进行市场需求分析，选择好创业项目。这种模式可以充分实践创业者的个人创业计划，实现个人的创业目标。当事业成功时，创业者会有成就感；当事业失败时，创业者会承受巨大压力。这种模式需要创业者具有良好的心理素质和不屈不挠的精神。

任务二 理解为什么要创业

一、学习准备

【典型案例】

你为什么要创业?

对于“为什么要创业”这个问题，马云的回答是：“互联网必将改变世界！”马云没有说我要成为中国IT巨头，没有说我要成为全民偶像，更没有说我实在没有可干的所以只能做这个了。马云之所以不顾他人的反对（马云当时请了24个朋友去他家商量，其中23个人反对，只有一个人说你可以试试看，不行赶紧逃回来），而义无反顾地开办中国黄页，在于他瞄准了为商人提供一个可以做成生意的电子商务平台的目标。

事实上，所有目前被奉为创业偶像的创业成功者，其回答“为什么要创业”这个问题的答案，都与自己所瞄准的目标有关。

“我们就再打造一个伊利！”谈到为什么创办蒙牛的原因时，牛根生曾如此说。因为离开伊利之前，牛根生对整个行业都非常熟悉，牛根生是当年伊利的第一功臣，伊利80%以上的营业额来自老牛主管的各个事业部。牛根生希望“再打造一个伊利”，因为他找到了一个创业的基本面——经营能力。

“希望网民上网变得容易。”这是丁磊为什么给自己创办的公司起名网易的原因。他这样说，也有这个能力实现它。在创办网易之前，他曾经先后在宁波电信局、sybase（关系型数据库系统的创立者）、飞捷（一家互联网接入服务商）等公司工作过。他非常熟悉Unix系统，熟悉关系型数据库系统，也正因此他在飞捷开辟了BBS，而这正是网易虚拟社区的前身。技术型人才丁磊创业的原因在于他找到了自己创业的目标。

（资料来源：http://blog. sina. com. cn/s/blog _ 4fa299750100lsh7. html? tj=1）

案例点评：从马云、牛根生、丁磊等创业成功者的言行可以看出，“为什么要创业”，绝对不是采取创业行动的动力，而能为创业行动提供动力的是目标。换句话说，“为什么要创业”，并不是目标，而是用来解答目标是否可行的答案。

【资料准备】

1. 图书馆或资料室：利用图书馆或资料室的书籍或报刊，查找有关为什么创业或创业的意义的资料。

2. 电脑、网络、新媒体：利用电脑上网或利用手机上 WiFi 等，查找有关为什么创业或创业的意义的资料。

3. 教师准备的资料单：关于为什么创业或创业的意义的理论总结和案例等相关文章。

二、学习任务设计与实施

【学习任务设计】

见图 1-2。

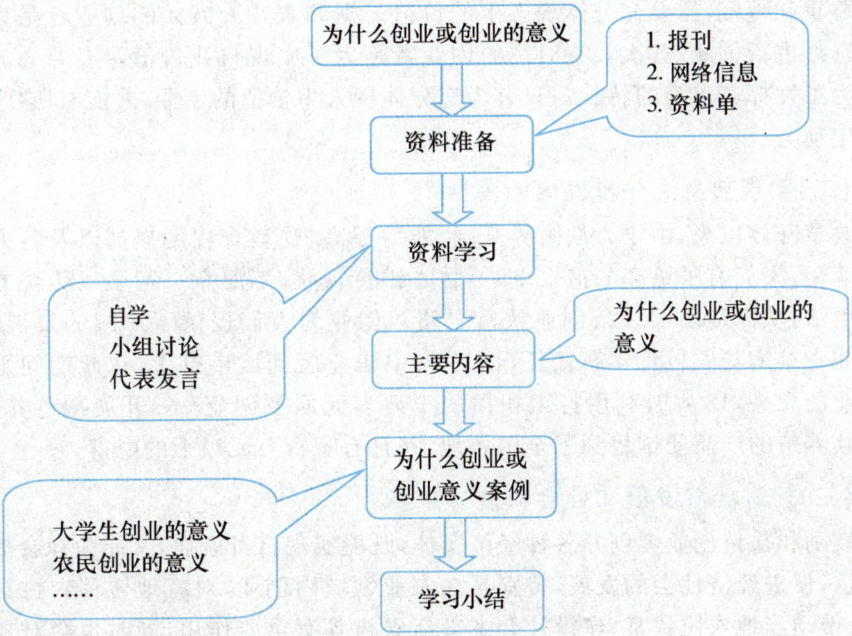

图 1-2　为什么创业学习任务完成流程

【学习任务实施】

1. 在教师的指导下，通过多种信息渠道查询资料。关键词有：为什么、创业、意义等。

2. 对所搜集的有关为什么创业的资料进行整理、归纳和分析，每人写一份学习收获；然后进行小组讨论，通过头脑风暴法扩大学习成果，并集中集体智慧每组完成一份综合性的学习收获体会。

3. 每组选一个代表，在全班讲解小组的学习路径、学习收获，组员补充收获的内容；教师组织发动全班同学讨论、评价各小组的学习情况，达到全班同学共享学习资源和收获体会，巩固所学的知识内容。

三、学习巩固

对于为什么要创业，可能不同的人有不同的回答，但从现实意义来看，创业至少有以下几个方面的意义：

（一）实现人生价值的需要

谋求生存乃至自我价值的实现是创业者最主要的原动力。人，除了物质方面的需求之外，还有更为重要的精神方面的需求，如需要社会的认可和赞许，需要人们的尊重和爱戴，需要充分体现人生的价值。据调查，99.36%的创业者是为了致富而选择进行创业；其次，55.31%的创业者是为了实现自我价值，48.94%的创业者是为了发挥其自身的特长。只有为充分体现人生价值的创业，才能有所作为，才能产生动力。

（二）实现自身进一步发展的需要

改革开放以来，由于人们眼界开阔、能力提高、受教育程度提高以及各方面条件的变化，人们有了更高的追求，即不甘心维持现状，不愿意一辈子以传统方式就业和生活，从而闯出了一条创业致富之路。创业为人们提供了广阔的发展空间。如河北省馆陶县农村青年靳任任，16岁初中毕业后到城市打工，在此期间她产生了创业的念头，18岁时利用打工积攒的1万多元回乡创业——开展特色养殖，三年后其养殖的产品便销售到了全国各地，并且有了百万元以上的财富。

（三）促进经济发展和社会和谐的需要

鼓励和扶持创业者创办各种经济实体，既能实现自身就业，又能为社会提供就业岗位，促进经济社会的发展，特别是在农业领域内创业，对就地转移农村富余劳动力、带动当地农民致富、建设社会主义新农村具有重要作用，同时也会对加快全面建成小康社会、促进城乡经济社会的繁荣与发展、缩小城乡差别、建设社会主义和谐社会具有重要意义。

任务三 明白创业的时间与地点

一、学习准备

【典型案例】

走出国门去种地

黑龙江省黑河市逊克县边疆村村民高强，虽然只有30多岁，但是他在俄罗斯已经闯荡了多年，人显得很精明。他说："1993年，我随着黑河边贸热一起下海，做了几年边贸服装生意。1998年，从逊克来到对岸的波雅尔克沃镇，淘的第一桶金是开办孵化场获得的。后来，当看到俄罗斯有广袤的土地但无人耕种时，便萌生了在俄罗斯种地的念头。2003年4月，转行开始在俄罗斯搞农业开发，第一年，由于没有经验，只开了100多垧地，种了大豆和少量的蔬菜。尽管是第一年种，由于土地肥沃，亩产比国内要高出不少。由于在境外种地得到了甜头，第二年，一下子种了400多垧地。"

在高强的带动下，全村几个大户都到境外去种地。目前，仅他的农场就有5家大户帮他种地，他姨夫曾志武在边疆村种7垧地算是大户了，但是由于人多地少，根本不够一家人生活。后来，在他的带动下，2004年来到了俄罗斯种地，到今年种了700多垧地，2008年收入达到50多万元，这样的收入在国内想都不敢想。高强说，在逊克，农民一家也就几公顷耕地，而对岸撂荒土地多，只要你能吃苦，农民就有了用武之地。只要不赶上灾年，每年收入二三十万元没有问题。

高强从少到多，从小到大，虽历尽了风霜雨雪，却丝毫没有阻挡住这个东北小伙子的创业激情。现在，高强在俄租种土地4 000公顷，蔬菜大棚30多个，名下还有一个养殖场，常年雇工近百人，有大马力拖拉机9台，小马力拖拉机10台，固定资产近千万元，是逊克名副其实的境外创业大户。

高强介绍说，近几年，由于种种原因，一些农民在对俄农业开发方面也付出了不小的代价。现在看，在俄罗斯搞种植业，靠单打独斗肯定是不行的。

到底哪种方式才能让出境农民获得较好的收益？通过几年的经营和实践，逊克县逐渐探索出了一套两全其美的办法。那就是由逊克县政府牵头，在俄方注册了三家公司，以公司的名义在俄方集中承包了1万公顷土地，并逐渐形成了"政府搭台、公司运作、农户经营、统分结合”的运行机制。公司统一为农户办理涉外经营手续，统一购买生产资料，统一组织物资过关，统一结算贸易往来资金。这样一来，农户的顾虑打消了，心里有了底。

仅2004年，就有10多户农民过境承包土地，每户平均种植面积在150公顷以上。现在，挂靠在县财源办等三家公司的国内种植户已达72户。目前，逊克县在俄已建立了一个中俄农业合作园区和9个合作农场，共投入对俄农业合作资金850余万元，过境农机具139台件，承包俄方土地1万多公顷，过境种植、养殖农民320多人，境外农业收入2 000余万元。

（资料来源：http://blog.sina.com.cn/s/blog_53c032dd0100eflv.html）

案例点评：高强走出国门创业种地，选对了时机和地点，从而获得了成功。这个时机就是黑河地区边贸的开放，地点是他的家乡逊克县对岸的俄罗斯波雅尔克沃镇，因为当地具有广袤的土地但无人耕种。当然，在出国创业中，赢得国内的支持也必不可少，如逊克县在国内建立三家公司和在俄建立中俄农业合作园区和合作农场等，为出国种地的农民提供服务，也解决了像高强这样出国创业种地的农民所遇到的自身难以解决的问题。

【资料准备】

1. 图书馆或资料室：利用图书馆或资料室的书籍或报刊，查找有关创业的时机与地点等资料。

2. 电脑、网络、新媒体：利用电脑上网或利用手机上WiFi等，查找有关创业的时机与地点等资料。

3. 教师准备的资料单：关于创业的时机与地点的理论总结和案例等相关文章。

二、学习任务设计与实施

【学习任务设计】

见图1-3。

【学习任务实施】

1. 在教师的指导下，通过多种信息渠道查询资料。关键词有：创业、什么时间、什么地点等。

2. 对所搜集的有关在什么时间、什么地点创业的资料进行整理、归纳和分析，每人写一份学习收获；然后进行小组讨论，通过头脑风暴法扩大学习成果，并集中

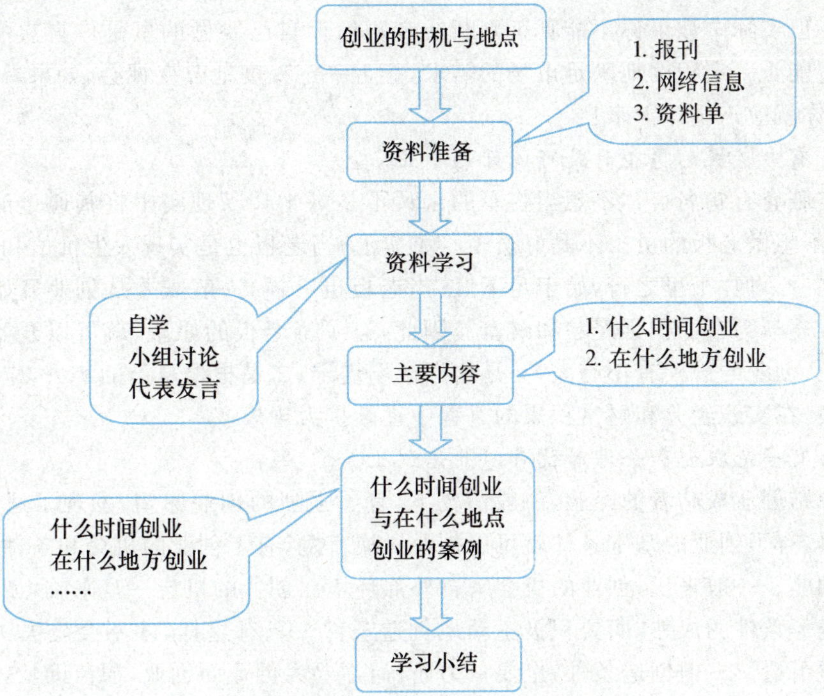

图 1-3　创业的时间与地点学习任务完成流程

集体智慧每组完成一份综合性的学习收获体会。

3. 每组选一个代表，在全班讲解小组的学习路径、学习收获，组员补充收获的内容；教师组织发动全班同学讨论、评价各小组的学习情况，达到全班同学共享学习资源和收获体会，巩固所学的知识内容。

三、学习巩固

（一）在什么时间创业

什么时候创业好？这也是初创业者非常关心的问题。实际上，对于这个问题仁者见仁、智者见智。不过，从创业成功者的分析中可以看到，应该什么时候创业，有以下一些规律：

1. 有自己真正感兴趣的事时就可以尝试创业

创业界有这样一条至理名言："真正的创业者是在做自己感兴趣的事。"实际上，做你真正感兴趣的事，你就会愿意花更多的时间在其上面。因此，尝试创业，你一定要感兴趣才行，如果不是这样的话，你不愿意把时间花在它上面，就很难获得成功。但实际中如果你不能真正判断或者相信你自己要做的事是你喜欢的，那你就看它能否一定程度地满足市场的需求，能否一定程度地改变社会，如果有肯定的答案，你就应该坚持下来！

2.有当老板的愿望时就可以开始创业

拿破仑有句名言："不想当将军的士兵不是好士兵。"现实中将其通过演绎，就成了"不想做老板的员工不是好员工。"事实上，当老板也是实现人生价值和理想的途径之一。但"千里之行，始于足下"。当老板也一样，一般需要从创业开始，以从小到大逐渐为自己积累经验和财富。因此，有了当老板的愿望，就可以开始创业。实际上，创业的规模有小有大，一是根据市场需求，二是根据自己的实力，应选择适度规模，在实践经验和财富积累的过程中逐渐扩大规模。

3.有一定机会和条件时就可以开始创业

总结创业成功者的经验，一般情况下，有了强烈的创业愿望，发现了适合创业的项目，有了创业的基本条件就可以创业。换言之，有了创业的机会和条件就可以开始创业。一般来说，创业的机会来自外部环境。创业的机会一旦来临，创业者就不能坐等条件的成熟，而要积极主动地创造条件。只有这样，才不会坐失机会，给自己留下遗憾。但创造条件，也要量力而行，不要为创业而创业，揠苗助长，也会适得其反。

(二)在什么地方创业

应该选一个什么样的地方创业比较容易成功呢？这是初始创业者普遍关心的问题。实际上，对于这个问题，不同的人可能有不同的回答。但选择在不同类型的地方创业，会有能借助的不同优势：

1.在本地创业

这里的本地创业是指家庭所在县域范围以内的创业。在本地创业，最大的优势是可以利用家庭已有的条件，在需要帮助的时候，能够得到家人和亲友的帮助，创业风险相对较小。另外，在本地创业，由于人熟和地熟，一方面容易获取所需要的信息，另一方面容易把握当地的风土人情，这为成功创业奠定了坚实的基础。再者，如果在本地农村创业，投资门槛相对较低，如投资一个 10 亩的果园，启动资金只需要几万元；承包 50 口网箱养鱼，一年的投资也只 20 多万元；租一块地搞农家乐，投资额在 30 万～40 万元。而这些投资一旦理顺，往往能给投资者带来长期的较为稳定的回报。但在本地创业，也有不利因素，如人熟干扰多，会消耗一些精力，要扬长避短，处理好有利和不利的关系，使之发挥积极作用。

2. 在外埠创业

在家庭所在县域范围以外的外埠创业，其好处在于：一是不会被亲朋所打扰，避免消耗无谓的精力；二是创业不成功也不会被人闲言，不会丢面子，有利于消除心理压力；三是人在异乡，容易"背水一战"，亦即只有艰苦拼搏、才能求得生存，会激发追求成功的动力。但在外埠创业，也有不利因素，如因人生地不熟，会给创业带来诸多不便。这就需要创业者积极依靠当地政府及其有关部门，广泛搜集有用信息，主动提高自己的公关能力等，以弥补不足，克服困难，为创业创造有利的条件。

3. 在国外创业

改革开放以来，走出国门创业已比比皆是。事实上，放眼世界，不少国家具有良好的农业生产条件，但因种种原因，这些条件没有得到充分的开发与利用。同时国外农产品的差异性，很可能是本地以至国内市场深受欢迎的"宠儿"。如果抓住这些商机，走出国门开展农业创业，很可能会获得成功。但到国外创业，可能比在国内的困难要多，除语言障碍外，还会有法律、文化、意识形态等方面的差异。但这不是不可以克服的，只要加强学习，就可以化不利为有利，为创业打开通道。

任务四 明白创业都有哪些途径

一、学习准备

【典型阅读】

买现成公司也是创业

对一些创业者来说，他们面临的挑战不是白手起家创办公司，而是如何接管别人的公司并把它做得更好。两种方式都包含着创业精神和创业理念。

在 INSEAD 教授"收购型创业学"的兼职教授蒂莫西·波瓦德(Timothy Bovard)指出："很多人认为自己虽然不一定富有创意和创新精神，但可以堪称合格的'修复者'。"

"如果你有一个好的创业意念，就要敢于实现它；不过，许多企业家更擅长的是接管现成公司，把它做得更大更好，付诸于初创企业的所有特性。"

寻找合适的收购对象

波瓦德认为，寻找合适的收购对象本身就是一种创造性的行为，需要一系列的自我认知和外界支持。“收购型创业指的是通过收购中小型公司来创业，那么潜在市场之大可想而知。如何找到合适的收购对象？首先，创业者必须建立一套全面的搜索准据。好比找房子一样，要为自己定下目标公司的类别、所属领域、所在区域、所存在的业务问题等。然后才开始撒网搜索。当然，这一切需要有条不紊、专业化地进行。”

在搜索的过程中，创业者需要不断做出自我反省，创业者要敢于诚实面对自己。“另一点很重要的是，身边要有一个能适时给予自己忠告和提醒的人。这个人敢于跟你说‘这个公司很好，但不适合你’之类的话。”波瓦德称，他自己就有一位在钟表业的老朋友，多年来一直给他帮助、忠告和批评。

“如果能找到合适的公司，并且具有明确的发展目标和愿景，那可谓是天作之合。”波瓦德称。身为独立制表品牌 Cabestan 腕表总裁的他为品牌设计的未来愿景便是使之成为腕表鉴赏家渴求的稀罕品牌。这意味着要拓宽这个极奢华品牌的小众市场。初步的举措包括推出一款赢得大奖的新款手表；另一新举措是与奢华跑车法拉利合作推出限量版腕表。虽然全球经济危机对 Cebestan 顾客带来的冲击不大，但需求还是一度滑落。“这让我们反思我们为客户提供的真正价值：我们的品牌除了出类拔萃的设计，更重要的是一丝不苟的工艺，力求精准与奢华的极致演绎，创造完美无瑕的惊世杰作。”波瓦德说。

寻找融资

波瓦德称，如果找到匹配的公司，那么融资并不难。他说，投资公司手上拥有大量现金，也有一些投资人特别倾向于管理层外购和内购的公司。但波瓦德指出，与创业型创业不同的是，收购型创业要提交投资人的不是充斥各种假设数据的商业计划书，而是实际的行动方案。即：公司下一步前进方向；接管公司后头 100 天或第一年的具体运作计划等。“一旦有了具体方案，就可以把它转换成具体数据去说服投资者和银行家。而在此过程中，创业者可以自己测试项目的可行性。”

不过，无论是创办还是收购公司，创业者主要的时间和精力应该花在管理上。对年轻的创业者来说，收购一个拥有现成管理团队、拥有良好业务记录并已拥有一定市场和现金流的公司显然比白手起家创办新公司容易。“只要真正具备领导特质，愿意花时间和精力去学习业务，并且拥有清晰的愿景，就有很大的成功机会。”

有些创业者认为，自己有能力扭转一个状态不佳的公司。对此，波瓦德的忠告是：“对于年轻的经理人或是刚从 MBA 课程毕业的年轻人来说，甄选公司的第一个标准应该是这公司的财务状况是否良好。宁可支付高一点的价钱，买一家财务状况良好并拥有稳定现金流的公司，如此一来，即便是有一点失误，也不至于公司倒闭，全盘皆输。为表现不佳的公司扭转乾坤，听起来很激动人心，但也危机四伏。”

潜在陷阱

其他的潜在陷阱包括与目标公司及其管理层在语言或管理方式上的差异。诚然，舒适的工作环境是成功的先导，但成功路上最大的绊脚石是操之过急。“人们在找寻目标公司时往往给自己时间压力。但需要注意，寻找合适的公司一般需要18～24个月时间。一定要耐心谨慎，切勿受限于时间而草率行事。如果花多一点时间找一家更好更适合自己的公司，那么将来的经营风险就会大大减小。”波瓦德告诫。

（资料来源：http://www.ceconline.com/mycareer/ma/8800063894/01/）

阅读点评：收购型创业也许不如初创型创业那样令人肃然起敬，但接下来的经营之路却是一样的，都离不开合适的人才、不懈的努力，以及卓越的领导力和前瞻力。此外，还有激情！创业靠的是激情，激情是创业的代名词。这也就是说，收购型创业虽有它自己的特点，但和其他途径的创业一样，也需要慎重对待。

【资料准备】

1. 图书馆或资料室：利用图书馆或资料室的书籍或报刊，查找有关创业途径的资料。

2. 电脑、网络、新媒体：利用电脑上网或利用手机上 WiFi 等，查找有关创业途径的资料。

3. 教师准备的资料单：关于创业途径的理论总结和案例等相关文章。

二、学习任务设计与实施

【学习任务设计】

见图 1-4。

【学习任务实施】

1. 在教师的指导下，通过多种信息渠道查询资料。关键词有：创业、途径等。并汇总查找的相关资料。

2. 对所搜集的有关在创业途径的资料进行整理、归纳和分析，每人写一份学习收获；然后进行小组讨论，通过头脑风暴法扩大学习成果，并集中集体智慧每组完成一份综合性的学习收获体会。

3. 每组选一个代表，在全班讲解小组的学习路径、学习收获，组员补充收获的内容；教师组织发动全班同学讨论、评价各小组的学习情况，达到全班同学共享学

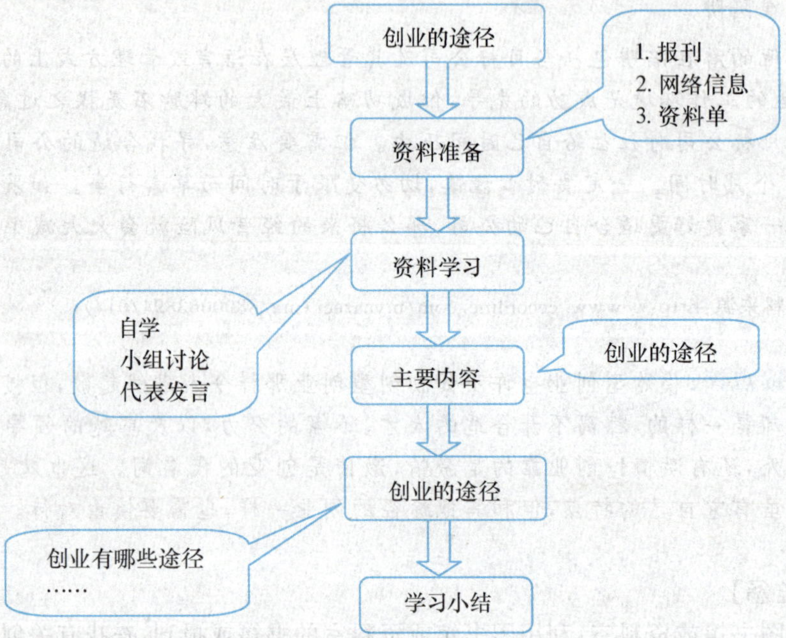

图 1-4 创业的途径学习任务完成流程

习资源和收获体会，巩固所学的知识内容。

三、学习巩固

对于一个打算创业的人来说，可以选择的创业途径有以下四种：

（一）承包型创业

一般来说，承包经营是指合营企业与承包者通过订立承包经营合同，将合营企业的全部或部分经营管理权在一定期限内交给承包者，由承包者对合营企业进行经营管理。在承包经营期内，由承包者承担经营风险并获取部分合营企业的效益。在 20 世纪八九十年代，作为改革开放初期的一种改革方式，承包经营曾经在国内风靡一时，许多濒临破产的企业因承包经营而“咸鱼翻身”，不少有远见、有魄力的承包经营者则因此走上了自主创业之路。

也许有人会认为，“承包经营”已经属于过去一个时代的词汇了，现在一般都是重组、入股等方式了，其实作为一种初始的创业方式，承包经营有着自己的特点和优势，就是在现在也并不过时。

实践中，承包经营只是作为创业初期选择的一种“过渡性”途径，创业者切不可停留于此，而应该寻求进一步的“创业升级”方式。事实上，创业者在承包经营成功赚得“第一桶金”后，初尝涉足商海的甜头，接下来就要采取收购或者重新创立自己的企业等方式来寻求进一步的发展。

(二)租赁型创业

租赁型创业，一般也称为创业租赁，其兴起于20世纪80年代末，是专门针对新创企业而开展的一种特殊形式的融资租赁方式。其运作机制起源于融资租赁，但通过创业投资又对一般意义上融资租赁进行了改造，是一种将一般融资的灵活性与创业投资的高收益性有机结合的一种新型融资方式。当新创企业缺乏资本无力购买设备时，租赁型创业便为解决这一难题提供了捷径。在创业租赁合同中，承租人可以在资产使用寿命期间获得设备的使用权；而出租人可以以租金形式收回设备成本，并获得一定的投资报酬。

与一般融资租赁相比，租赁型创业具有以下特点：一是租赁型创业的资本金来源是创业投资资本，出租方大都是创业投资公司，少数是创业租赁公司；二是承租方是新创业企业；三是租赁型创业风险较一般租赁融资高，因而租金也较高；四是为了防范高风险，出租方通常要派一名代理进驻承租方，不仅如此，为了获得足够多的风险补偿，一般还可以获得股权。

实际上，租赁型创业不属于股权融资，出租人虽然也可以派代理进驻企业，但通常不加入管理层，对新创企业没有管理权。此外，当创业遇到风险，出租人则可以从设备变卖中获得部分补偿，这是因为设备是属于出租方的，因而风险相对较小。

(三)购买型创业

购买型创业，也称收购型创业，是指通过购买或者收购中小型企业来创业的一种形式。实际上，企业收购是指通过一定的程序和手段取得某一企业的部分或全部所有权的投资行为。购买者一般可通过现金或股票完成收购，取得被收购企业的实际控制权。

企业收购的流程大致是：制定公司发展规划；确定收购目标企业；搜集信息，初步沟通，了解目标企业意向；洽商基本原则，签订意向协议；递交立项报告；上报批准；审计与评估；确定成交价；上报项目建议书；签署收购协议书及附属文件；资金注入；产权交接；变更登记。

(四)开创型创业

开创型创业，也称初始创业，其是一个从无到有的过程，即创业者经过市场调查，分析自己的优势与劣势和外部环境的机遇与风险，权衡利弊，确定自己的企业形式，履行必要的法律手续，招聘员工，建立组织，设计管理模式，投入资本，营销产品或服务，不断扩大市场，由亏损到盈利的过程。同时，初始创业也是一个学习的过程，创业者往往边干边学。在初始创业阶段，企业的死亡率往往比较高，风险来自多方面，有时甚至会出现"停止是死，扛下去可能就有生路"的情况，总之在这一阶段要承受更大的心理压力和经济压力。所以，初始创业要尽量缩短学习过程，善用忠实之人，减少失误，坚持到底。

本教材将以开创型创业的基本过程为主线，介绍现代农业创业的基本知识和主要技能。

此外，在教学方法上，各个项目的各项任务实施完成后，可按照附录中的《项目评价反馈》进行考核评价，以针对评价结果及反馈意见及时进行调整和补充，以达到本课程的教学目标要求。

项目二 现代农业创业基础

【项目目标】

完成本项目学习任务后,你应该能

1. 掌握现代农业的概念、特点与类型;

2. 理解现代农业创业者应具备的素质;

3. 了解现代农业创业所需要的条件。

【项目任务描述】

在推进现代农业创业的过程中,需要依靠科技进步与创新来实现农业的持续发展,进而实现中国农业和农村现代化。通过教师组织引导,学生听课、自学、讨论和案例分析等,掌握现代农业的概念、特点与类型;知晓现代农业创业的目标;理解现代农业创业者应具备的主要精神和基本素质;了解现代农业创业需要什么样的物质与精神方面的条件。

【引导性案例】

让草莓香飘海岛

在浙江农林大学众多创业学生中,园林专业的研究生魏韩英和胡冬冬夫妇让人耳目一新。魏韩英是浙江诸暨人,在浙江农林大学园林专业学习时认识了同班同学、现在的爱人胡冬冬。毕业前夕,魏韩英和胡冬冬经过慎重考虑后决定放弃在城里从事园林工作,回到胡冬冬的老家桃花岛——舟山的一个小岛上去从事新型农业。

夫妻俩选择了桃花岛兴旺水果合作社,成为这个合作社的专业技术人员。合作社总共有100多亩土地、150多个标准大棚。魏韩英的任务就是为大棚里的水果栽培提供技术支持。2011年4月,魏韩英和胡冬冬开始承包土地,搭建农业大棚，逐步筹建他们自己的精品水果基地。魏韩英当时和爱人调研过，1亩草莓的产值大概在1万元上下，为了提升农业的附加值、充分发挥科技优势，他们一开始就准备做精品草莓，希望每一颗草莓的外观和品质都能够成为草莓中的精品。

如今，小夫妻俩不仅在合作社可以获得每人每月3 000多元的薪水，而且他们自己经营的草莓大棚也增加到了22个，他们种植的精品草莓已经成为当地重要的品牌，价格也比其他的草莓要贵一些。魏韩英夫妇不仅让自家种植的草莓香飘海岛，还开始引进了人参果等其他当地没有的水果进行试种，并率先尝试草莓在大棚内无土立体栽培，希望让更多岛民们不出海岛就能品尝到香甜的水果。

（资料来源：http://edu.ifeng.com/gundong/detail_2012_12/17/20246863_0.shtml）

案例点评：大学生魏韩英和胡冬冬夫妇投身现代农业创业，并不是去做传统概念中的农民，而是成为掌握科技知识的新型农民带头人。在很多发达国家，做一个优秀的农场主是十分受尊重的。农民已经不是身份而是一种职业，随着农业现代化步伐的不断加快，今后要成为一个优秀的农民，必须要具备一定的技术知识和管理水平。随着我国现代农业的迅速发展，国家政策也非常支持，尤其是现在生态农业、设施农业正在大发展，从事现代农业创业一定大有可为。

任务一　了解现代农业及其特点与类型

一、学习准备

【知识准备】

1.现代农业的概念

现代农业是指应用现代科学技术、现代工业提供的生产资料和科学管理方法的社会化农业。在按农业生产力的性质和状况划分的农业发展史上，现代农业是最新发展阶段的农业，它具有明显的时代内涵，主要概括为：

(1)现代农业是高效益多功能的产业。现代农业突破了传统农业主要从事初级农产品供给和原料生产的局限性，而具有原料供给、就业增收、生态保护、观光休闲、文化传承等多种功能，不断向农业的广度和深度拓展，实现了种养加、产供销、贸工农一体化的高度组织化、规模化生产，土地产出率、资源利用率和农业生产率都比传统农业大幅度提高。

(2)现代农业是高度科技依存型的产业。科技进步与创新是现代农业发展的根本动力。科学技术进步对农业生产力的贡献度超过了资源依存度,发达国家现代农业的科技贡献度一般在70%以上。现代农业以生物技术和信息技术等高技术为引领,以常规技术升级的效率革命为支撑,用现代科技及装备改造传统农业,用现代农业科技知识培养和造就新型农民。

(3)现代农业是生态环境友好型的产业。现代农业要符合可持续发展理念,将现代农业建立在资源环境可持续性的基础之上。现代农业通过生物技术和信息技术等科学技术的应用,在保护农业生态环境的原则下,减少了化学(化肥、农药、除草剂等)的使用量,实现对农业生产的全过程控制,避免或减少了生态环境污染,是生态环境友好型的绿色产业。

(4)现代农业是高投入、高保护的产业。现代农业注重集约投入生产要素,通过增加资本投入、应用现代科技和装备、强化组织管理,改变了农业粗放经营状况,提高了生产要素的配置效率。同时,现代农业是国家高度保护的产业,发达国家现代农业发展历程证明了农业教育科研投入、农业科技推广、补贴、农业保险、法律法规建设等方面的高保护政策是现代农业发展的重要保障。

2.现代农业的特点

现代农业与传统农业相比,具有以下几方面的特点:

(1)具有较高的综合生产率。较高的综合生产率主要包括较高的土地产出率和劳动生产率。农业成为一个有较高经济效益和市场竞争力的产业,这是衡量现代农业发展水平的最重要标志。

(2)成为可持续发展产业。农业发展本身是可持续的,而且具有良好的区域生态环境。广泛采用生态农业、有机农业、绿色农业等生产技术和生产模式,实现淡水、土地等农业资源的可持续利用,达到区域生态的良性循环,农业本身成为一个良好的可循环的生态系统。

(3)成为高度商业化的产业。农业主要为市场而生产,具有很高的商品率,通过市场机制来配置资源。商业化是以市场体系为基础的,现代农业要求建立非常完善的市场体系,包括农产品现代流通体系。离开了发达的市场体系,就不可能有真正的现代农业。农业现代化水平较高的国家,农产品商品率一般都在90%以上,有的产业商品率可达到100%。

3.现代农业的类型

(1)绿色农业。将农业与环境协调起来,促进可持续发展,增加农户收入,保护环境,同时保证农产品安全性的农业。“绿色农业”是灵活利用生态环境的物质循环系统,实践农药安全管理技术(IPM)、营养物综合管理技术(INM)、生物学技术和轮耕技术等，从而保护农业环境的一种整体性概念。绿色农业大体上分为有机农业和低投入农业。

(2)休闲农业。休闲农业是利用农业景观资源和农业生产条件形成的一种新型农业生产经营形态，游客不仅可以观光、采果、体验农作、了解农民生活、享受乡间情趣，而且可以住宿、度假、游乐。休闲农业的基本概念是利用农村的设备与空间、农业生产场地、农业自然环境、农业人文资源等，经过规划设计，以发挥农业与农村休闲旅游功能，提升旅游品质，并提高农民收入，促进农村发展的一种新型农业。

(3)工厂化农业。工厂化是设计农业的高级层次。综合运用现代高科技、新设备和管理方法而发展起来的一种全面机械化、自动化技术(资金)高度密集型生产，能够在人工创造的环境中进行全过程的连续作业，从而摆脱自然界的制约。

(4)立体农业。立体农业又称层状农业。着重于开发利用垂直空间资源的一种农业形式。立体农业的模式是以立体农业定义为出发点，合理利用自然资源、生物资源和人类生产技能，实现由物种、层次、能量循环、物质转化和技术等要素组成的立体模式的优化。

(5)订单农业。订单农业又称合同农业、契约农业，是 20 世纪 90 年代后出现的一种新型农业生产经营模式。所谓订单农业，是指农户根据其本身或其所在的乡村组织同农产品的购买者之间所签订的订单，组织安排农产品生产的一种农业产销模式。订单农业很好地适应了市场需要，避免了盲目生产。

【典型案例】

企业下订单　让农民种植零风险

订单生产是今后农业规模化种植经营的发展方向，“订单农业”帮农户解决了风险问题、利润问题和技术问题三个问题，使他们从思想上摆脱了后顾之忧，甩开膀子种，种出来都是钱。近年来，随着农村经济的发展和国家提倡农业现代化的引导，“订单农业”已经成为农民增收、企业赢利的有效形式和发展农村经济、现代农业的“推进器”。农业产业化百强龙头企业河南双洋食品有限公司以市场为基础发展起来的“订单农业”，对探索优化农业产业结构、转变农业增长方式、推进农业产业化经营，从而推动现代农业建设、夯实农业发展基础是一个有益的实践。

2013 年，双洋食品与农民签订种植甜玉米的价格是每斤 8 角，但当年市场行情好，双洋的收购价就提高到了每斤 1.4 元。这就是双洋食品的“保护价”在发挥作用，收购价只上调不下调，让农民的利益始终有保证。不仅如此，对发展“订单农业”的农户，双洋食品提供种子、肥料、技术等多方面的服务，让农民在种植的同时又可以做“甩手掌柜”。双洋公司的宗旨就是带动农民致富，实现农企双赢。由此作保障，让农民对双洋食品更加信赖。

每年农忙季节一过，双洋食品便是吸纳附近农民就业的一个点。在双洋食品罐头生产车间里，有百余名农民在忙碌，他们有的在搬运货物，有的在分拣原料，有的在生产包装。这些人中，大多以中老年留守妇女居多，正在干活的一位五十多岁的妇女介绍：“工资从不拖欠，我们做的是最初始简单的活，一个月能拿一两千元。”

双洋公司目前就是靠发展订单农业保障原材料，每年一到生产旺季，公司派人挨村一宣传，群众就自觉聚集过来，这是群众对该公司信任，并产生了深厚的感情。

（资料来源：http://www.sqrb.com.cn/sqnews/2014-01/02/content_2288685.htm）

案例点评：河南双洋食品用实际行动，对“订单农业”这个概念给出了完美的诠释：企业提前与农民下种植订单，签订合同保证以“保护价”收购，收购价只随市场上浮不下浮，让农民种植零风险，以此打造企业的原料基地，确保食品生产从源头上得到质量保证，形成企业靠农户为农户，农户靠企业为企业，订单成为企业和农户之间实现利益共享的桥梁。

【资料准备】

1. 图书馆或资料室：利用图书馆或资料室的书籍或报刊，查找有关现代农业的知识、案例等信息资料。

2. 电脑、网络、新媒体：利用电脑上网或利用手机上 WiFi 等，查找有关现代农业创业的知识、案例等信息资料。

3. 教师准备的资料单：关于现代农业概念、内涵等的相关文章。

二、学习任务设计与实施

【学习任务设计】

见图 2-1。

【学习任务实施】

1. 安排学生课前预习现代农业的概念、内涵等有关内容。

2. 在教师的指导下，通过多种信息渠道查询资料。关键词有：现代农业、现代农业创业等；汇总查找的相关资料。

3. 每人写一份学习收获，小组讨论，通过头脑风暴法扩大学习成果，并集中集体智慧完成一份较好的学习收获体会。

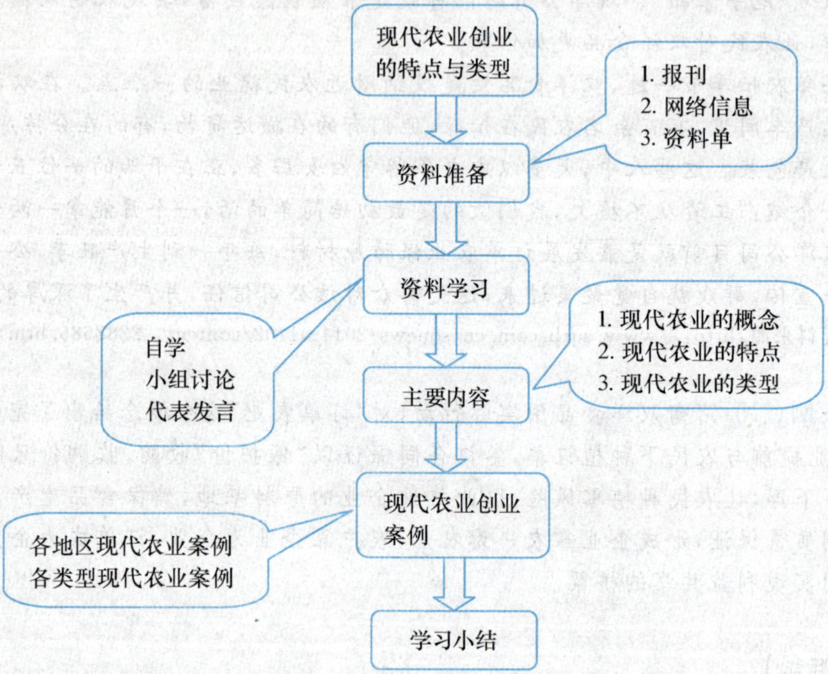

图 2-1　认识现代农业学习任务完成流程

4. 每组选一个代表，在全班讲解小组的学习路径、学习收获，组员补充收获的内容；教师组织发动全班同学讨论、评价各小组的学习情况，达到全班同学共享学习资源和收获体会，巩固所学的知识内容。

三、学习拓展

（一）现代农业发展带来新机遇

要加快现代农业建设，用先进的物质条件装备农业，用先进的科学技术改造农业，用先进的组织形式经营农业，用先进的管理理念指导农业，提高农业综合生产能力。现阶段，农业创业者是幸运者，碰到了前所未有的历史机遇，这些机遇主要包括：

1. 新型城乡关系推动农业创业者有所作为

新型城乡关系是相对于以前城乡分割、工农对立的“二元结构”城乡关系而言，指的是按照统筹城乡发展的思路，“以城带乡、以工促农、城乡互动、协调发展”的相互融合城乡关系。通过城乡生产力合理布局、城乡就业的扩大、城乡基础设施建设、城乡社会事业发展和社会管理的加强、城乡社会保障体系的完善，达到固本强基的目的。加快农村工业化、城镇化和农业产业化进程，加快中心镇建设，加大农村劳动力转移力度，努力增加农民收入，促进农业农村经济稳定发展，使农业步入一个自我积累、良性循环的发展道路。目前，我国已经进入了工业反哺农业的发展阶段，工业化的经营理念导入农业领域，农业创业者必然会有所作为。

2.现代化的农业生产条件促使农业创业者大有可为

现代化的农业生产条件主要是农业技术装备和现代农业科技，主要包括：

(1)现代化手段和装备带来了巨大的效益。农业机械化给农业注入了极大的活力，大大地节约了劳动力，促进了城市化进程，也促进了第二、第三产业的发展。如联合收割机、播种机、插秧机、机动脱粒机等农业机械化手段，极大程度地提高了农业劳动生产率；电气化可使农牧业的生产、运输、加工、贮存等整个过程实现机械操作，大大提高劳动生产率。

(2)农业科学技术的进步，提高了农业集约化程度。良种化对农业增产有显著效果；农业化学化不仅增加土壤养分、除草灭虫、提供新型农业生产资料(如塑料薄膜等)，还为免耕法的实施创造条件；“四大工程”(种子工程、测土配方施肥工程、农产品质量安全工程、公共植保工程)的实施，推动农业可持续发展，逐步实现农业现代化，稳步提高了农业综合生产能力。

(3)农业生产管理过程数字化，使农业由“粗放型”向“数字型”过渡。随着计算机在农业中的应用，各种分辨率的遥感、遥测技术，全球定位系统、计算机网络技术、地理信息技术等技术结合高新技术系统等，应用于农、林、牧、养、加、产、供销等全部领域，在很多地方出现了“懒汉种田”“机器管理”的新局面。

(4)新的农业生物工程技术的发展使农业由“化学化”向“生物化”发展。减少化学物质、农药、激素的使用，转变为依赖生物技术、依赖生物自身的性能进行调节，使农业生产处于良性生物循环的过程，使人与自然在遵循自然规律的前提下协调发展。这些无疑将会引起今后农业的革命性变化，农业创业者将会大有可为。

3.农业经营主体组织化、产销一体化激发农业创业者敢于作为

围绕农业的规模化、专业化、产业化发展的需要，各个地方紧抓龙头企业和农村经济合作组织，提升农业产业化水平。在经营的主体方面涌现出大批带动能力强、辐射面广、连接农民密切的农民协会或合作经济组织，这些组织的表现形式主要为：生产基地带动型、龙头企业带动型、专业大户带动型的农业企业和家庭农场迅速崛起，把千家万户的农民组织起来，提高了经营主体的地位，在流通过程中体现为“公司＋基地＋农户”“公司＋农户”，把农产品的生产、加工、销售过程连接在

一起，按照“风险共担，利益均沾”的原则，让农业经营者能够在农产品从生产到销售的各个环节分享到利润，这样农业创业者就必然敢于作为。因此，加快农业产业化进程，以做大农业产业化龙头企业为重点，不断提高农业市场化、规模化、组织化和标准化水平，充分发挥农民专业合作经济组织职能，引导农业农村经济健康有序发展成为农业创业者的重要活动内容。

(二)适合现代农业发展的新型经营主体——家庭农场

理论和实践证明，在诸多主体中，家庭农场是基础，是最适合现代农业发展的适度规模形式。这是由农业特点和家庭农场特点所共同决定的。同其他农业经营组织相比，家庭农场有五个方面的优势：

1.家庭农场的稳定性和适度规模有利于科学技术的运用

大量研究表明，家庭农场比分散的农户更需要科学技术，因为技术的采用可以通过家庭农场的规模经营获得较高的收益。家庭农场的形成可有效刺激对农业科技需求，有利于农业技术采用和生产经验的积累与传递。

2.家庭农场有利于耕地的保护和可持续利用

家庭农场是以获得稳定的土地承包经营权为其存在前提的，因此有助于恢复农民对土地的感情，确立农民耕地保护的主体地位。

3.家庭农场有利于实现农业产业融合

家庭农场在生产经营中通过农业产业链和价值链产生合作需求，有利于实现农业产业的融合，为农业产业化经营提供基础。

4.家庭农场的形成为政府支持农业提供了明确的受益主体

有效克服以往农业支持存在的因受益主体不明确而造成的支农资金浪费，提高政府支农政策的针对性和支农资金使用的有效性。

5.家庭农场有利于农业文化的传承

文化传承的重要途径是家庭的代际传承，是在家庭环境下的濡化过程。家庭农场的代代相传对传统农业文化的保存和现代农业文化的发展具有重要意义。特别是传统农业文化中天人合一理念，种养结合与循环利用传统，尊重自然、顺从自然与利用自然的智慧，对现代和谐社会与生态文明建设具有不可替代的价值。

任务二　理解现代农业创业者应具备的素质

【典型案例】

掘金黄土地　放飞创业梦

2010年，在农村长大的许前贵从四川农业大学毕业，在绵阳找到了一份收入不错的工作。但为了实现人生价值，他毅然辞职，回农村"刨地找钱"。许前贵通过考察，发现刘营镇五羊村交通便利、地势平坦，是蔬菜种植的理想场所。在与相关部门联系后，刘营镇政府在土地流转、贷款、基础建设等方面给予了他诸多优惠政策。拿着借贷来的资金，许前贵在当地流转了50亩土地，开始了创业。

许前贵从山东、成都等地引进优质蔬菜种子，精细化耕作，精细化管理。由于掌握了新的技术，蔬菜产量大幅提升。同时，他还自我摸索水、肥滴灌技术，既经济又实用。当地蔬菜种植户纷纷上门取经，许前贵总是悉心传授。

"土地流转给大学生们不但有流转费用，在这里打工每天还可以挣50多块钱呢。"在蔬菜基地做活儿的村民说，许前贵这娃娃舍得吃苦，半年时间不到都晒成"焦炭娃儿"了。正是这种干事创业的劲头，许前贵的蔬菜种植业蒸蒸日上，亩收入达2万多元。

（资料来源：《农民日报》2014年06月20日07版）

案例点评：基于现代农业的发展特点，进行现代农业创业的人需要具备像许前贵一样的创业意识、创业精神、创业品质和创业能力，勇于走进山乡，走进农村，实现自己的"创业梦"。

一、学习准备

【知识准备】

（一）现代农业创业的目标

正确的现代农业创业目标应该与创业者正确的人生观、世界观和价值观结合在一起，要同社会道德紧密结合，要和家庭幸福结合在一起，还要造福他人和社会。

现代农业的创业目标包括四个层次：

1.满足个人实现自我价值的自我成长要求

现代农业创业是一个人实现自我价值的途径之一，让自己不断成长，获得新的人生体验，这是最基本的。

2.现代农业创业的成功应惠及亲人和朋友

由于自己的创业，不断努力的成就，赚取阳光下的财富，能够让父母、妻儿过上幸福安逸的生活，让家人享受生命的快乐，这些是创业的真谛。通过现代农业创业也能不断帮助朋友，帮助自己身边的人，这样才是真正开心的事。

3.现代农业创业惠及社会和大众

一个现代农业创业成功者，应该把发展农业现代化的社会责任当作自己的责任，当自己有能力的时候，去帮助那些需要帮助的人，帮助弱势群体，通过自己的奋斗，惠及社会上更多的人。

4.现代农业创业能造福国家、民族和人类

农业是基础产业，发展现代农业能够为国家的发展，民族的发展，世界的和谐发展做出自己的贡献。一个现代农业创业者的目标的层次定得越高，他的成就会越大，企业会越持久。

（二）现代农业创业者应具备的基本素质

现代农业创业是极具挑战性的社会活动，是对创业者自身的智慧、能力、气魄、胆识的全方位考验。一个人要想获得创业的成功，必须具备基本的创业素质。创业基本素质包括创业意识、创业精神、创业品质和创业能力。

1.要有强烈的创业意识（想创业）

创业意识包括创业的需要、动机、兴趣、理想、信念和世界观等要素。要想取得创业的成功，创业者必须具备自我实现、追求成功的强烈的创业意识。强烈的创业意识能帮助创业者克服创业道路上的各种艰难险阻，将创业目标作为自己的人生奋斗目标。创业的成功是思想上长期准备的结果，事业的成功总是属于有思想准备的人，也属于有创业意识的人。

2.要有坚定的创业精神（敢创业）

创业过程中会遇到挫折与失败是再正常不过的事情了。也许有时候会觉得前途一片茫然，有时候会觉得自己很无助，有时候又觉得创业太过辛苦，无法再继续。但坚持就是胜利，这就是坚定，就是自信。要成为一名成功的创业者，必须坚持信仰如一，拥有使命感和责任感；信念坚定，顽强拼搏，直到成功。要相信自己有能力、有条件去开创自己未来的事业，相信自己能够主宰自己的命运，成为创业的成功者。

3.要有良好的创业品质(能创业)

现代农业创业之路是充满艰险与曲折的,自主创业就等于是一个人去面对变化莫测的激烈竞争,以及随时出现的需要迅速正确解决的问题和矛盾,这需要创业者具有非常强的心理调控能力,能够持续保持一种积极、沉稳的心态,即有良好的创业心理品质。如果不具备良好的心理素质、坚韧的意志,一遇挫折就垂头丧气、一蹶不振,那么,在创业的道路上是走不远的。只有具有处变不惊的良好心理素质和愈挫愈强的顽强意志,才能在创业的道路上自强不息、竞争进取、顽强拼搏,才能从小到大,从无到有,闯出属于自己的一番事业。

4.要有全面的创业能力(会创业)

创业能力是一种以智力为核心的具有较高综合性的能力,是一种具有突出的创造特性的能力。创业能力包括专业技术能力、经营管理和社交沟通能力、分析和解决实际问题的能力、信息接受和处理能力、把握机会和创造机会的能力等方面。

(1)决策能力。决策能力是创业者根据主客观条件,因地制宜,正确地确定创业的发展方向、目标、战略以及具体选择实施方案的能力。创业者的决策能力通常包括分析能力和判断能力。在创业的过程中,能从错综复杂的现象中发现事物的本质,找出存在的真正问题,分析原因,从而正确处理问题,这就要求创业者具有良好的分析能力。所谓判断能力,就是能从客观事物的发展变化中找出因果关系,并善于从中把握事物的发展方向。

(2)经营管理能力。经营管理能力是指对人员、资金的管理能力。经营管理能力的形成要从学会经营、学会管理、学会用人、学会理财几个方面去努力。

①学会经营。现代农业创业者一旦确定了创业目标,就要组织实施,为了在激烈的市场竞争中取得优势,必须学会经营。

②学会管理。现代农业创业者要学会质量管理,始终坚持质量第一的原则。质量不仅是生产物质产品的生命,也是从事服务业和其他工作的生命,创业者必须严格树立牢固的质量观。要学会效益管理,始终坚持效益最佳原则,效益最佳是创业的终极目标。

③学会用人。市场经济的竞争是人才的竞争,谁拥有人才,谁就拥有市场、拥有顾客。一个企业没有优秀的管理人才、技术人才,这个企业就不会有好的经济效益和社会效益;一个创业者不吸纳德才兼备、志同道合的人共创事业,创业就难以成功。因此,必须学会用人。要善于吸纳比自己强或有某种专长的人共同创业。

④学会理财。现代农业创业者要学会理财,首先要学会开源节流。开源就是

培植财源。在创业过程中除了抓好主要项目创收外，还要注意广辟资金来源。节流就是节省不必要的开支，树立节约每一滴水、每一度电的思想。其次要学会管理资金：一是要把握好资金的预决算，做到心中有数；二是要把握好资金的进出和周转，每笔资金的来源和支出都要记账，做到有账可查；三是把握好资金投入的论证，每投入一笔资金都要进行可行性论证，保证使用好每一笔资金。

(3)专业技术能力。专业技术能力的形成具有很强的实践性。许多专业知识和专业技巧要在实践中摸索，逐步提高、发展、完善。创业者要重视在创业过程中积累专业技术方面的经验和职业技能的训练，对于书本上介绍过的知识和经验在加深理解的基础上予以提高、拓宽；对于书本上没有介绍过的知识和经验要探索，在探索的过程中要详细记录、认真分析，进行总结、归纳，上升为理论，形成自己的经验特色并积累起来。只有这样，专业技术能力才会不断提高。

(4)交往协调能力。交往协调能力是指能够妥善地处理与公众(政府部门、新闻媒体、客户等)之间的关系，以及能够协调下属部门成员之间关系的能力。协调交往能力在书本上是学不到的，它实际上是一种社会实践能力，需要在实践活动中学习，不断积累、总结经验。这种能力的形成应注意：一是要敢于与不熟悉的人和事打交道，敢于冒险和接受挑战，敢于承担责任和压力，对自己的决定和想法要充满信心、充满希望。二是养成观察与思考的习惯。观察是为思考做准备，做到三思而后行。三是处理好各种关系。可以说，社会活动是靠各种关系来维持的，处理好关系要善于应酬。应酬是职业上的“道具”，是处事、待人、接物的表现。

【资料准备】

1.图书馆或资料室：利用学校图书馆或资料室的书籍或报刊，查找有关现代农业创业者应具备的素质等信息资料。

2.电脑、网络、新媒体：通过电脑、手机上网等现代信息手段与途径，查找有关现代农业创业者应具备的素质等信息资料。

3.教师准备的资料单：教师准备关于现代农业创业目标、创业者应具备的素质等内容的相关文章。

二、学习任务设计与实施

【学习任务设计】

见图 2-2。

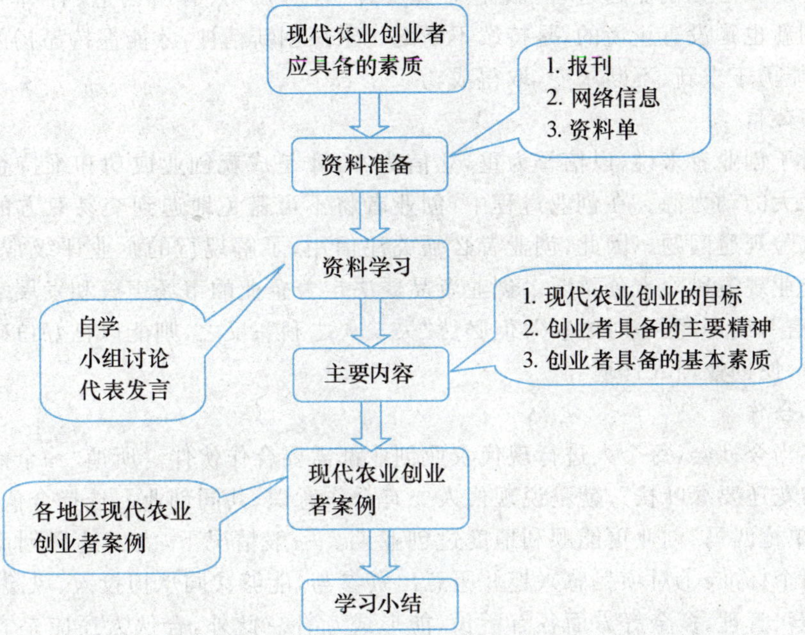

图 2-2　认识现代农业创业者应具备素质的学习任务完成流程

【学习任务实施】

1. 组织学生进行课前预习，初步了解现代农业创业目标的内涵、创业者应具备的素质等有关内容。

2. 指导学生查询资料，搜索关键词：现代农业创业目标、创业者具备的主要精神及基本素质等，并汇总查找的相关资料。

3. 建议学生写学习心得，通过小组讨论扩大学习成果。

4. 每组选出各自的代表，分别讲解小组的学习方式与收获，组员及时进行内容补充；教师组织全班同学讨论、评价各小组的学习情况，加强巩固所学的知识内容。

三、学习拓展

每一位成功的创业者，在回顾自己的创业历程时，感慨最多的不是自己已经做过的事情，而是遗憾自己没有做到的事情。创业者需要满足哪些基本要求才能创业成功，主要归纳起来有以下五个共同之处：

1. 创新

创业需要创新，从无到有干成一番事业，离不开创造与创新。因此，创新是创业精神的核心。创业的过程，就是有所发现、有所发明、有所创造、有所突破的过程。创新也是没有止境的，是持续不断的。永葆创新精神，才能保持昂扬的工作热情，才能勇于求新、不断求变，取得成功。

2.诚信

对于创业者来说，以信誉为重，立信为本，才是成就创业成功和维持企业不断发展壮大的动力源。在创业过程中，创业者将不可避免地遇到交易双方的信用问题及风险规避问题。因此，创业者必须关注信用，了解现行的企业评级常识，这对自己企业规避风险十分重要。创业者品质决定着企业的市场声誉和发展空间。不守“诚信”，或可“赢一时之利”，但必然“失长久之利”；反之，则能以良好口碑带来滚滚财源，使创业渐入佳境。

3.合作

在当今社会，每个人进行现代农业创业都需要合作伙伴。所谓“一个好汉三个帮”“红花还要绿叶扶”，就是说现代人要有合作意识，共同创业。选择合伙创业，比个人“单枪匹马”创业更能顺利地度过创业期。一般情况下，人们选择创业合伙人时有两个标准：①对项目感兴趣并愿意出资参与，能够共同承担投入、风险；②在技术、经营、管理、资金等方面各有所长，能形成互补。此外，合伙人还应是志同道合并且能够同甘共苦、互相兼容的“盟友”。因此，合伙人的选择还要添加一项标准，就是性格上要能够兼容，在业务及经营管理政策乃至价值观上要能达成一致。

4.守法

在开始创业前，必须了解我国的一些基本法律知识，这样才能更好地解决创业所涉及的法律问题。设立企业从事经营活动，必须到工商行政管理部门办理登记手续，领取营业执照。如果从事特定行业的经营活动，还须事先取得相关主管部门的批准文件。应用法律手段管理中国21世纪的现代农业，是中国农业经济管理的重大变革。

5.和谐

俗话说“和气生财”，创业需要和谐，这种和谐，一是指创业者的“心态”需要和谐；二是指创业的过程中需要和谐。宽松的社会氛围、和谐的人际关系，是创业成功的无形资产，更是激发创业者创造力的重要条件。和谐创业是一种高境界，“和”者，和睦也，有和衷共济之意；“谐”者，相合也，有协调、颐和之意。“万丈高楼平地起”，有了创业的和谐，才有创业发展的未来。

任务三 现代农业创业所需要的条件

【典型案例】

六名大学生农村创业的故事

在安远县三百山镇“众诚瓜果栽培基地”，有6名“80后”大学生，相同的“田园梦”使他们走到了一起，从借款30万元起家，到近百亩的现代农业瓜果栽培基地的形成，五彩斑斓的田园承载着他们的“绿色梦想”。

创业冲破观念壁垒

“现在的条件已经好多了，刚开始创业时，一穷二白，连住的地方也没有，真是苦!”谈到创业难，毕业于河南科技学院园艺专业的朱安成说，他最难忘的是刚刚建基地时，许多亲友不理解：一个大学生带着女友到外地的农村干农活，简直太没出息了。当时精神压力很大。

建设初期，搭建大棚、购种、化肥农药及试验每样都需要大量资金，他们6人分成3伙入股，每股10万元。起初，父母们不太支持。郭帅以前在郑州省城一家公司做种子销售员，每月有3 000多元收入，放弃稳定的工作到农村去种地，家里人不理解。郭帅一方面给父母做工作，另一方面四处向亲戚朋友借钱；李华和杜宗涛的父母思想都比较传统，不喜欢自己的孩子念了大学还去种田。但这些年轻人没有动摇，因为这一创业极具挑战性。

6个年轻人抱着“初生牛犊不畏虎”的精神，引进了“日本小青瓜”、“红春早玉”、“一口茄”、“娃娃菜”等十几个瓜、果品种，一年种3～4茬，错开上市高峰，并把销售点定位在广州、深圳等沿海大、中城市，他们把大学里学到的知识全都搬了出来，开始了艰辛而漫长的创业路。6人的梦想随第一批种子一起植根入土。育苗锄草、施肥灌溉、测温挂牌、修剪打药……吃的是粗茶淡饭，干的都是农家活，说起专业，说起基地的前途，大家信心十足。每一个品种从试种到成功上市都得经过气候、水土、营养成分等方面的反复研究和实验，绝不是件容易的事。

花开沃野润心田

功夫不负有心人，通过1年多来的努力，如今，长长的“小青瓜”、红红的“圣女果”、拇指般大小的“一口茄”脱颖而出，荒地里长满了绿油油的蔬菜、大棚里结满了五彩斑斓的果实。而6名大学生齐心协力、吃苦耐劳、经得起失败、敢于挑战现实的创业故事和精神也受到当地百姓的称赞。

(资料来源:http://www.chuangyezg.com/html/nccy/gs/020619142008_2.html)

案例点评:在市场化的今天,朱安成等现代农业创业带头人是推进农村经济发展的杰出人才,是现代农业和农村经济发展中的一支“不可替代的生力军”。在创业的过程中,必要的物质和精神方面的条件是现代农业创业成功的有效保障。

一、学习准备

创业不容易,在大的方向要把握好的前提下,还需要充分做好物质条件和精神条件的准备工作。

(一)物质方面的条件

现代农业创业的本质是通过发展农业生产、加工、流通等来为消费者提供所需要的消费品而获取经济效益、实现自身价值的过程。因此,开展现代农业创业,发展农业生产、加工及流通等,就需要一定的物质条件,如土地、房屋、机器设备等,这是创业所必需的,应该提前加以考虑。有时,往往是这些物质条件决定着创业的地点。

(二)精神方面的条件

精神方面的条件,也称心理方面的条件。创业做生意是一条赚钱之路,但是商场如战场,有赚也会有赔,加上农业还存在着比较大的自然风险,所以现代农业创业者既要有吃苦的思想准备,还得有承担失败的心理准备。因而,在创业从商之前先要培养一种良好的心理素质,能够勇敢地面对有可能出现的一切情况。

【资料准备】

1. 图书馆或资料室:利用图书馆或资料室的书籍或报刊,查找有关现代农业创业所需要条件的资料。

2. 电脑、网络、新媒体:利用电脑上网或利用手机上 WiFi 等,查找有关现代农业创业所需要条件的资料。

3. 教师准备的资料单:关于现代农业创业所需要条件的理论总结和案例等相关文章。

二、学习任务设计与实施

【学习任务设计】

见图 2-3。

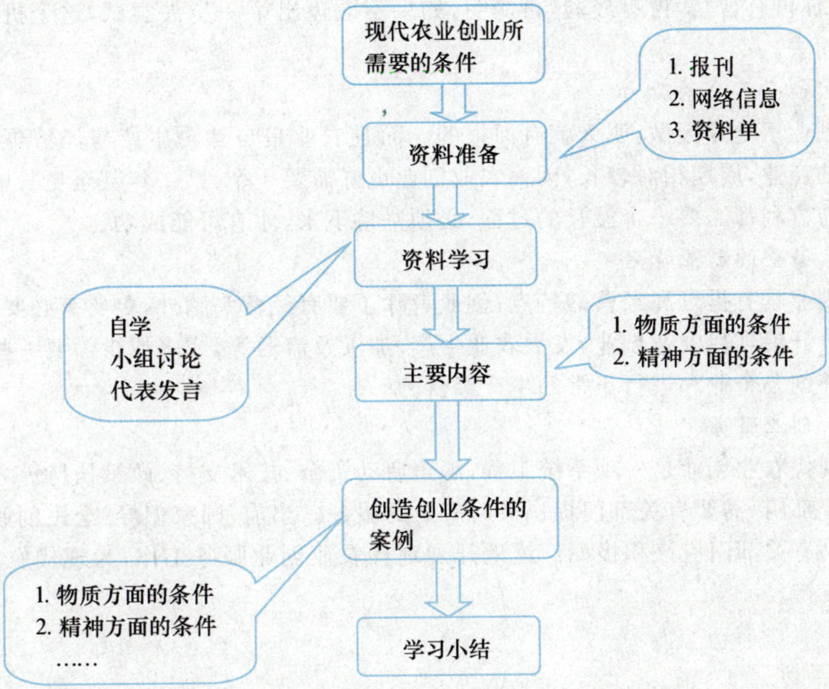

图 2-3　创业所需要的条件学习任务完成流程

【学习任务实施】

1. 在老师的指导下，通过多种信息渠道查找涉及创业条件的资料。

2. 搜集创业所需条件的案例并进行归纳总结，开展小组讨论，扩大学习成果，并每组集中完成一份较好的学习收获体会。

3. 每组选一个代表，讲解本小组的学习路径与收获，其他组员进行内容补充。

4. 教师组织全班同学集体讨论、分析评价各小组的学习情况，使全班同学互相交流体会和共享学习资源，加强所学知识的运用。

三、学习拓展

现代农业创业的本质是通过发展农业生产、加工、流通等来为消费者提供所需要的消费品而获取经济效益、实现自身价值的过程。因此，需要创造以下几个方面的条件来进行现代农业创业。

1. 敢于尝试的勇气

这是最为重要的，创业不仅仅需要智慧，更需要迈出第一步的勇气。当机会来临时，你再有智慧，再有经验，再聪明，如果不敢迈出第一步去尝试，这个机会也会离你而去。

2.锲而不舍的毅力

创业不是今天做，明天就有回报的。而且农业是自然再生产与经济再生产相结合的产业，周期相对较长，因而农业创业也许需要一个月、一年甚至更长的时间。创业与盈利都需要一个漫长的过程，必须坚持下来，才有可能成功。

3.必要的创业资金

创业具有投资和经营的特点，创业者除了要有经营头脑外，更要有必要的创业资金。开展现代农业创业，发展农业生产、加工及流通等，或多或少需要一些资金，以能够创办企业和进行正常的生产经营。

4.创业服务

现代农业创业是一项系统工程，涵盖启动资金、技术支持、政策扶持等方面，涉及多个部门，需要有关部门提供及时有效的服务。当前，国家倡导"全民创业、万众创新"，有关部门应该积极而广泛地开展现代农业创业服务工作，为现代农业创业提供支持。

模块二　准备创业（一）

项目三　现代农业创业的心理与知识能力准备

项目四　现代农业创业的机遇把握

项目三 现代农业创业的心理与知识能力准备

【项目目标】

完成本项目学习任务后，你应该能

1. 了解创业者应该具备的心理素质；
2. 理解创业特质概述，熟悉创业者应具备的特质；
3. 掌握创业需要签订的合同及注意事项；
4. 知晓创业谈判的特点，培养并提高创业谈判的能力。

【项目任务描述】

“机会是留给有准备的人”，想必大家对这句话并不陌生。无论做什么事情，我们都需要做好准备工作，若没有准备好，就算抓住了机遇，机遇也一样会悄悄溜走。同样，创业，不仅要有勇气，更重要的是做好准备，无论是心理上还是人力、物力上的准备。通过教师组织引导，学生听课、自学、讨论和案例分析等，了解创业者应该具备的心理素质；理解创业特质概述，熟悉创业者应具备的特质；掌握创业需要签订的合同及注意事项；知晓创业谈判的特点，培养并提高创业谈判的能力。

【引导性案例】

创业从做人开始

17 岁高中毕业“下海”经商搞销售，成了最年轻的机电产品公司总经理；37 岁投身电力系统建设，他的公司被业界誉为“电力系统的黄埔军校”。

他就是郭学良，今年 37 岁。

郭学良高中毕业后，工作无着落。“不能坐着等，出去闯闯吧。”郭学良的大哥对他说。当时正值“下海”热潮，郭学良决定试一试。找亲戚朋友借来启动资金，在平顶山市成立了他的第一个机电产品销售公司。

“我没有基础，也没关系，靠的就是一双勤劳的手和一颗真诚的心。”郭学良说。终于有一天，姚孟电厂管销售的负责人被他的执著打动了，要求他一个小时内把货送到，他不计成本驱车15公里，按时把货送到。这是他的第一笔生意100多元，并不赚钱，但赚到了客户的信任。

功夫不负有心人。他凭着吃苦耐劳的精神，和对市场的充分了解，郭学良很快做到了400万元的营业额。

（资料来源：http://news.sina.com.cn/o/2007-04-03/051311553318s.shtml）

案例点评：创业的过程中要始终坚持自己的原则，不要利欲熏心，迷失了自己。如果我们没有更多的聪明智慧去获取更多的财富，那就老老实实本本分分地做事，诚信会让我们始终立于不败之地。

任务一　了解创业者应该具备的心理素质

一、学习准备

【知识准备】

成功创办一家企业，成为一个企业老板，不是一件容易的事。我们需要了解什么是企业以及自己是否适合做一个企业老板。当我们很认真、踏实地走出这一步，就会对自己是否适合创办一个企业有了更清晰的认识。

要想成为一个成功的企业创办者，首先要有强烈的创业愿望和动机，敢为、独立、自信、耐挫、会减压。要注意，并不是所有的人都适合创办企业，也许我们有其他方面的素质和能力，而这些素质和能力可以使我们更适合做其他工作或寻求其他的就业方式。

1.敢为

对于想要创业的人来说，成功的第一要义便是敢想敢做，出手果断，正所谓“十个想法不如一个行动”。只有那种不仅有创业想法，且敢于行动的人才能真正获得创业成功的机会。

俗话说：万事开头难。我们说难在哪？难就难在我们没有胆量迈出第一步。每当遇到一个困难时，内心首先都要打个问号，这个我能办到吗？其实人人都能忍受灾难和不幸，并通过努力战胜它们。但是现实中就是有人怀疑自己的能力，此时也变得没有胆量。殊不知,人类有强得惊人的潜力。只要我们加以利用,便能引领我们渡过难关。我们其实可以比我们想象的更加坚强,更有胆量,战胜一个又一个困难后,有了胆量,也就能够提升气场。

一万个空洞的幻想还不如一个实际的行动,唯有行动才可以改变我们的命运。很多人对创业充满期望,却又对自己缺乏信心。其实谁都可以致富,只要我们敢去做。在我们身边,许多相当成功的人,并不一定是他比我们"会"做,更重要的是他比我们"敢"做。

2. 独立

创业既为社会积累物质财富和精神财富,又是谋生和立业。创业者首先要走出依附于他人的生活圈子,走上独立的生活道路。因此,独立性是创业者最基本的个性品质。

作为一名创业者,我们应该建立自己的正见,正思维,建立一个衡量事物的标准。一个人一生中有很多的创业机会,只是太多人在新产业和机会面前看不懂,不明白,前怕狼后怕虎,总是在怀疑或担心这个那个的问题,总是很习惯的去问自己身边同一个层次的人:这个东西能不能做,有没有风险,这个东西合不合法,这个东西我要不要做,这个东西市场能不能被接受等问题,更严重的是自己已经明白了这个机会,但就是迈不出行动的那一步,总是更多的是让身边的人主宰着自己的思维和发展。事实上我们会发现,任何一位成功的人都是他在影响着别人的思维和行动,让更多的人跟着他的脚步在走,他们在做任何一件事情的时候都是在无声无息中进行着,当很多人知道的时候他们已经非常成功了,然而我们却在不知不觉中成为了他们产业链中的一名消费者!

【典型案例】

王厂长的创业故事

王厂长是佳迪饮料厂的厂长,回顾8年的创业历程真可谓是艰苦创业、勇于探索的过程。全厂上下齐心合力,同心同德,出谋划策为饮料厂的发展立下了不可磨灭的汗马功劳。但最令全厂上下佩服的还数4年前王厂长决定购买二手设备(国外淘汰生产设备)的举措,饮料厂也因此挤入国内同行业强手之林,令同类企业刮目相看。

因为当时很多厂家引进设备后,出于不配套和技术难以达到等因素,均使高价引进设备成了一堆闲置的废铁,但是王厂长在这种情况下仍采取了引进二手设备的做法。事实表明,这一举措使佳迪饮料厂摆脱了企业由于当时设备落后、资金短缺所陷入的困境。二手设备那时价格已经很低，但在我国尚未被淘汰。因此，佳迪厂也由此走上了发展的道路。

(资料来源：http://club.1688.com/article/28350392.html)

案例启示：对创业者来说，注重塑造自己的思维模式，远比积累财富更重要，因为财富可在瞬间赢得或失去，但领导者独立思考、抉择精神永远是赢得未来的无形资本。

3.自信

人的意志可以发挥无限力量，可以把梦想变成现实。对创业者来说，信心就是创业的动力。要对自己有信心，对未来有信心，要坚信成败并非命中注定而是全靠自己努力，更要坚信自己能战胜一切困难创业成功。

与金钱、势力、出身、亲友相比，自信是更有力量的东西，是人们从事任何事业最可靠的资本。自信能排除各种障碍、克服种种困难，能使创业获得完满成功。

4.耐挫

世上没有绝对保险的生意，失败的风险随时可能发生。创业之路不会一帆风顺，所以，如果不具备良好的耐挫能力、坚韧的意志，一遇到挫折就垂头丧气，一蹶不振，那么，在创业的道路上是走不远的。只有具备处变不惊的良好素质和愈挫愈强的顽强意志，才能在创业的道路上自强不息，锐意进取，顽强拼搏，才能从小到大，从无到有，闯出属于自己的一番事业。

有统计显示，我国初次创业的失败率达70%以上。可见，挫折和失败是中外创业者必须时刻面对的“家常便饭”，没有足够的耐挫能力就不可能在艰辛的创业道路上坚持下去、不可能登上成功的高峰。

5.会减压

中国已经进入全民创业时期，在创业过程中，刚起步阶段是最关键的，它不仅关系到一个企业后来的成败，同时也是创业者最能发挥其主观能动性的阶段。如今越来越多的人愿意选择创业来代替就业，若成功不仅可以为社会创造一定的财富，帮助部分人解决就业，还可以实现自己的理想。但是，随着经济的发展，企业之间的竞争越来越激烈，创业者的压力也随之变大，特别是对于“初来乍到”的创业者来说，不仅缺乏一定的社会资源，还面临着很多的角色转变。如果创业者的压力不能够得到良好的梳理，一方面会影响个人的身心健康，另一方面很有可能会导致自己放弃创业。

在创业的过程中，或许会面对很多的困惑，要学会适时减压。

【资料准备】

1. 图书馆或资料室：利用图书馆或资料室的书籍或报刊，查找有关创业者应该具备的心理素质的知识、案例等信息资料。

2. 电脑、网络、新媒体：利用电脑上网或利用手机上 WiFi 等，查找有关创业者应该具备的心理素质的知识、案例等信息资料。

3. 教师准备的资料单：关于成功创办企业的关键因素的相关文章。

二、学习任务设计与实施

【学习任务设计】

见图 3-1。

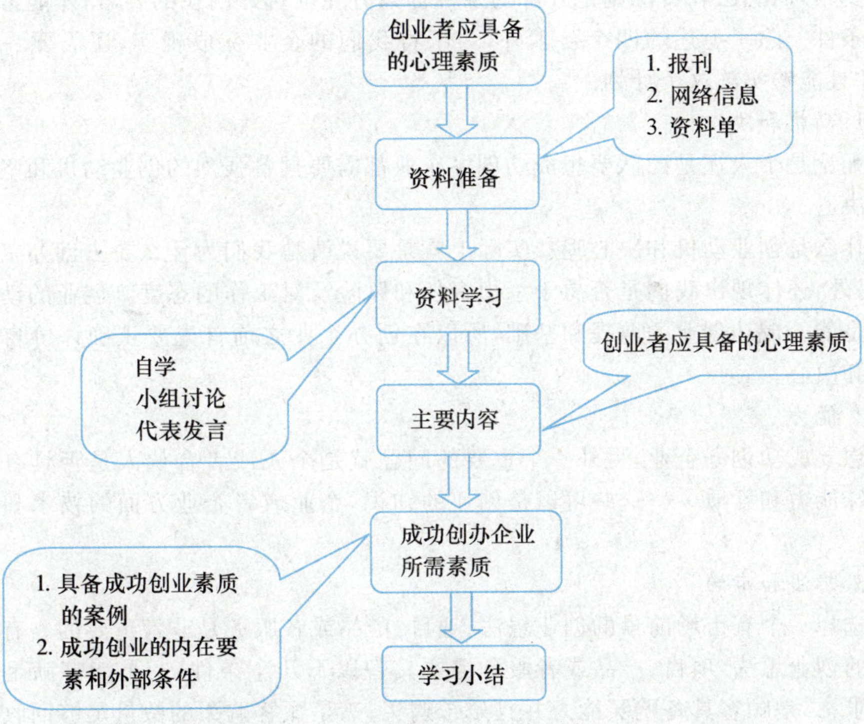

图 3-1　了解创业者应该具备的心理素质学习任务完成流程

【学习任务实施】

1. 安排学生课前预习创业者应具备的心理素质有关内容；通过多种信息渠道查询资料。关键词有：成功创业，关键因素等；汇总查找的相关资料。

2.课堂上进行小组讨论，通过头脑风暴法扩大学习成果，并集中集体智慧完成一份较好的学习收获体会。

3.讨论结束后，每组选一个代表，在全班讲解小组的学习路径、学习收获，组员补充收获的内容；教师组织发动全班同学讨论、评价各小组的学习情况，达到全班同学共享学习资源和收获体会，巩固所学的知识内容。

三、学习拓展

创业者本身是整个创业过程中至关重要的因素。如果我们想成为企业老板，就需要积极主动地承担风险，创办企业，经营企业并赢得顾客。我们要成功做到这些，取决于四个要素，也就是动机、能力、想法和资源。动机和能力主要是创业者内在的要素，而想法和资源则是外部的条件。只有先准备好内在的要素，才能考虑外部的条件。除了上述的四个要素外，为了将我们的企业变成现实，还需要一个计划，并且能够实施这个计划。

1.动机和决心

无论是个人还是团队要想成功创办企业都需要具备强烈的创业动机和坚定的创业决心。

什么是创业动机和决心呢？实际上就是要说清楚我们为什么要去创办一个企业，另外，还体现出我们是否勇于承担责任和风险及对工作的态度。创业的动机和决心是能否成功创业的前提和基础，所以在创办企业之前首先要正确评价自己的动机和决心。

2.能力

想要成功创办企业，另外一个重要的问题就是个人或者合伙人是否具有相关的特殊能力和素质——这些可以是创业的知识，企业或者企业方面的技术和管理技能。

3.想法和市场

选择一个有市场前景的创业想法、项目、产品或者服务是非常重要的。有市场前景的创业想法、项目、产品或者服务需要具备以下几个条件：一是能够满足顾客的需求；二是顾客具备购买能力并且乐于购买；三是顾客购买的数量足够回收成本并获得充足的利润。

4.资源

最后，我们需要能够获得充足且有效的资源，这不仅影响企业运营，有些时候还要影响到是否可以创办企业。例如，资金、房屋、原材料、设备和人员等。此外，基础设施（例如，水电、通讯线路、道路）和外部的支持服务（例如，政府的政策、各种创业服务机构的帮助)也是非常重要的。

还有一件很重要的事情,就是当我们决定创办企业的时候,不能把自己所有的钱都投到企业里。因为,如果我们的家庭没有其他收入来源时,所有的生活开支就得从我们的积蓄中支付,直到我们的企业能够赚到钱,并能够支撑我们的家庭生活为止。

5.创业计划

为了能够将前面四个部分变成现实,还需要一个创业计划。一个完整的创业计划需要体现四个方面的内容,即:一是想要做什么?二是计划怎么着手去做?三是有谁去做?四是说明想法是值得去做的。

6.实施

有了创业计划,并不意味着我们就一定能够成功创办一个企业。重要的是还要能够按照计划去实际操作和行动。

任务二 熟悉创业者应具备的特质

一、学习准备

【知识准备】

(一)创业特质概述

对创业者应当具备的品质可谓是“仁者见仁,智者见智”。

请问在大家心中成功的创业者是怎样的呢?他们具备怎样的特质。托尔斯泰说过:“幸福的家庭都是相同的,不幸的家庭则各有各的不幸。”套用这一句话,我们也可以说:“成功的创业者都是相同的,失败的创业者则各有各的原因。”

我国学者陈德智借鉴古代圣贤的思想精髓,提出创业家应具备的品质为“五德”,即“智、信、仁、勇、严”。可细分为以下几个方面:

1.强烈的欲望

一个真正的创业者一定是有强烈的欲望者。因为我们想拥有财富,想出人头地,想获得社会地位,想得到别人的尊重。有人一谈起这些东西就觉得很庸俗,甚至一些成功者亦不愿提起这样的话题,特别是一涉及钱,便变得很敏感、很禁忌,其实大可不必。

因为想得到,而凭自己现在的身份、地位、财富得不到,所以要去创业,要靠创业改变身份，提高地位，积累财富，这构成了许多创业者的人生"三部曲"。

或许我们可以套用一句伟人的话："欲望是创业的最大推动力。"

2.开阔的眼界

对于创业者来说，只有真正见多识广。广博的见识，开阔的眼界，才能有效地拉近自己与成功的距离，使创业活动少走弯路。

如果我们是一个创业者，开阔的眼界意味着我们不但在创业伊始可以有一个比别人更好的起步，有时候它甚至可以挽救我们和我们企业的命运。

眼界的作用，不仅表现在创业者的创业之初，它会一直贯穿于创业者的整个创业历程。"一个创业者的眼界有多宽，他的事业也就会有多大。"

3.善于把握趋势又通人情事理

创业是一个在夹缝里求生存的活动，首先要顺应社会，才能避免在人事关节上出问题。尤其处于社会转轨时期，各项制度、法律环境都不十分健全，创业者必须学会先顺应社会。

创业者不但要明政事、商事，还要明世事、通人事。如在国家政策方面，国家鼓励发展什么，限制发展什么，对创业之成败很有关系。选对了方向，顺着国家鼓励的层面努力，可能事半功倍；选反了方向，就会"鸡飞蛋打"。

良好人际关系是创业的基本需求，创业者一定要有很好的人际关系，这会为创业者带来很多的便捷和机会，这应该是一个创业者的基本素质。

4.敏锐的商业嗅觉

通俗来讲，商业嗅觉就是把商机转化为财富的能力。这要求我们时刻保持清醒的头脑，以时刻把握行业的发展变化、时刻在变化中挖掘商机、时刻掌握对手的情况等。

5.拓展人脉

创业不是引"无源之水"，栽"无本之木"。每一个人创业，都必然有其凭依的条件，也就是其拥有的资源。一个创业者的素质如何，看一看其建立和拓展资源的能力就可以知道。

6.谋略

商场如战场，一个有勇无谋的人，早晚会成为别人的盘中餐。创业是一个斗体力的活动，更是一个斗心力的活动。创业者的智谋，将在很大程度上决定其创业成败。

7.敢于冒险

创业本身就是一项冒险活动。要有胆量、敢下注，想赢也敢输。创业是最需要强大心理承受能力的一项活动。很多创业者在创业的道路上，都有过"惊险一跳"

的经历。这一跳成功了,功成名就;要是跳不成,就只好"凤凰涅槃、浴火重生"了。事实上,创业需要胆量、需要冒险。冒险精神是创业家精神的一个重要组成部分。

8.与他人分享的愿望

作为创业者,一定要懂得与他人分享。一个不懂得与他人分享的创业者,不可能将事业做大。分享包括团队内部与外部分享。对于内部分享来说,只有当老板舍得与员工分享,员工的需要都得到了满足,员工才会为老板做更多的事,赚更多的钱,做更大的贡献,回报老板。对于外部分享,由于分享不仅仅限于企业或团队内部,对创业者来说,对外部的分享有时候更为重要。

9.锲而不舍,坚韧不拔

创业者不害怕失败,相信"成功的背后包含许多失败",并因此坚定获取成功的决心。害怕失败的人会丧失他们可能具有的获得成功的动力,而且成功的创业者有能力从失败的经验中吸取教训,并且有效的调整方向,才更好地理解自身和他人在造成失败中所起的作用,以便在将来避免类似问题再次发生。不断地"尝试—错误—矫正—尝试"的循环是创业者学习过程中不可缺少的一部分。

10.自我反省的能力

成功创业者有一个共通之处,就是都非常善于学习,非常勇于进行自我反省。作为一个创业者,遭遇挫折,碰上低潮都是常有的事,在这种时候,反省能力和自我反省精神能够很好地帮助我们渡过难关。曾子说:"吾日三省吾身"。对创业者来说,问题不是一日三省吾身、四省吾身,而是应该时时刻刻警醒、反省自己,唯有如此,才能时刻保持清醒。

创业者需要的是综合素质,每一项素质都很重要,不可偏废。缺少哪一项素质,将来都必然影响事业的发展。有些素质是天生的,但大多数可以通过后天的努力改善。如果能够从现在做起,时时惕砺,培养自己的素质,创业成功一定指日可待。

【资料准备】

1.图书馆或资料室:利用图书馆或资料室的书籍或报刊,查找有关创业者应具备的特质、创业恐惧、敢于面对失败的资料。

2.电脑、网络、新媒体:利用电脑上网或利用手机上 WiFi 等,查找有关创业者应具备的特质、创业恐惧、敢于面对失败的资料。

3.教师准备的资料单:关于创业者具备的特质理论总结和克服创业恐惧症、敢于面对失败的案例等相关文章。

二、学习任务设计与实施

【学习任务设计】

见图 3-2。

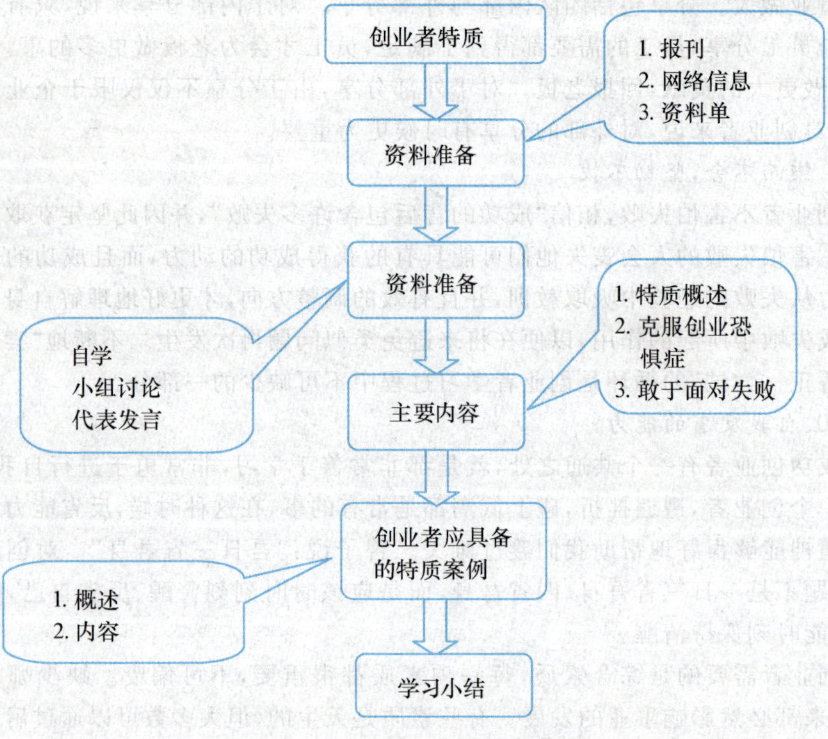

图 3-1 创业者应具备的特质学习任务完成流程

【学习任务实施】

1. 根据创业者应具备的特质创设问题情境，引导学生自己提出问题，必要时也可以由教师提出问题；围绕教学目标，引导学生对提出的问题进行筛选、梳理，使之形成问题串，以便于学生有序探究。

2. 对于一些简单的问题，可按照“独立思考—班内交流”的流程去探究，对于那些学生独立探究有困难的问题，可按照“独立思考—小组(同桌)合作探究(交流)—班内交流”流程去探究。

3. 及时引导学生梳理小结，通过梳理，帮助学生构建知识体系，总结方法规律；

针对教学目标当堂进行检测,可以采用书面检测,也可以采用口头检测,做到人人参与,个个达标。

三、学习拓展

(一)克服创业恐惧症

在市场经济活跃的带动下,很多人正在准备或进行自主创业,众多勇敢者已经"扑通"下水,不管泳姿如何,或蝶泳或蛙泳或"狗刨",正在向希望的彼岸奋力冲刺,然而,很多人则仍在岸边犹豫徘徊,迟迟不能下水创业,为什么犹豫?因为不敢!为什么不敢?因为害怕!

其实,无论是小企业还是大企业的经营者,都会在创业或再创业的过程中心怀恐惧。对于正在准备创业或刚刚开始创业的人来说,面对创业恐惧时,就必须做好一切应对的准备,稳定好心情,透彻地分析市场,在全面了解创业体系后,推陈出新,战胜恐惧心理,创业才有可能走向成功。当然,作为创业者还有必要了解一下恐惧的原因,只有这样,才能对症下药,克服心理上的恐惧。

总之,大部分人或多或少都会有一些创业恐惧症,其实只要我们能够细致规划,提前想到各种困难的存在,就能够牢牢把风险降到最低。

(二)敢于面对失败

大家都知道失败乃是成功之母,却很少人会敢于面对失败,总结失败,我们往往不是败在这个事情上,而是败在成功前的黎明时刻,我们选择了放弃,否定过去的努力。在失败面前,至少有三种人:

一种人,遭受了失败的打击,从此一蹶不振,成为让失败一次性打垮的懦夫,此为无勇无智者。

一种人,遭受失败的打击,并不知反省自己,总结经验,但凭一腔热血,勇往直前。这种人,往往事倍功半,即便成功,亦常如昙花一现。此为有勇而无智者。

另一种人,遭受失败的打击后,能够审时度势,调整自我,在时机与实力兼备的情况下再度出击,卷土重来。这种人堪称智勇双全,成功常常莅临在他们头上。

世界上没有转败为胜的诀窍,创业者只要具备了临危不惧、重振雄风的信心和勇气,就拥有了披荆斩棘、所向披靡的利器,这样就必定能征服前行道路上的一切困难,到达成功的目的地。

任务三 掌握创业需要签订的合同

一、学习准备

【典型阅读】

成功的失败

刘吉利是浙江省永嘉县首个“弃文从农”的大学生。他与另外两个同学怀着自主创业的梦想，他们决定辞职创建特色瓜果园。吉利果园开张后初期经营项目单一，以观赏迷你南瓜和特大南瓜为主，为了弥补这一缺陷，他们想出了许多经营创意：准备在原来特色瓜果的基础上，再种植奇特的热带水果，并利用空地种水稻和花生，同时把配套的农家乐和旅游接待会所也搞起来，力争打造出集观光、品尝为一体最具特色的农业旅游大观园。

刘吉利引入投资商，决定上马热带果树种植、农家乐等项目，新租了60亩农田，每亩每年租金300元。但由于经验不足，在与农民签合同时，刘吉利没有说明这些土地是用来种果树，农民以为他还是种南瓜。结果合同签订，刘吉利等准备好种果树时，农民们得知消息，以种果树对土地有影响为理由，坚决不让种。刘吉利尽力争取，却仍然不能与农民们顺利沟通，他的计划失败了。此时，他以每亩300元租来的土地，以每亩100元的价格转租出去。再加上预定果苗的损失等，三人赔了20万元，暂时失败了。

虽然暂时失败了，但刘吉利说：“没有挫折就不会长大，在失败中我得到了很多无形资源，我叫它‘成功的失败’。”刘吉利等的事业还在继续进行中。他们正在寻找新的场地，准备向山地发展，在原来特色瓜果的基础上，再种植奇特的热带水果，并利用空地种水稻和花生，同时把配套的农家乐和旅游接待会所也搞起来。在原来的创意经营的基础上，他们还会推出更多的创意，如大果树按棵供市民认养，花生和水稻按面积供市民认养，建立家庭体验区、观赏区、休闲区等区块，力争打造出集观光、品尝为一体最具特色的农业旅游大观园。有了风投的支持，有着热情和创意，刘吉利等的事业前景还是非常美好的！

（资料来源：http://www.ny086.com/newsinfo/？6780.html）

案例点评:作为一个想创办企业的小企业老板应该懂得有关与企业开办和经营的相关法律法规。否则,将给你的企业带来很多麻烦。案例中描述的情况在现实中非常多见。因为法律意识不强,忽略拟定合同的条款附注,由此给自己埋下交易失败的风险,受损失的最终还是创业者自己。

【资料准备】

1. 图书馆或资料室:利用图书馆或资料室的书籍或报刊,查找有关创业合同类型、内容及注意事项等有关资料。

2. 电脑、网络、新媒体:利用电脑上网或利用手机上 WiFi 等,查找有关创业合同类型、内容及注意事项等有关资料。

3. 教师准备的资料单:关于创业需要签订合同的理论总结和案例等相关文章。

二、学习任务设计与实施

【学习任务设计】

见图 3-3。

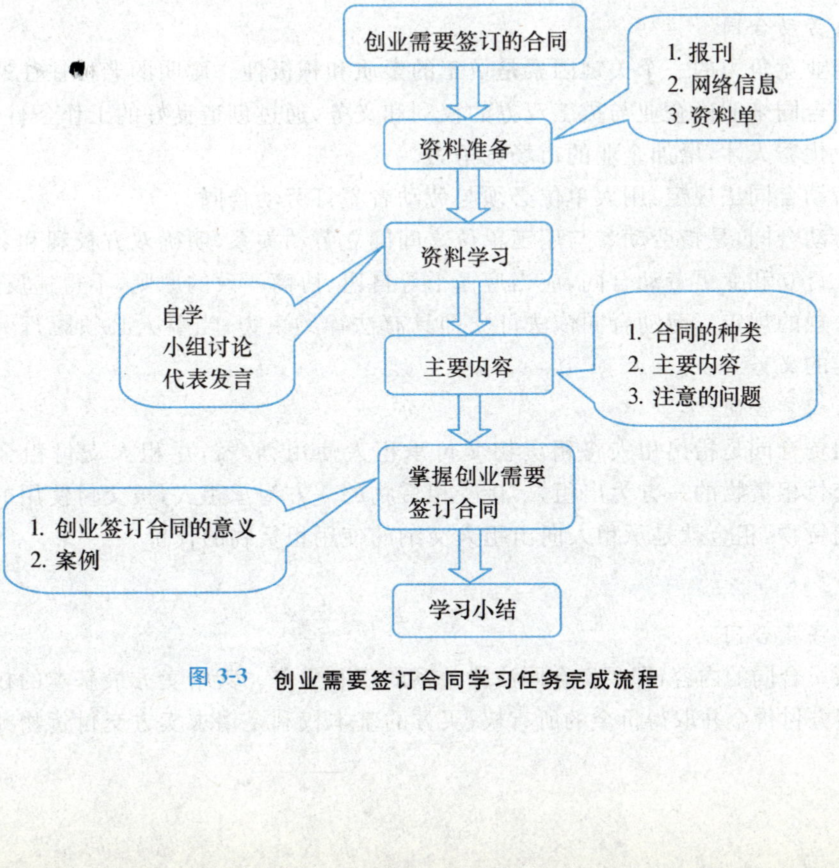

图 3-3 创业需要签订合同学习任务完成流程

【学习任务实施】

1. 在教师的指导下，通过多种信息渠道查询资料。关键词有：为什么、创业合同、类型、主要内容、注意事项等，汇总查找的相关资料。

2. 通过案例向学生示范他们在创办企业的实际过程中签订合同时可能会遇到的问题，分小组对案例做出分析和诊断，提出一两个问题。

3. 每组选一个代表，在全班讲解小组的学习路径、学习收获，组员补充收获的内容；教师组织发动全班同学讨论、评价各小组的学习情况，确定解决办法和从案例中学到的要点，激发学生想了解更多问题的动机。

三、学习拓展

（一）创业需要签订的合同

在创业过程中主要使用的合同主要有以下三类：

1. 买卖合同

买卖合同是一方转移标的物的所有权于另一方，另一方支付价款的合同。转移所有权的一方为出卖人或卖方，支付价款而取得所有权的一方为买受人或者买方。

2. 劳动合同

企业竞争力的一个关键因素是员工的素质和积极性。聪明的老板往往通过订立劳动合同来明确企业与员工双方的权利和义务，通过创造良好的工作条件等，留住企业优秀人才，增加企业的市场竞争力。

劳动合同法规定：用人单位必须与劳动者签订劳动合同。

劳动合同，是指劳动者与用工单位之间确立劳动关系，明确双方权利和义务的协议。订立和变更劳动合同，应当遵循平等自愿、协商一致的原则，不得违反法律、行政法规的规定。劳动合同依法订立即具有法律约束力，当事人必须履行劳动合同规定的义务。

3. 租赁合同

租赁合同是指出租人将租赁物交付承租人使用、收益，承租人支付租金的合同。交付租赁物的一方为出租人，接受租赁物的一方为承租人，被交付使用的财产即为租赁物，租金就是承租人向出租人交纳的使用租赁物的代价。

（二）合同的主要内容

1. 买卖合同

买卖合同的内容，即买卖合同法律关系的权利义务。其中卖方最基本的权利是请求买方付价金并取得价金的所有权；买方的基本权利是请求卖方交付货物并取得货物的所有权。买方的权利对应于卖方的义务。反之亦然。买卖合同的当事人除履行买卖合同的总义务即给付义务外,尚需承担法律规定或双方约定的付随义务。

2.劳动合同

劳动合同的内容可分为两方面,一方面是必备条款的内容,另一方面是协商约定的内容。根据《中华人民共和国劳动法》第十九条规定,其必备条款有7项:

(1)劳动合同期限。法律规定合同期限分为三种:有固定期限,如1年期限、3年期限等均属这一种;无固定期限,合同期限没有具体时间约定,只约定终止合同的条件,无特殊情况,这种期限的合同应存续到劳动者到达退休年龄;以完成一定的工作为期限,用人单位与劳动者在协商选择合同期限时,应根据双方的实际情况和需要来约定。

(2)工作内容。在这一必备条款中,双方可以约定工作数量、质量,劳动者的工作岗位等内容。在约定工作岗位时可以约定较宽泛的岗位概念,也可以另外签一个短期的岗位协议作为劳动合同的附件,还可以约定在何种条件下可以变更岗位条款等。掌握这种订立劳动合同的技巧,可以避免工作岗位约定过死,因变更岗位条款协商不一致而发生的争议。

(3)劳动保护和劳动条件。在这方面可以约定工作时间和休息休假的规定,各项劳动安全与卫生的措施,对女工和未成年工的劳动保护措施与制度,以及用人单位为不同岗位劳动者提供的劳动、工作的必要条件等。

(4)劳动报酬。此必备条款可以约定劳动者的标准工资、加班加点工资、奖金、津贴、补贴的数额及支付时间、支付方式等。

(5)劳动纪律。此条款应当将用人单位制定的规章制度约定进来,可采取将内部规章制度印制成册,作为合同附件的形式加以简要约定。

(6)劳动合同终止的条件。这一必备条款一般是在无固定期限的劳动合同中约定,因这类合同没有终止的时限。但其他期限种类的合同也可以约定。须注意的是,双方当事人不得将法律规定的可以解除合同的条件约定为终止合同的条件,以避免出现用人单位应当在解除合同时支付经济补偿金而改为终止合同不予支付经济补偿金的情况。

(7)违反劳动合同的责任。一般约定两种违约责任形式,第一种是一方违约赔偿给对方造成经济损失,即赔偿损失的方式;二是约定违约金的计算方法,采用违约金方式应当注意根据职工一方承受能力来约定具体金额,避免出现显失公平的情形。违约,不是指一般性的违约,而是指严重违约,致使劳动合同无法继续履行,如职工违约离职,单位违法解除劳动者合同等。

按照法律规定,用人单位与劳动者订立的劳动合同除上述7项必备的条款内容外，还可以协商约定其他的内容，一般简称为协商条款或约定条款，其实称为随机条款似乎更准确，因为必备条款的内容也是需要双方当事人协商、约定的。

这类约定条款的内容，是当国家法律规定不明确，或者国家尚无法律规定的情况下，用人单位与劳动者根据双方的实际情况协商约定的一些随机性的条款。劳动行政部门印制的劳动合同样本，一般都将必备条款写得很具体，同时留出一定的空白地由双方随机约定一些内容。例如：可以约定试用期、保守用人单位商业秘密的事项、用人单位内部的一些福利待遇、房屋分配或购置等内容。

3.租赁合同

租赁合同的内容包括租赁物的名称、数量、用途、租赁期限、租金以及其支付期限和方式、租赁物维修等条款。

(三)签订合同需要注意的问题

由于合同种类非常多样，行业里没有统一商务要求的合同模板，但是针对创业者经常出现问题的地方提出建议，解释一个标准的合同最基本的注意事项。

1.合同的基本框架严谨清晰

一个标准合同通常分为12个部分：合同双方基本信息、鉴于条款（合同背景介绍）、定义条款（复杂或专业合同较常有）、合同交易内容（包含双方权利义务内容）、双方承诺及保证、知识产权、保密条款、合同变更、解除、终止的条件和方式、不可抗力出现时的处理方式、违约责任、争议解决、附件。

根据交易双方对合同的重视程度、合同的应用场景以及制作合同的效率不同，上述12项一般不会全部使用。比如，有的交易中，交易的背景已经非常清晰了，鉴于条款往往就会被省略。

最基本的合同至少要包括2个部分：合同双方的基本信息和合同交易的内容（包含双方权利义务）。创业者在起草和审核合同时，要根据自己的需要选择哪些部分作为合同的内容。

2.合同中的条款不存在导致自己不可知的风险的可能

我们在起草合同时，要明确一点就是自己愿意承受的风险些有哪些。比如，像一些一般性的商务合作，双方希望都有随时终止合作的权利，往往不会约定违约责任等条款。这时候，我们要清楚一点，如果没有约定违约责任条款，如果对方突然终止合同，我们就无法要求对方按照合同的要求承担违约责任。

3.格式清晰，便于双方使用和阅读

具体表现在这样两方面：一方面，要保证标题间不发生矛盾冲突和混乱，合同功能完整、严密（加页码是个基本技巧）；另一方面在语言表达上不使用书面口语、有歧义的语言，力求措辞准确。

任务四 提高创业谈判的能力

一、学习准备

【典型阅读】

“你切我挑”的陷阱

美国谈判学会会长，著名律师尼尔伦佰格讲过一个著名的分橙子的故事。有一个妈妈把一个橙子给两个孩子。不管从哪里下刀，两个孩子都觉得不公平。两个人吵来吵去，最终达成了一致意见，由一个孩子负责切橙子，另一个孩子选橙子。结果，这两个孩子按照商定的办法各自取得了一半橙子，高高兴兴地拿回家去了。

在商务谈判中经常会用到“你切我挑”的方法，这种方法看似公平，但存在着致命的双方利益损失陷阱。主要的原因是没有事先了解清楚双方的需求。

对外经济贸易大学王健教授讲过一个“你切我挑”的续集：第一个孩子把半个橙子拿到家，把皮剥掉扔进了垃圾桶，把果肉放到果汁机上打果汁喝。另一个孩子回到家把果肉挖掉扔进了垃圾桶，把橙子皮留下来磨碎了，混在面粉里烤蛋糕吃。

从上面的情形，我们可以看出，虽然两个孩子各自拿到了看似公平的一半，然而，他们各自得到的东西却未物尽其用。这说明，他们在事先并未做好沟通，也就是两个孩子并没有申明各自利益所在。没有事先申明价值导致了双方盲目追求形式上和立场上的公平，结果，双方各自的利益并未在谈判中达到最大化。如果我们试想，两个孩子充分交流各自所需，或许会有多个方案和情况出现。

想要整个橙子的孩子提议可以将其他的问题拿出来一块谈。他说：“如果把这个橙子全给我，你上次欠我的棒棒糖就不用还了”。其实，他的牙齿被蛀得一塌糊涂，父母上星期就不让他吃糖了。另一个孩子想了一想，很快就答应了。他刚刚从父母那儿要了五块钱，准备买糖还债。这次他可以用这五块钱去打游戏，才不在乎这酸溜溜的橙子汁呢。

两个孩子的谈判思考过程实际上就是不断沟通，创造价值的过程。双方都在寻求对自己最大利益的方案的同时，也满足对方的最大利益的需要。

（资料来源：http://wenku.baidu.com/）

案例点评：商务谈判的过程实际上也是一样。好的谈判者并不是一味固守立场，追求寸步不让，而是要与对方充分交流，从双方的最大利益出发，创造各种解决方案，用相对较小的让步来换得最大的利益，而对方也是遵循相同的原则来取得交换条件。

【资料准备】

1. 图书馆或资料室：利用图书馆或资料室的书籍或报刊，查找有关创业谈判的特点、案例，影响创业谈判的因素等信息资料。

2. 电脑、网络、新媒体：利用电脑上网或利用手机上 WiFi 等，查找有关创业谈判的特点、案例，影响创业谈判的因素等信息资料。

3. 教师准备的资料单：关于提高创业谈判能力的相关文章。

二、学习任务设计与实施

【学习任务设计】

见图 3-4。

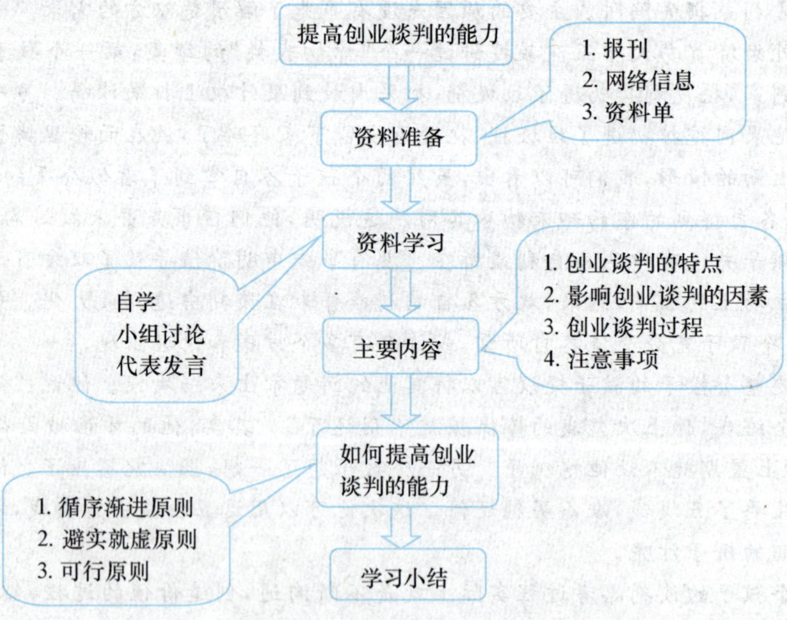

图 3-4 提高创业谈判的能力学习任务完成流程

【学习任务实施】

1. 安排学生课前预习创业谈判的特点,影响创业谈判的因素,创业谈判的过程及注意事项等有关内容。

2. 课上分小组讨论,每个小组就问题自由讨论,教师对小组讨论进行巡视,并在必要时做出适当的评价。在讨论过程中,要使每一个学生都有发言的机会。

3. 每组选一个代表对讨论结果做总结发言,根据学习情况对学生在讨论中提出的意见和问题作解释,总结要点,并板书到黑(白)板上。

三、学习拓展

(一)创业谈判的特点

1. 节约资本

在创业的很多环节当中,通过谈判,企业可以以更小的代价获得更多的资源(机器设备、原材料、人才等),从而达到节约资本的目的。同时,这样做也间接地起到了降低风险的作用。

2. 增加收益

在一些与销售相关的谈判当中,谈判的结果可以达到增加收益的目的。通过与批发商的谈判,可能会让对方放弃赊销的念头,或者提高了批发的价格;通过与代理商的谈判,可能让对方接受我们的最低销量要求……所有这些,都有利于收益的增加或者风险的降低。

3. 扩大影响

在节约资本、增加收益和降低风险的同时,良好的谈判效果也会提高企业在行业内的地位和影响力,间接的也促进了企业的发展。

(二)影响创业谈判能力的主要因素

1. 知识方面的素质

通常,一个谈判者除了贸易理论、市场营销这些必备的专业知识外,谈判者同时要把心理学、经济学、管理学、法学、财会学、政治学、历史学等方面的知识纳入自己的专业范畴。除了上述方面的知识以外,商务谈判会涉及许多法律问题,不仅在讨论合同条款时要做到尽可能仔细、详尽,而且要注意合同引起争议时有关适用法律的规定。因此,谈判者不仅要有较强的法律意识,也要尽可能熟练地掌握本国经济法规以及国际经济法的有关规定。当然,学习与掌握有关工程技术知识对于一个商务谈判者来说则是必不可少的,否则合同中有关的技术标准、验收标准等条款的确定就会变得相当困难,包括在合同的实施过程中也会不断出现类似的争议与纠纷,倘若商务谈判者本人缺乏必要的工程科学技术知识,那么无论是在内部沟通还是与合作方沟通都会缺乏必要的基础。

与此同时,商务谈判者要了解有关国家或地区的社会历史,风俗习惯以及宗教等状况,否则就会闹笑话,如有的谈判者向来自热带地区的商人大谈要用“滚雪球”的方式积累资金,使对方百思不得其解。此外,还要了解有关对方谈判人员在其特有的文化背景下所形成的谈判作风与谈判方式。

2.心理方面的素质

耐心、毅力是一个谈判人员应该具备的基本素质。有时谈判是一项马拉松式的工作,在长时间的谈判中始终如一地保持镇静、信心与机敏委实不是易事。

在商务谈判中,有些对手也会以拖延时间来试图消磨我方的意志,以求获取更好的谈判条件,对付这种伎俩没有坚忍的毅力是不可能的。这种意志力、忍耐力还表现在一个谈判人无论在谈判的高潮阶段还是低潮阶段,都能心平如镜,特别是当胜利在望或陷入僵局时,更要善于控制自己的情感,喜形于色或愤愤不平不仅有失风度,而且也会给对手抓住弱点与疏漏,造成可乘之机。顽强的意志品质也是与一个谈判人员对工作一丝不苟、认真负责的态度和坚持原则的精神联系在一起的。

3.谈判技能方面的素质

知识广博是一个谈判人员素质构成中的基本因素,而技能则是知识的外在表现与具体应用。

首先,一个谈判人员应该有必要的运筹、计划能力。谈判的进程如何把握?谈判在什么时候、什么情况下可以由准备阶段进入到接触阶段、实质阶段、进而达到协议阶段?在谈判的不同阶段要注意重点的转移,采取何种技巧、策略?对此,谈判者都要进行精心的计划与统筹安排。当然,这种计划离不开对谈判对手背景、需要、可能采用的策略的调查了解与充分估计,以此才能做到知己知彼成竹在胸。

其次,要懂得,所谓谈判就是要靠“交谈”来消除双方观点的分歧,达成彼此观点的一致的过程,因此语言驾驭能力就是谈判者的基本素质之一。这就要求谈判者能善于表达自己的见解,叙述条理清晰,用词准确明白,即使对于某些专业术语,也能以简明易懂的语言加以解释;同时谈判者还要善于说服对方接受自己的观点与条件,善于通过辩论来批驳对方立场,维护自己的利益。

再次,对谈判进程的把握,谈判中语言技巧的运用,都离不开对谈判对手的了解与认识,而这种了解与认识的依据不能仅仅从对手的背景调查中得到,面对面的谈判为了解与认识谈判对手提供了直接的机会和丰富的信息,而这就需要依赖于谈判者的观察能力、对对手在口头语言、动作语言、书面语言等各方面表述中所体现的心理状态极其细微变化的体察能力，而且还反映为谈判者捕捉到这些信息后能做出迅速的判断与有效的反应。理论与实践的结合，是提高这种观察力的重要途径。

最后，创造力与灵活性是谈判人员素质中不可缺少的组成部分，与谈判人员意志力的坚韧、顽强互为补充、相得益彰，并在谈判中具体表现为既不轻易退让，又能善于妥协的谈判能力。如果一个人在谈判中只是表现出单纯的原则性和坚韧的精神，那往往会使双方陷入争执，这时候坚持强硬的立场常常使僵持局面得不到化解。在这种情况下，谈判人员发挥应有的创造力、想象力，并在制定与选择方案上表现出灵活性，对于推动谈判的发展具有关键作用。

4.礼仪方面的素质

礼仪是一个人修养的反映，在商务谈判中，也是影响谈判的气氛与进程的一个重要因素。跟谈判对手打交道，特别是高层交往，一些细节不注意，对方会觉得不受尊重，或者认为差距甚大，不值得交往。因此商务谈判人员要十分注意社交规范，尊重对方的文化背景和风俗习惯，这对于赢得对方尊重和信任，推动谈判顺利进行，特别是在关键场合、同关键人物谈判中，往往能起到积极的作用。知晓礼仪、尊重对手是一个谈判人员对谈判所做的最小投资，而由此获得的回报却常常是难以估量的。注重礼仪的内容还包括谈判人员在谈判破裂时能给对方留住面子，不伤人感情并为以后的合作与交往留下余地，做到“生意不成友情在”，这样就会有越来越多的客商愿意与你发展合作关系。

（三）创业谈判的过程

正如孙子所说，“知己知彼，百战不殆”。想要在谈判中取得预期的目标，就必须在谈判之前对我们的谈判对手进行充分的了解。

由于谈判的过程中和结果存在很强的不确定性，所以谈判计划中对于谈判过程的设想一定要具有相当的灵活性。否则，谈判人员可能因为难以应对而显得十分尴尬，而且也直接影响到谈判最终结果。

一般来说，我们可以把一次谈判分成观点阐述阶段、辩论与讨价还价阶段和结论阶段。

所谓观点阐述阶段除了双方分别提出自己的要求和条件以外，还包括这些要求和条件的相关依据和信息的阐述。

辩论与讨价还价阶段则是谈判双方在存在利益冲突的条款上所进行的相互辩论、批判、争夺和让步的过程。

结论阶段就是根据辩论的情况而形成最终结论的过程，这里的结论既可能是一个双方都愿意接受的协议，也可能是一个进一步谈判的安排，甚至是一个没有继续谈判余地的谈判破裂的结论。

(四)创业谈判的注意事项

正是由于谈判双方都不愿意完全满足对方的要求,才使得谈判成为一种必要。而为了最终达成协议,谈判双方或者至少一方必须做出让步。也就是说,谈判是一个双方不断讨价还价的过程。那么,如何讨价还价就成为影响谈判结果的一个重要问题。由于每个谈判中双方的分歧程度不同、双方所处的地位不同、双方谈判人员的能力不同,从而也就形成了各种各样的讨价还价的方式和方法。无论如何,以下几个基本原则都是谈判人员应当加以重视和注意的。

1.循序渐进原则

由于一次谈判往往要经过多次的讨价还价过程才能达成最终协议,所以谈判者在最初提出条件的时候既不能语气过于强硬,使对方感觉不存在回旋的余地,也不能语气过于缓和,使对方抱有太多的期望。这两种极端的做法都有可能使本来可以达成协议的谈判最终却以破裂告终。

2.避实就虚原则

在多数的谈判当中,双方的具体谈判目标以及每个具体目标的重要程度总是有所差异的,这就为避实就虚的策略提供了可能。也就是说,对我们来说一个损失不是很大的让步,可能让对方感觉我们很慷慨,进而也回应一个我们非常需要的让步。

3.可行原则

在有时候,谈判对手始终不肯让步的情况也会时有发生。但作为让步的一方并不能意气用事的决定谈判的破裂。只要是最终结果从当前和长远看对创立的企业都是有利的(虽然这个“利”可能很小),那么我们仍然应该接受这个现实的结果。

项目四　现代农业创业的机遇把握

【项目目标】

完成本项目学习任务后,你应该能

1. 了解机遇的概念;

2. 理解机遇的特征及现代农业创业机遇的类别;

3. 掌握现代农业创业机遇的识别与把握。

【项目任务描述】

创业是发现市场需求,寻找市场机会,通过投资举办和经营企业来满足这种需求的活动。因此,创业活动的显著特点是机遇导向,即创业往往是从发现、把握、利用某个或某些机遇开始的。机遇是创业的重要前提和基础。通过教师组织引导,学生听课、自学、讨论和案例分析等,了解机遇的概念与内涵;理解机遇的特征及现代农业创业机遇的类别;掌握现代农业创业就业的识别与把握。

【引导性案例】

两种选择　两种结果

两个乡下人外出打工,一个去上海,一个去北京。可是在候车厅等车时,又都改变了主意,因为邻座的人议论说,上海人精明,外地人问路都收费;而北京人质朴,见了吃不上饭的人,不仅给馒头,还送旧衣服。

去上海的人想,还是北京好,挣不到钱也饿不死,幸亏火车还没开始上车,退票来得及,不然真就掉进了火坑;去北京的人想,还是上海好,给人带路都能挣钱,还有什么不能挣钱的?我幸亏还没踏上去北京的火车,不然真会失去一次致富的机会。于是他们在退票处相遇了。原来要去北京的人换到了去上海的票,而去上海的人换到了去北京的票。

去北京的人发现，北京果然好。他初到北京的一个月，什么都没干，竟然没有饿着。不仅银行大厅里的太空水可以白喝，而且大商场里欢迎品尝的点心也可以白吃。

去上海的人发现，上海果然是一个可以发财的城市，干什么都可以赚钱。带路可以赚钱，看厕所可以赚钱，弄盆凉水让人洗脸也可以赚钱。只要想点办法，再花点力气，都可以赚钱。凭着乡下人对泥土的感情和认识，去上海的人在建筑工地装了十包含有沙子和树叶的土，以"花盆土"的名义，向不见泥土而又爱花的上海人兜售。当天他在城郊间往返六次，净赚了五十元钱。一年后，凭"花盆土"他竟然在大上海拥有了一间小小的门面。而且在常年的走街串巷中，他又有了一个新的发现：一些商店楼面亮丽而招牌较黑，一打听才知道是清洗公司只负责洗楼不负责洗招牌的结果。他立即抓住这一时机，买了人字梯、水桶和抹布，办起一个小型清洗公司，专门负责擦洗招牌。如今他的公司已有150多个打工仔，业务也由上海发展到杭州和南京。

前不久，去上海的人坐火车去北京考察清洗市场。在北京车站，一个捡破烂的人把头伸进软卧车厢，向他要空啤酒瓶，就在递瓶时，两个人都愣住了，因为5年前，他们曾换过一次票。

（资料来源：http://mp.weixin.qq.com/）

案例点评：人的一生当中，会遇到成千上万个选择，大的小的，好的坏的，美的丑的，也许当初一个小小的选择，会给自己的人生带来深远的影响。聪明的人，懂得选择一个积极而有意义的机遇或者机会，他们懂得在这个机遇或者机会中积极进取，抓住商机，从而他们也就赢得了未来。

任务一　了解机遇的概念与特征

一、学习准备

【知识准备】

1.机遇的概念与内涵

什么是机遇？如果用通俗的话说，机遇就是机会，又称契机或者时机，就是好的境遇。如果说深一点，机遇可表述为：历史或者事物在发展或运动过程中出现的可供人们利用的大好机会。

有时机遇对每个人都是均等的,有时却不是。有时机会降临到头上,却没有被把握住。人生的机遇不会太多,但机遇往往是留给有准备的人的。管理学家劳伦斯·J·彼得曾说,不要有怀才不遇、生不逢时的想法,只要你是锥子,哪怕是放在口袋里,年长日久,也会冒出尖来。

机遇是富有神奇色彩的,一个人的成功有一半是机遇,一旦失去了机遇,那将终身遗憾。实际上,在人生的道路上要坚信通过自己的努力是会获得机遇的,这也是一个人的精神支撑。作家梁晓声曾说:有的人搭上机遇的快车,顺风而行;有的人错过了它,终身遗憾。

2.机遇的特征

要抓住机遇,就必须对机遇的特征有所了解,以从中悟出道理,从而认识和发现机遇,珍惜和用好机遇。

(1)机遇的层次性。机遇有高低层次之分,也有大小之分。所谓高层次、大机遇,可以理解为有利于事物发展的大好环境和有利的时机遇;而所谓低层次、小机遇,则可以理解为有利于事物发展的具体条件、机会和信息。如对于一个人或者一件事来说,所面临的既有国际与国内大好形势、有利政策、宽松条件等的高层次、大机遇,也有适合自身、对自己有利的低层次、小机遇。实际上,低层次、小机遇,是一种有利于小范围或者小事件发展的机会,其容量不大、时间又短,往往更难得,对小范围或者小事件来说却有着巨大的作用,因而对于有关的人或者事来说事关重大、不容忽视。

(2)机遇的隐蔽性。机遇是一定时间和空间的产物,是矛盾运动与转化的重要环节,也是事物发展规律的特殊体现,因而它总以一种看不见摸不着但却能感觉到的表象出现。稍纵即逝的偶然机遇常常使毫无思想准备的人们,在失之交臂的反思中扼腕慨叹,后悔不已。这方面的教训是深刻的,大至国家战略决策的制定,小到个人取得成就或者成才,无不从反面论证了克服思想上的麻木,提高观察事物的洞察力,对适时抓住机遇具有何等重要的意义。

(3)机遇的时效性。事实上,机遇是历史(或事件)在运动过程中出现的一种有利于某种事业发展的"一时"的机会,抓住了这个"一时"的机会就能把事情办好;错过了这个"一时"的机会就很难把事情办好,成功只属于那些先抓、会抓机遇的人。

(4)机遇的竞争性。机遇在一定的区位内是统一的、共有的,在机遇面前人人平等,这就自然显示了机遇的一个重要特征:竞争性。因此在市场经济条件下,领导者、经营者谁有强烈的机遇意识和竞争意识,谁就能真正抓住机遇,并为己所用。

实践中，关键是看你有没有强烈的责任感和敏锐性捕捉机遇，有没有时代的危机感和紧迫感拼抢机遇，有没有认真的科学态度用好机遇。在机遇面前，由于人们行为上的差异就产生了机遇运用效果的差异。对此，实践中不乏成功的经验和失败的教训。

(5)机遇的可预见性。机遇是有利的环境和条件，机遇是可利用的信息和事件，机遇能给我们带来效益，但它并非来无影去无踪，是完全可以预见的。实践中，关键是要从以下三个方面去发现和捕捉机遇：其一，审时度势，预见机遇。形势和机遇是紧密联系的一对孪生兄弟。只要高瞻远瞩，把握时代的脉搏，进行科学的分析和预测，就可以发现和捕捉住机遇，否则机遇就会从我们身边飘然而逝。其二，广搜信息，发现机遇。信息是一种重要资源，是我们抓机遇闯市场的重要条件。信息越多，我们发展经济发展的路子就越多，选择的余地就越大。因此，要千方百计地广泛搜集信息，并进行信息的储备和处理，为闯市场捕捉更多的机遇。其三，营造市场，扩大机遇。在一定时间和空间，社会需要尚待开发的产业是层出不穷的，或者说经济发展和增长过程中，等待人们去开拓的领域是大量的，如社会需要但未列入社会计划的产品生产，有开发前景但未利用的产业和产品生产，有实用价值但尚未生产运用的科技成果等。这就需要我们去营造、去捕捉。

【典型案例】

“干果王”靠勤劳加机遇成功创业

新疆焉耆县集贸市场有一家“百果轩精品干果行”，店内商品种类繁多，店主热情好客，引来许多人光顾。其经营者马瑞，凭着勤劳踏实在当地崭露头角。

刚开始，马瑞的母亲经营干果店，面积不足30平方米，存货价值不足5 000元，每天的营业额不足百元。2008年年底，马瑞的母亲因身体原因无法继续经营，就将小店交给了马瑞。马瑞刚开始独立经营店面，不仅没有休息日，而且常常不能按时吃饭，充满了创业激情。2010年，附近一家位置好、面积大的干果店要出让，他在妻子的支持下，果断地盘下了该店。经过半个月的装修，新店顺利开业，并挂牌为“百果轩精品干果行”，仍然经营干果、茶业等。由于店面宽敞整洁、布局合理、货物品种齐全，吸引了大量顾客。然而，他并未满足现状，抓住每一次扩充业务的商机，先后与多家快递公司达成协议，向全国各地推介新疆特产，每年“百果轩”通过宅急送、申通、天天等快递公司发出的货运单超过千件。2012年9月，他正在为核桃、红枣的进货资金犯愁时，焉耆镇新华社区工作人员向他介绍了个体工商户小额担保贷款业务。经过具体了解,此项业务手续简捷,而且不用支付利息,只要按时还款还可以续借。在社区工作人员的热心帮助下,他很快拿到了贷款。马瑞说,他很感谢那些为他创业提供过帮助的人们。几年来,马瑞先后招聘 12 名店员,解决了周围部分富余劳动力的就业问题。

(资料来源:http://12582.10086.cn/main/News/Detail/11955309)

案例点评:马瑞接手母亲转给他的干果店,抓住了一个个机遇——附近一家位置好、面积大的干果店要出让,毅然盘下了该店;快递业的发展及个体工商户小额信贷的支持等,使他的“干果行”业务大获成功!

机遇,顾名思义就是遇到的机会,是历史或者事物在发展或运动过程中出现的可供人们利用的大好机会。机遇具有层次性、隐蔽性、时效性、竞争性和可预见性等特征。

【资料准备】

1. 图书馆或资料室:利用图书馆或资料室的书籍或报刊,查找有关机遇的知识、案例等信息资料。

2. 电脑、网络、新媒体:利用电脑上网或利用手机上 WiFi 等,查找有关机遇的知识、案例等信息资料。

3. 教师准备的资料单:关于机遇的概念与特征的相关文章。

二、学习任务设计与实施

【学习任务设计】

见图 4-1。

【学习任务实施】

1. 安排学生课前预习机遇的概念与特征等有关内容。

2. 在教师的指导下,通过多种信息渠道查询资料。关键词有:创业、机遇、特征等;汇总查找的相关资料。

3. 对所搜集的有关机遇的概念与特征的资料进行整理、归纳和分析,每人写一份学习收获;然后进行小组讨论,通过头脑风暴法扩大学习成果,并集中集体智慧每组完成一份综合性的学习收获体会。

4. 每组选一个代表,在全班讲解小组的学习路径、学习收获,组员补充收获的

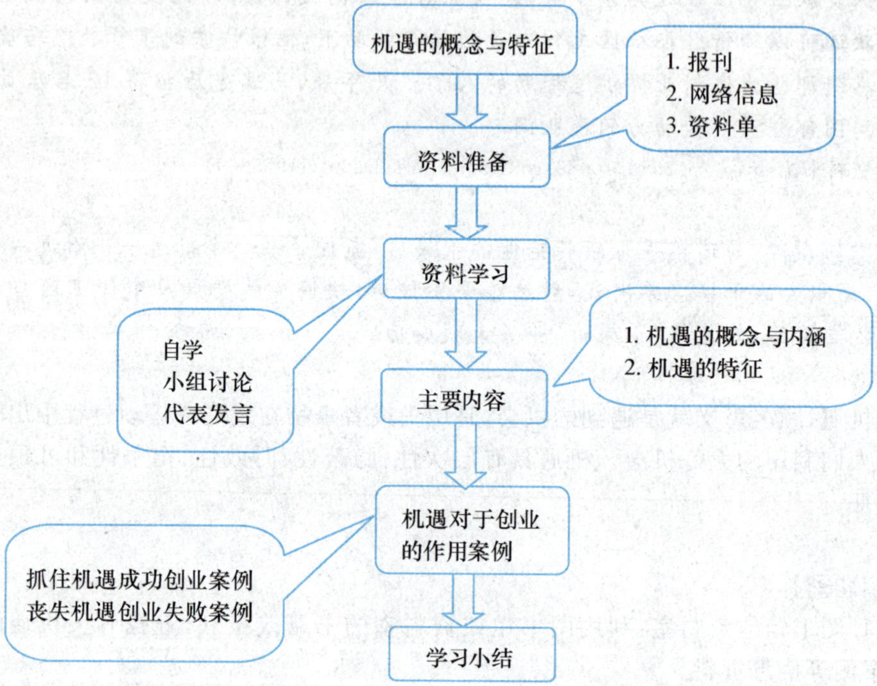

图 4-1 了解机遇的概念与特征学习任务完成流程

内容；教师组织发动全班同学讨论、评价各小组的学习情况，达到全班同学共享学习资源和收获体会，巩固所学的知识内容。

三、学习拓展

（一）创业机遇的概念

创业机遇，也称创业机会、创业契机或者创业时机，亦即商业机会或市场机会，是指有吸引力的、较为持久和适时的一种商务活动的空间，并最终体现在能够满足顾客某种需求的产品或服务中。好的创业机遇，必然具有特定的市场定位，专注于满足顾客的某种需求，同时能为创业者带来现实或者潜在的增值效果。

（二）创业机遇的识别

创业需要机遇，机遇要靠发现。创业难，发掘创业机遇更难。要想寻找到合适的创业机遇，创业者应识别或辨别以下创业机遇：

1.现有市场机遇和潜在市场机遇

市场机遇中那些明显未被满足的市场需求称为现有市场机遇,那些隐藏在现有需求背后的、未被满足的市场需求称为潜在市场机遇。现有市场机遇表现明显,往往发现者多,进入者也众,竞争势必然激烈。潜在市场机遇则不易被发现,识别难度大,往往蕴藏着极大的商机。例如,金融机构提供的服务与产品大多是针对专业投资大户,而占有市场大量资金的普通投资者未受到应有的重视,这种矛盾显示出为一般大众投资提供服务的产品市场极具潜力。

2.行业市场机遇与边缘市场机遇

行业市场机遇是指出某一个行业内的市场机遇,而在不同行业之间的交叉结合部分出现的市场机遇被称为边缘市场机遇。一般而言,人们对行业市场机遇比较重视,因为发现、寻找和识别的难度较小,但往往竞争激烈,成功的概率也低。而在行业与行业之间出现的"夹缝"地带,往往很少有人涉足或难以发现,需要有丰富的想象力和大胆的开拓精神,一旦开发,成功的概率也较高。比如,人们对于饮食需求认知的改变,创造了美食、健康食品等新兴行业。

3.目前市场机遇与未来市场机遇

那些在目前环境变化中出现的市场机遇称为目前市场机遇,而通过市场研究和预测分析它将在未来某一时期内实现的市场机遇称为未来市场机遇。如果创业者能够提前预测到某种机遇会出现,那么就可以在这种市场机遇到来之前早做准备,从而获得领先的优势。

4.全面市场机遇与局部市场机遇

全面市场机遇是指在大范围市场出现的未满足的需求,如国际市场或全国市场出现的市场机遇,着重于拓展市场的宽度和广度。而局部市场机遇则是在一个局部范围或细分市场出现的未满足的需求。在大市场中寻找和发掘局部或细分市场机遇,见缝插针,拾遗补缺,创业者就可以集中优势资源投入目标市场,有利于增强主动性,减少盲目性,增加成功的可能性。

(三)创业机遇的把握

创业者不仅要善于发现机遇,更需要正确把握机遇并果敢行动,将自己的创业设想变成现实的结果。

1.着眼于问题把握机遇

机遇并不意味着无须代价就能获得,许多成功的企业都是从解决问题起步的。比如,顾客需求在没有满足之前就是问题,而设法满足这一需求,就抓住了市场机遇。美国"牛仔大王"李维斯的故事多年来为人津津乐道。19世纪50年代,李维斯像许多年轻人一样,带着发财梦前往美国西部淘金,途中一条大河拦住了去路,李维斯设法租船，做起了摆渡生意，结果赚了不少钱；在矿场，李维斯发现由于采矿矿工出汗多，饮用水紧张，于是别人采矿他卖水，又赚了不少钱；李维斯还发现，由于跪地采矿，许多淘金者裤子的膝盖部分容易磨破，而矿区有许多被人丢掉的帆布帐篷，他就把这些旧帐篷收集起来洗干净，做成裤子销售，“牛仔裤”就这样诞生了。李维斯将问题当作机遇，最终实现了他的财富梦想。

2.利用变化把握机遇

变化中常常蕴藏着无限商机，许多创业机遇产生于不断变化的市场环境之中。环境变化将带来产业结构的调整、消费结构的升级、思想观念的转变、政府政策的变化、居民收入水平的提高等，人们透过这些变化，就会发现新的机遇。如私人轿车拥有量的不断增加，将产生汽车销售、修理、配件供应、清洁、装潢、二手车交易和陪驾等诸多创业机遇。任何变化都能激发新的创业机遇，需要创业者凭着自己敏锐的嗅觉去发现。许多很好的商业机遇并不是突然出现的，而是对“先知先觉者”的一种回报。聪明的创业者往往选择在最佳时机进入市场，当市场需求爆发时，他已经做好了准备正等着接单。

3.跟踪技术创新把握机遇

世界产业发展的历史告诉我们，几乎每一个新兴产业的形成和发展，都是技术创新的结果。产业的变更或产品的替代，既满足了顾客需求，同时也带来了前所未有的创业机遇。比如，电脑诞生后，软件开发、电脑维修、图文制作、信息服务和网上开店等创业机遇随之而来。任何产品的市场都有其生命周期，产品会不断趋于饱和达到成熟直至走向衰退，最终被新产品所替代，创业者如果能够跟踪产业发展和产品替代的步伐，通过技术创新则能够不断寻觅到新的发展机遇。

4.在市场夹缝中把握机遇

创业机遇存在于为顾客创造满足其需求的产品或服务中，而顾客的需求是千差万别的。创业者要善于找出顾客的特殊需求，盯住顾客的个性需求并认真研究其特征，这样就可能发现和把握商机。目前，创业者热衷于关注所谓的“高大上”领域创业，但创业机遇并不只存在于“高大上”领域，在农业的种植、养殖、加工、流通等这些所谓的非“高大上”领域也有机遇。此外，还有为数不少的创业者追求向行业内的最佳企业看齐，试图通过模仿快速取得成功，结果使得产品和服务出现雷同，导致众多企业为争夺现有的客户和资源展开激烈竞争，使企业生存面临困境。因此，创业者要克服从众心理和传统思维习惯的束缚，着力寻找市场空白点或市场缝隙，从行业或市场在发展中所形成的空白或者缝隙地带把握机遇。

5.弥补对手缺陷把握机遇

很多创业机遇是缘于竞争对手的失误而“意外”获得的，如果能及时抓住竞争对手策略中的漏洞而大做文章,或者能比竞争对手更快、更可靠、更便宜地提供产品或服务,也许就找到了机遇。为此,创业者应追踪、分析和评价竞争对手的产品和服务,找出现有产品存在的缺陷,有针对性地提出改进产方法,形成创意,并开发具有潜力的新产品或新功能,就能够出其不意,成功创业。

6.捕捉政策变化把握机遇

中国市场受政策影响较大,新政策出台往往会引发新商机,如果创业者善于研究和利用政策,就能抓住机遇站在潮头。2006 年国家出台了新的汽车产业政策,鼓励个人、集体和外资投资建设停车场。在停车场日益增多的同时,对停车场建设中的智能门禁考勤系统、停车场管理系统、通道管理系统等的需求也随之增多,专门供应停车场所需的软硬件设备就成为一个重要商机。事实上,从政策中寻找创业机遇并不仅仅表现在政策条文所规定的表面,随着社会分工的不断细化和专业化,政策变化所提供的机遇还可以延伸,创业者可以从产业链在上下游的延伸中寻找机遇。

任务二 理解现代农业创业机遇的类别

一、学习准备

【典型案例】

粉条大王加工粉条走上致富路

吉林松原的宁江区善友镇新家村村民黄喜忠,是个地地道道的农民。多年来,他凭着生产粉条,走上了发家致富的道路,成了远近闻名的“粉条大王”。

走进黄喜忠的家,只见宽敞的院子里晾晒着各种各样的粉条。黄喜忠说:“这些粉条都是以马铃薯为原料做成的,是绿色食品。”

1980 年前后,粉条非常抢手,黄喜忠看到了商机,心一横向亲戚借了 2 万元,跟朋友合开了一间生产粉条的作坊。刚开始,黄喜忠对生产粉条的工序一知半解,于是他一边学习生产设备的操作,一边研究粉条的生产工序。凭着一股子干劲,他的作坊一天能生产出 300 多千克粉条。经过一段时间,他不但还清了欠款,还赚了千余元。从此,他和粉条就结下了不解之缘。

正当黄喜忠的粉条生意走向正轨时,他的朋友却撤了资金。万般无奈之下,他卖掉了设备,关闭了作坊。一年后,一次偶然的机会,一位粉条生产商得知他能力强、信用好,便雇佣他销售粉条。他不负众望,干得红红火火。在此期间,他走南闯北开阔了眼界,还摸清了市场脉络。

1989 年,黄喜忠自己建了一个 20 多平方米的粉条生产作坊。当时粉条市场大,他便和工人们加班加点生产,没有睡过一个安稳觉。辛勤的付出换来了收获,他生产的粉条质量好,不含任何添加剂,受到了收购商的青睐,远销深圳、广州等地。

生意越做越好,但黄喜忠没有满足现状,在积累了一定资本之后,他和当地的 5 名村民成立了合作社。他说:"自己再能干也是能力有限,成立合作社,把大家的力量拧成一股绳,使粉条生产形成规模,这样才能与众乡亲一道共同致富。"

2011 年,宁江区吉胜农产品贸易专业合作社正式挂牌成立。黄喜忠筹集了 200 多万元资金,用于厂房和冷库建设、生产设备更新,全部实现了机械化。黄喜忠介绍,以前一天生产 300 千克粉条,现在一天能生产 4 吨,日产量大幅度提高。与此同时,也有一些问题制约着粉条的生产,对此,黄喜忠说:"如果粉条没有商标,就不能进入超市,我正在努力为粉条注册商标,这样粉条就有了'身份',销售的渠道也会越来越宽。"

对于未来的发展,黄喜忠心中早有规划蓝图。他说:"现在我们可以利用合作社流转土地种植马铃薯。这样既能满足生产粉条的原材料供应,同时还能增加本村农民的收入。"2014 年,他种了 15 公顷马铃薯,并计划 2015 年流转 50 公顷土地,全部种植马铃薯。他说:"到 2016 年准备注册股份制公司,形成'公司+合作社+加工户'的经营模式,为粉条生产再发展创造条件。"

如今,"粉条大王"黄喜忠正在一步步实施他的规划蓝图,他说:"希望通过土地流转将整村发展成为马铃薯种植村,发挥合作社的龙头带动作用,让农民走上致富路。"

(资料来源:http://www.cyone.com.cn/Article/Article_33781.html)

案例点评:黄喜忠的三次成功,都是把握住了难得的机遇,第一次是粉条抢手,主要是市场需求带来的创业机遇;第二次是朋友撤资、作坊关掉之后,通过干粉条销售商摸清了市场脉络——人们对安全食品的关注,主要是市场中紧俏商品需求带来的创业机遇;第三次是成立合作社、流转土地,扩大规模,主要是新的政策带来的创业机遇。从此可以看出,创业机遇有多种类型,关键是要能够识别和把握。

【资料准备】

1. 图书馆或资料室：利用图书馆或资料室的书籍或报刊，查找有关市场对农产品的新需求、农业新技术或者新品种，以及发展现代农业新政策带来现代农业创业机遇的有关资料。

2. 电脑、网络、新媒体：利用电脑上网或利用手机上 WiFi 等，查找有关市场对农产品的新需求、农业新技术或者新品种，以及发展现代农业新政策带来现代农业创业机遇的有关资料。

3. 教师准备的资料单：关于现代农业创业机遇类别的理论总结和案例等相关文章。

二、学习任务设计与实施

【学习任务设计】

见图 4-2。

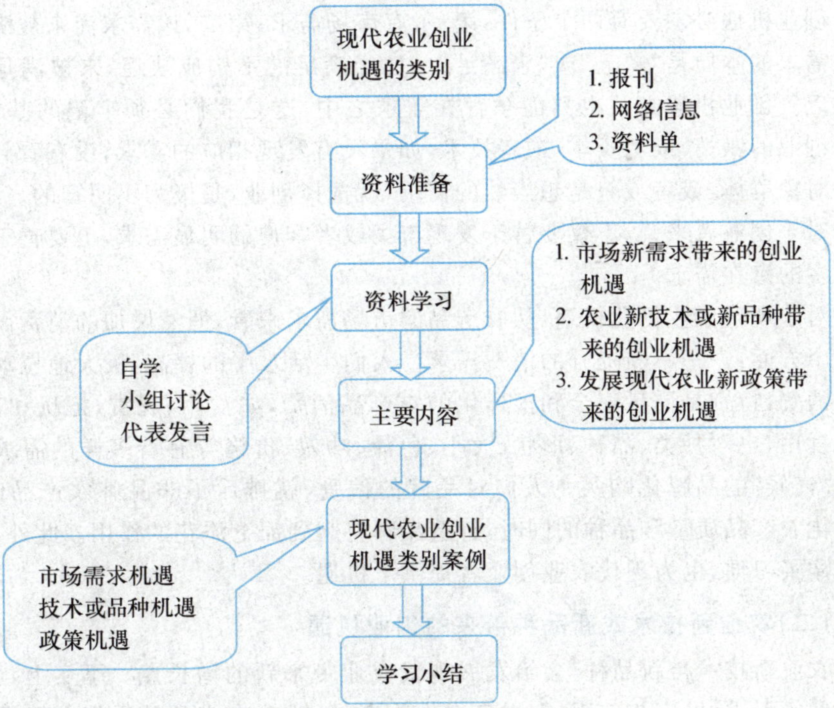

图 4-2 现代农业创业机遇的类别学习任务完成流程

【学习任务实施】

1. 在教师的指导下，通过多种信息渠道查询资料。关键词有：创业机遇、类别、现代农业等；汇总查找的相关资料。

2. 对所搜集的有关创业机遇类别的资料进行整理、归纳和分析，每人写一份学习收获；然后进行小组讨论，通过头脑风暴法扩大学习成果，并集中集体智慧每组完成一份综合性的学习收获体会。

3. 每组选一个代表，在全班讲解小组的学习路径、学习收获，组员补充收获的内容；教师组织发动全班同学讨论、评价各小组的学习情况，达到全班同学共享学习资源和收获体会，巩固所学的知识内容。

三、学习巩固

对于现代农业创业者来说，其创业机遇主要有以下三个方面：

(一)市场对农产品的新需求带来的创业机遇

创业机遇必须要有两个条件：第一，有市场需求；第二，该需求尚未被满足。

需求的本质是“缺乏”或“未满足”。已经满足的不构成缺乏，未被满足的才构成缺乏。创业机遇必须也只能孕育在需求之中，这是我们必须牢记的基本法则。有了创业的激情，或者资本，或者技术，如果没有发现相应的需求，没有看到基本的顾客对象群体，或者或只是想当然的需求，就选择创业，是极为不明智的。

对于创业者来说，不仅要善于发现市场或者客户的明显需求，更要善于发现客户更多的潜在需求。

对于现代农业创业机遇，从农产品的市场需求来看，悄然增加的消费需求主要有两个方面：一是不断提升的消费需求。人们生活水平的提高，极大地拉动了农产品的消费，特别是质量安全和多样化的农产品消费，如食用、观赏、把玩和体验等，就是食用，也对种类、品种、形状、大小、色泽、功效、价格等有着多样的需求。二是已成“气候”的品牌化购买。人们对品牌的偏爱，就排斥了非品牌农产品的进入。在优化农产品质量和品种的同时，打造品牌将起到锦上添花的作用。此外，正在改变的购买习惯，也为现代农业创业者提供了机遇。

(二)农业新技术或新品种带来的创业机遇

农业新技术与新品种，会给发展现代农业带来新的增长点。事实上，新技术、新品种的引进、推广与应用，在提高农作物产量、改善农产品品质等方面具有重要作用，可以极大地改变传统的种植习惯，提高单位面积产量和经济效益，能够给现代农业创业者带来机遇、增加收入。

实践证明,动植物生长激素、动植物生物反应器的开发应用,超级水稻、克隆牛羊、转基因猪的培育成功,农业生产流通、经济管理领域中的信息化,不断推动着世界农业科技出现重大突破,这些给现代农业创业者带来了创业机遇,也极大地吸引了现代农业创业。但对于创业者来说,需要注意的是,许多新技术、新品种的推广应用,都需要创造一定的条件,具备这些条件才能获得成功,否则会事与愿违。因此,对于新技术、新品种的应用,应审慎而行,不可不顾条件限制而茫然行事。

(三)发展现代农业的新政策带来的创业机遇

近年来,各级政府出台了多项扶持现代农业发展的新政策,如农业补贴政策、农业专项资金扶持政策、土地流转政策、税收及其他方面的优惠政策等,这些支持现代农业发展的新政策,为现代农业创业者无疑带来了创业机遇。此外,为推进"全民创业、万众创新",特别是为促进农业创业、农村创业,各级政府出台了一系列扶持政策,也给现代农业创业带来了机遇。因此,搜集政策信息,加强政策研究,利用好各项政策扶持,是现代农业创业者开始创业的重要前提性工作。

任务三　掌握现代农业创业机遇的识别

一、学习准备

【典型案例】

新型农业发展机遇促农村创业

台湾小伙许世伟2012年来到四川当"农民",对种植蔬菜和除虫方法津津乐道。实际上,吸引许世伟从台湾来到大陆的是一片1 700亩的农场,坐落于距成都市区33公里的新津县兴义镇。在这里,投资者、创业者和地方政府正在合作探索农村发展的新模式。

2013年6月6—8日在成都举行的《财富》全球论坛上,城镇化作为未来中国经济的增长点受到来自全球的企业高管、政要以及经济学家的热烈讨论,农业现代化过程中的创业机遇也吸引了许多嘉宾的目光。

"在推进城镇化的过程中,关键是要把农村、乡镇和县城发展好,让农村的富余劳动力能够进行梯度选择。"成都市长葛红林在论坛上说。

在许世伟工作的翔生大地有机生态农场,成都翔生实业有限公司执行总裁姚智怀表示，农场现在有当地农民七八十人，在从事有机农业的过程中培养更加先进的农业发展理念。同时，他们也在研究能够让更多独立农户可以参与的社区农业发展平台。

截至2012年末，我国农民工总量达到2.62亿人，其中有1.6亿人外出务工。新希望集团董事长刘永好在《财富》全球论坛上说，随着新农村的发展，过去农民“离土又离乡”的现象开始发生变化。一些农民选择在家门口就业创业。

但是农民创业还存在着许多基础设施和制度上的“门槛”。姚智怀说，对于独立的小农户来说，仍然缺乏一个有效的平台来共享物流资源、降低运营成本。

过去两年，翔生有机生态农场每亩地的年产值达到3万元。根据姚智怀的规划，3～5年后要将这一数字提高到5万元，实现20%～30%的合理利润率。

（资料来源：http://news.xinhuanet.com/fortune/2013-06/08/c_116093786.htm）

案例点评：成都《财富》论坛上所披露的信息，展现出现代农业创业的大好机遇，实际上这一机遇已早被像台湾小伙许世伟等所捕捉、所把握、所利用。此外，从论坛的专家发言来看，虽然一些机遇出现时，往往其环境和条件并不尽如人意，但这一机遇被抓住了，并站住了脚跟，其之后的发展会越来越好。

【资料准备】

1.图书馆或资料室：利用图书馆或资料室的书籍或报刊，查找有关创业机遇识别的资料。

2.电脑、网络、新媒体：利用电脑上网或利用手机上WiFi等，查找有关创业机遇识别的资料。

3.教师准备的资料单：关于创业机遇识别的理论总结和案例等相关文章。

二、学习任务设计与实施

【学习任务设计】

见图4-3。

【学习任务实施】

1.在教师的指导下，通过多种信息渠道查询资料。关键词有：创业机遇、识别、现代农业等；汇总查找的相关资料。

2.对所搜集的有关现代农业机遇识别的资料进行整理、归纳和分析，每人写一

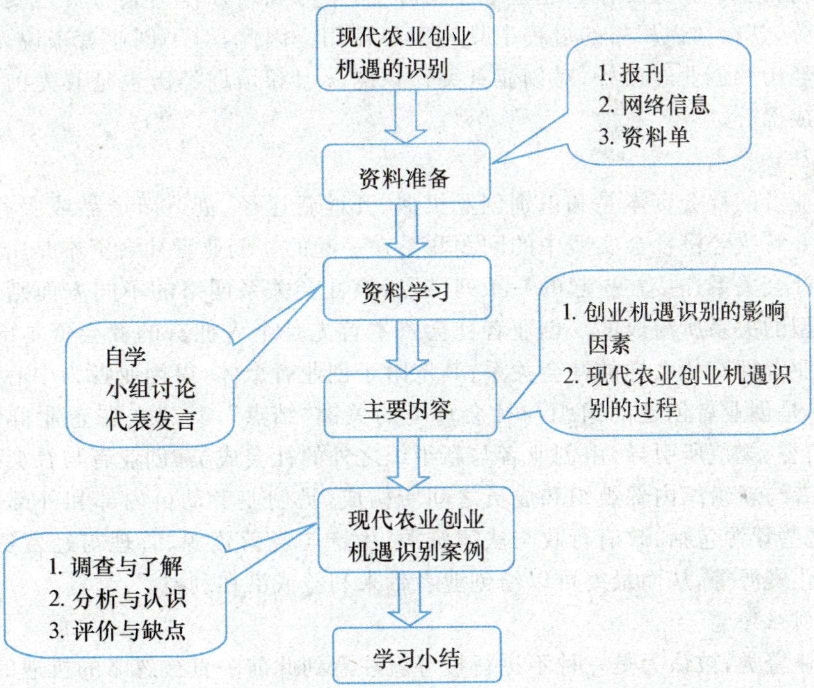

图 4-3 现代农业创业机遇的识别学习任务完成流程

份学习收获;然后进行小组讨论,通过头脑风暴法扩大学习成果,并集中集体智慧每组完成一份综合性的学习收获体会。

3. 每组选一个代表,在全班讲解小组的学习路径、学习收获,组员补充收获的内容;教师组织发动全班同学讨论、评价各小组的学习情况,达到全班同学共享学习资源和收获体会,巩固所学的知识内容。

三、学习巩固

(一)创业机遇识别的主要影响因素

创业机遇识别是创业的前提条件,是多种因素综合作用所形成的认知过程。实际上,影响创业机遇识别的主要因素包括:创业者先前经验、社会资本、创业警觉、认知特征、个体特征等。

1. 先前经验

创业者先前经验,主要包括创业者的行业经验、创业经验、管理经验及从事研发、市场营销、财务等工作的经验等。实际上，学习和培训作为人力资本要素中的重要部分，其在知识积累的过程中具有重要作用。因此，对于创业者来说，除了先前工作经历和创业经历外，对创业有关知识的学习和培训经历也是其先前经验的重要组成部分。

2.社会资本

创业者的社会资本是和识别创业机遇、开辟新途径、创造新产品或服务、创立新组织并解决经济社会实践中的问题联系在一起的。创业者社会资本是由一些特殊类型社会关系连接在一起的一系列结点，该社会关系网络的不同方面则是由不同的类型的关系所组成的。创业者社会资本首先是个人拥有的社会资本的一种，表明创业者拥有什么样的社会关系；其依附于创业者个体，以创业者为中心构成网络体系，是创业者创建的组织与社会环境的关键"结点"；其建立在企业群体范式上，由信誉、规范所引导，由创业者与新组织之外的社会成员、创业者与社会组织以及创业者与新组织内部组织和成员之间所构成，是创业者动员内部和外部资源的能力，这些资源包括：政府行政与法律资源、生产与经营资源、管理与经营资源、精神与文化资源等，从而最终可以给创业者带来利益或潜在利益。

3.创业警觉

创业警觉，被认为是一种不进行搜寻就注意到此前一直被忽略的机遇的能力，是一种持续关注的能力，其关注那些尚未被发觉的创业机遇，它不仅是一种天赋，更多的是不同个体在实践中学习、积累和沉淀出来的认知特质。实践中，并不是所有人都可以成功识别出创业机遇从而成为创业者，但创业警觉性高的个体成功识别出创业机遇而成为创业者的概率大。研究表明，对所有创业者或潜在创业者来说，创业警觉都是其识别创业机遇的重要影响因素。

3.认知特征

创业者的主要职责是挑战不确定的环境，因此他们更容易受认知偏见的影响。一般来说，创业者对自己的理想有更深的承诺和责任感，他们计划将理想变为现实的事业，因此，要让创业者否认自己的理想和抱负则非常困难。事实上，创业者通常比其他人考虑的问题更复杂，他们更容易受认知偏见的影响。此外，认知方面的不同并不是来自于创业者和其他人的个性特征，而是由于创业者所处的情境和处理的问题的不确定性，更容易把这些偏见扩大。

4.个体特征

创业者的个体特征，包括性别、学历、年龄等，与其风险容忍度之间存在着密切的关系。个体特征的差异直接影响其资源获取的能力及创业的意愿和行为。研究显示，性别、家庭年收入及个人经历与创业者意愿直接相关。创业者表现出积极的价值取向,则对其创业能力持积极的自我评价。硬件设施、社会关系和政府服务等直接影响创业者的创业地点选择。实践表明,公正和善、勤劳善断及渴望成功被认为是成功创业者的必备品质。

(二)现代农业创业机遇识别的过程

一般来说,发现和识别现代农业创业机遇,需要经历以下过程:

1.调查与了解

调查与了解,即现代农业创业机遇信息收集,是发现和识别现代农业创业机遇的基础性工作。首先,要明确目的或目标。例如,创业者可能会认为自己的产品或服务存在一个市场,但又不能确信:产品或服务如果以某种形式出现,谁将是顾客。这样,一个目标便是向人们询问他们如何看待该产品或服务,是否愿意购买,并了解有关人口统计的背景资料和消费者个人的态度。当然,还有其他目标,如了解有多少潜在顾客愿意购买该产品或服务,潜在的顾客愿意在哪里购买,以及预期会在哪里听说或了解该产品或服务等。其次,从已有数据或第二手资料中收集信息。这些信息主要来自于期刊、图书馆、政府机构、大专院校、专门的咨询机构及互联网等。一般需要搜集一些有关行业、竞争者、顾客偏好趋向的信息,创业者应尽可能利用这些信息。最后,从第一手资料中收集信息。收集第一手资料包括一个数据收集的全过程,如观察、上网、访谈、试验以及问卷等。该种信息的获得一般说来成本比较高,但能够获得更有意义的信息,可以更好地识别创业机遇。

2.分析与认识

分析与认识,就是现代农业创业者在调查与了解的基础上,通过对其市场环境、技术环境、政策环境等的分析,从而发现和认识真正的创业机遇。

市场环境分析可以从宏观、中观和微观三个层次来进行。在宏观上,主要是对经济因素、文化因素的分析。在中观上,主要是对行业需求的分析。如农产品市场是增长的还是衰退的、新的竞争者的数量以及消费者需求可能的变化等重要问题,创业者必须加以认真考虑,以便确定所创建的农业企业所能获得的潜在市场规模。在微观上,主要是潜在的进入者、行业内现有竞争者、代用品的生产者、供应者和购买者等。创业者应从创业伊始就需要适当考虑与利益相关者的价值均衡问题及它们对自己创业的影响。

技术进步可以创造新的市场,产生大量新型产品,改变创业者在产业中的相对成本及竞争地位,也可以使现有产品及服务过时。技术的变革可以减少或消除竞争者之间的成本壁垒,缩短产品的生命周期,并改变雇员、管理者和用户的价值观与预期,还可以带来比现有竞争优势更为强大的新的竞争优势。因此,现代农业创业者应对现代农业新技术的变化趋势有所了解和把握,并主动和超前考虑因政府的农业科技投资引导而可能带来的农业技术发展，从而对未来的现代农业技术发展趋势有一个准确的判断。

政府的农业政策、法律与法规等都可能直接或间接影响现代农业创业的活动。例如，取消农业税、放开农产品市场、实行保护价收购粮食等大宗农产品等，这些都会对现代农业创业者的农产品开发和市场营销等产生影响。另外，政府对市场的规制也是一个值得重视的方面。

3.评价与确定

对于现代农业创业者而言，创业机遇的甄别类似于对投资项目的评价，这对创业者是十分重要的。另一方面，这也帮助现代农业创业者从另一角度来分析其创业设想是否具有实际价值。一般来说，创业者要对创业机遇在 SWOT（优势、劣势、机会、威胁）分析的基础上，作出综合评价，特别是要分析其所具有的巨大潜力，或者其中所拥有的竞争者望尘莫及的优势。

综上所述，在对各种创业机遇的感悟与搜寻过程中，在对现代农业创业机遇的时机的感觉与把握过程中，结合自身的能力，创业者即可形成初步的创业思路，即创业设想。经过识别与分析过程，创业者发现创业机遇，再经过评价过程最终即可被识别、确定是创业机遇。

任务四　掌握现代农业创业机遇的把握

一、学习准备

【典型案例】

千万身家老总返乡种油菜

从四川宜宾的珙县走出去的农民企业家刘增碧，从一个不起眼的农家子弟，变成了一家年产值 5 000 万元公司的老总，在外出 14 年之后再次回到家乡，前期投资 500 万元，欲建一家榨油厂，带动周边 2 000 户农民种植油菜，拍着胸脯称要让当地农民的收入翻一番。

刘增碧是珙县巡场镇坝田村人，16 岁参加工作，当过煤矿的保管员、会计、副矿长，从未离开过珙县。2000 年到宜宾打工做销售，成为一家上市公司的地区销售负责人。2002 年，他出走成都。经过考察，他决定和朋友合伙开公司，主要经营和煤矿产业相关的产品。公司的发展很顺利,每年的销售额都在两三千万元左右。2011 年,刘增碧再次和朋友合作,新投资了一家公司,做的也是与煤矿相关的产业,每年的年销售额达到了 5 000 万元。他说,事业上还算比较成功,但 10 多年的创业路走得比较艰辛,还好挺过来了。

这两年,煤炭产业不很景气,刘增碧也在试图转型。他说,现在食品安全问题让老百姓不放心。经过前期的调研,他决定投资榨油厂。在他看来,油是餐桌上必不可少的调料,必须保证质量安全。

"在巡场投资 500 万元建一个榨油厂,前期将惠及 2 000 农户。"刘增碧说,目前他已经和 2 000 农户基本确定了合作关系,2014 年先栽种 4 000 亩油菜,由他免费出种子、技术,统一按市场价收购。

"我选的种子和现在普遍种植的不同,产量上保证农民翻一番。"刘增碧说,按照 4 000 亩计算,目前的产量大约在 50 万千克左右,2014 年的市场价是 1.3 元/千克,产值就该是 260 万元。他预计 2015 年这 4 000 亩油菜的产量是 100 万千克,在单价不变的情况下实现增收。

目前,刘增碧的榨油厂环评和油菜种子的采购,以及与农户的合作协议都在稳步进行中。

(资料来源:http://www.cyone.com.cn/Article/Article_31594.html)

案例点评:刘增碧无论是出走宜宾做销售,到成都与朋友合伙开公司、合作办企业,还是返乡创办龙头企业(榨油厂)带动农民种植油菜,其对创业机遇把握是成功的。这些都凭借其敏锐的眼光、果敢的态度和坚毅的精神,这正是准确把握创业机遇所必需的。

【资料准备】

1. 图书馆或资料室:利用图书馆或资料室的书籍或报刊,查找有关如何把握现代农业创业机遇的资料。

2. 电脑、网络、新媒体:利用电脑上网或利用手机上 WiFi 等,查找有关如何把握现代农业创业机遇的资料。

3. 教师准备的资料单:关于如何把握现代农业创业机遇的理论总结和案例等相关文章。

二、学习任务设计与实施

【学习任务设计】

见图 4-4。

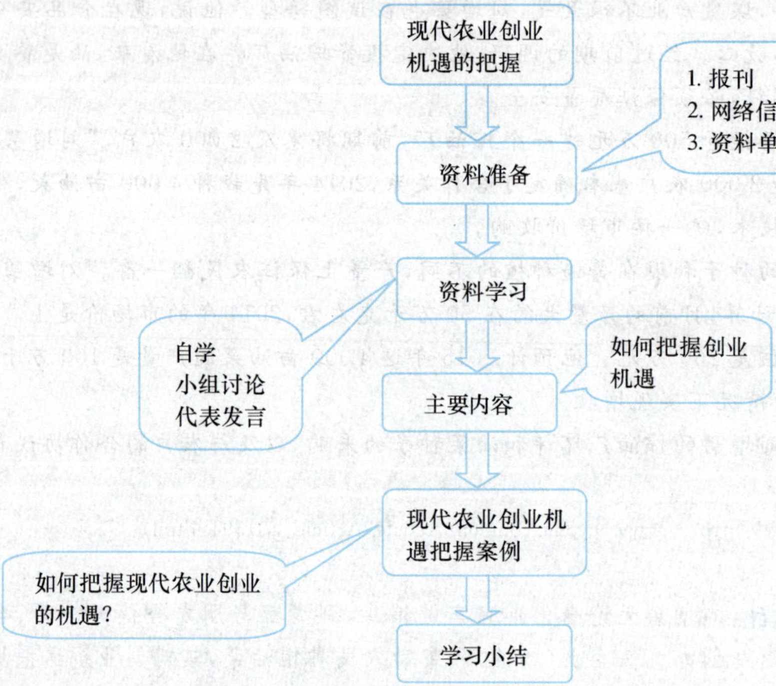

图 4-4 现代农业创业机遇的把握学习任务完成流程

【学习任务实施】

1. 在教师的指导下，通过多种信息渠道查询资料。关键词有：创业机遇、把握、现代农业等；汇总查找的相关资料。

2. 通过对所搜集的有关现代农业创业机遇把握的资料的整理和分析，每人写一份学习收获；然后进行小组讨论，通过头脑风暴法扩大学习成果，并集中集体智慧完成一份较好的学习收获体会。

3. 每组选一个代表，在全班讲解小组的学习路径、学习收获，组员补充收获的内容。

4. 教师组织发动全班同学讨论、评价各小组的学习情况，达到全班同学共享学习资源和收获体会，巩固所学的知识内容。

三、学习巩固

1. 捷足先登

机遇不是轻浮的，它既不会在你需要它的时候招之即来，也不可能随时随地在你面前出现。你要想把握机遇，就需要有足够的耐心等待它的到来。当然，等待机遇并不是那种守株待兔式的消极等待，而是要你用一种积极的态度，主动分析时局的发展变化，为抓住机遇做好准备。因为机遇总是偏爱有所准备的人。有准备的人，总是能抓住一切可以利用的机遇。因为机遇只有与才能结合在一起才会有用，没有才能，纵然有万千机遇也无法利用。进而，机遇一经出现，就需要尽快采取行动，以便抢占先机。实际上，在现代农业创业机遇出现时，行动要快，这是把握创业机遇并成功创业的客观需要，是创业者早做准备和尽快行动的具体表现。优柔寡断，动作迟缓，只能贻误商机。因此，现代农业创业者在发现和识别到创业机遇以后，要准确把握时机，早做准备，尽快行动，只有这样，才能把握住创业机遇，实现成功创业。

2. 弃旧图新

弃旧图新是指创业者在机遇来临时，要有告别昨天、拥抱未来的决心和勇气。现代农业创业是风险性很强的事业，创业机遇中也是充满风险的。但风险与机遇总是并存的、同步的，风险越大，机遇的价值含量也就越高。如果创业者对眼前的利益考虑过多，如对稳定的工作，不菲的收入，舒适的生活等看得过重，割舍不掉，那就无法迈开创业的脚步，也就不能利用有利时机改变自己的一生。许多人在创业机遇到来后，一方面想创业，一方面又想给自己留下退路，以免失败后进退失据。结果是顾此失彼，事业创不好，又影响了原来的工作，机遇就在这种情况下悄悄失去了。

3. 扬长避短

所谓扬长避短，就是利用能充分发挥自己特长和优势的机遇，避免利用自己没有把握和难以驾驭的机遇，在创业的道路上争取主动地位，减少无谓牺牲。把握机遇需要主动出击，但主动出击是有条件的。这是因为机遇是多种多样的，也是因人而异的，有的机遇适合你的事业，有的机遇却不一定适合。而现代农业创业者的情况也是各不相同的，都互有长处和不足，即使满腹经纶的博士、资金雄厚的大款，都不能例外。同样的机遇，用于不同的创业者必然产生不同的结果。创业是项艰难的事业，它需要利用各种可以利用的机遇以促使成功。

4. 重在行动

把握机遇，最关键的就是行动。没有行动，一切机遇都等于零。重在行动的原则坚持了“实践第一”的唯物主义观点，也是对任何机会主义的否定。它认为，在行动和机遇的关系中，行动永远是第一位的，而机遇则是第二位的；行动可以发现机遇、抓住机遇，而机遇则只有依赖行动才能体现出它的生命价值。机遇一旦离开了行动，就无法存在。作为一个现代农业创业者，要想成功地把握机遇开展创业活动，必然要树立“行动第一”的观点，在机遇到来的时候，应该采取积极行动。

模块三　准备创业(二)

项目五　选择现代农业创业项目

项目六　充分了解现代农产品市场及其行情

项目七　筹集现代农业创业资金

项目八　编制现代农业创业计划

项目五　选择现代农业创业项目

【项目目标】

完成本项目学习任务后，你应该能

1. 明确现代农业创业的种类；
2. 了解政府及其有关部门的强农惠农富农政策；
3. 用足可资利用的资源；
4. 做好项目可行性论证。

【项目任务描述】

选择农业创业项目，重要的不是项目的好坏，而是所选择的项目是否适合自己，是否与我国现代农业发展趋势相一致。通过教师组织引导，学生听课、自学、讨论和案例分析等，明确现代农业创业的种类；了解政府及其有关部门的强农惠农富农政策；用足可资利用的资源；做好项目可行性论证。

【引导性案例】

立足田野的"抱团出海"

"蔬菜终于长出来了，现在放心了。村里人原先说'这里是黏土，种不出蔬菜'。"看着大棚里的西红柿、茄子、青椒已经成熟，江苏扬州仪征的陈集镇红星村主任助理杨星星不停地拨打镇上和扬州等地批发户的电话。这个学财务管理的大学生村官，2010 年 7 月牵头带领另 6 名村官，投资 45 万元上马一个占地 55 亩的现代农业生态园，其中他个人贷款 10 万元，镇政府借资 10 万元，各级财政补贴了 12 万元。

目前仪征大学生村官实施的 29 个创业项目中，蘑菇、苗木种植、蔬菜大棚、肉鸽养殖、肉兔饲养等高效农业项目居多。尽管当地不少农村都属丘陵地带，农民们长期以来却仍习惯种植水稻、小麦等传统农作物。村官们的这些高效农业项目，具有带动性也具有挑战性。

“全镇还没有搞大棚的，我们这次创业也算带头吧。去年底收了近1万斤蔬菜，扣除人员工资及种子肥料开支，虽没赚到钱，但估计从今年6月开始，我们的蔬菜、水果陆续上市，就能进入正常经营了。”杨星星没种过田，但是他们创业团队中有熟悉农业的，这让大家对成功有了信心。

杨星星等的抱团创业，受到当地不少大学生村官竞相效仿。了解中注意到，在新城镇，张蕾等5名村官还合伙投资了一个绿篱蔬菜项目；在铜山办事处，李海波等5名村官则联合搞了一个紫薯种植项目。这些抱团创业项目，参与者最少的仅需出资三五千元。

（资料来源：新华日报，2011年6月13日，A9版）

案例点评：仪征大学生村官“抱团创业”模式值得推广——它不仅降低了创业风险，还利于发挥村官的集体智慧。而且通过抱团创业，每个乡镇都能建立起一两个创业示范点，对村民的辐射带动作用更大。

任务一 明确现代农业创业项目的种类

一、学习准备

【知识准备】

现代农业能够有效地提高农业综合生产能力，增强种养业的竞争力，促进农村经济发展，快速增加农民收入。通常，现代农业创业项目有许多种类可以选择，归纳起来，主要有以下几方面的项目：

（一）规模种植项目

随着我国现代农业的快速发展，家庭联产承包经营与农村生产力发展水平不相适应的矛盾日益突出，农户超小规模经营与现代农业集约化生产之间的不相适应越来越明显。我国农户土地规模小，农民经营分散、组织化程度低、抵御自然和市场风险的能力较弱，很难设想，在以一家一户的小农经济的基础上，能建立起现代化的农业，并实现较高的劳动生产率和商品率。规模种植业便于集中有限的财力、人力、技术、设备，形成规模优势，提高综合竞争力。因此，打破田埂的束缚，让一家一户的小块土地通过有效流转连成一片，实施机械化耕作，进行规模化生产，既是必要的、也是可能的。这也成为农业创业的重要选择项目。

适合规模种植业创业的条件：一是有从事规模种植业的大面积土地，土地条件要便于规模化生产和机械化耕作；二是有大宗农副产品的销售市场；三是当地农民有某种作物的传统种植经验。

(二)规模养殖项目

2010年中央一号文件明确提出，国家在畜牧业发展方面重点支持建设生猪、奶牛规模养殖场(小区)，开展标准化创建活动，推进畜禽养殖加工一体化。标准化规模养殖是今后一个时期的重点发展方向。也就是说，规模养殖业已经成为养殖业创业类型中的必然选择。近几年不断出现的畜禽产品质量安全问题，促使国家更加重视规模养殖业的发展。只有规模养殖业才能从饲料、生产、加工、销售等环节控制畜禽产品的质量，国家积极推进建立的各类畜禽产品质量安全追溯体系适合于规模养殖业。在这样的政策背景下，选择规模养殖业创业项目不失为一个明智的选择。规模养殖业是技术水平要求较高的行业，如果选择规模养殖业为创业项目，一定要注意认真学习养殖和防疫技术，万不可想当然、靠直觉，要多听专家的意见，或者聘请懂技术的专业人员。

适合规模养殖业创业的条件：一是当地的气候、水文等自然条件要适宜，周围不能有工业或农业污染，交通要便利，地势较高；二是发展规模养殖所用土地要能够正常流转；三是畜禽产生的粪污要有科学合理的处理渠道；四是繁育孵化、喂饲、饮水、清粪、防疫、环境控制等设施设备要齐备。

(三)设施农业项目

设施农业是指在不适宜生物生长发育的环境条件下，通过建立结构设施，在充分利用自然环境条件的基础上，人为地创造生物生长发育的生境条件，实现高产、优质、高效的现代化农业生产方式。随着社会经济和科学技术的发展，传统农业产业正经历着翻天覆地的变化，由简易塑料大棚和温室发展到具有人工环境控制设施的自动化、机械化程度极高的现代化大型温室和植物工厂。当前，设施农业已经成为现代农业的主要产业形态，是现代农业的重要标志。设施农业主要包括设施栽培和设施养殖。

1.设施栽培项目

目前主要是蔬菜、花卉、瓜果类的设施栽培，设施栽培技术不断提高发展，新品种、新技术及农业技术人才的投入提高了设施栽培的科技含量。现已研制开发出高保温、高透光、流滴、防雾、转光等功能性棚膜及多功能复合膜和温室专用薄膜，便于机械化卷帘的轻质保温被逐渐取代了沉重的草帘,也已培育出一批适于设施栽培的耐高温、弱光、抗逆性强的设施专用品种,提高了劳动生产率,使栽培作物的产量和质量得以提高。下面是主要设施栽培装备类型及其应用简介:

(1)小拱棚。小拱棚主要有拱圆形、半拱圆形和双斜面形三种类型。主要应用于春提早、秋延后或越冬栽培耐寒蔬菜,如芹菜、青蒜、小白菜、油菜、香菜、菠菜、甘蓝等;春提早的果菜类蔬菜,主要有黄瓜、番茄、青椒、茄子、西葫芦等;春提早栽培瓜果的主要栽培作物为西瓜、草莓、甜瓜等。

(2)中拱棚。中拱棚的面积和空间比小拱棚稍大,人可在棚内直立操作,是小棚和大棚的中间类型。常用的中拱棚主要为拱圆形结构,一般用竹木或钢筋作骨架,棚中设立柱。主要应用于春早熟或秋延后生产的绿叶菜类、果菜类蔬菜及草莓和瓜果等,也可用于菜种和花卉栽培。

(3)塑料大棚。塑料大棚是用塑料薄膜覆盖的一种大型拱棚。它和温室相比,具有结构简单,建造和拆装方便,一次性投资少等优点;与中小棚比,又具有坚固耐用,使用寿命长,棚体高大,空间大,必要时可安装加温、灌水等装置,便于环境调控等优点。主要应用于果菜类蔬菜、各种花草及草莓、葡萄、樱桃等作物的育苗;春茬早熟栽培,一般果菜类蔬菜可比露地提早上市20～30天,主要作物有黄瓜、番茄、青椒、茄子、菜豆等;秋季延后栽培,一般果菜类蔬菜采收期可比露地延后上市20～30天,主要作物有黄瓜、番茄、菜豆等;也可进行各种花草、盆花和切花栽培,草莓、葡萄、樱桃、柑橘、桃等果树栽培。

(4)现代化大型温室。现代化大型温室具备结构合理、设备完善、性能良好、控制手段先进等特点,可实现作物生产的机械化、科学化、标准化、自动化,是一种比较完善和科学的温室。这类温室可创造作物生育的最适环境条件,能使作物高产优质。主要应用于园艺作物生产上,特别是价值高的作物生产上,如蔬菜、切花、盆栽观赏植物、园林设计用的观赏树木和草坪植物以及育苗等。

2.设施养殖项目

目前主要是畜禽、水产品和特种动物的设施养殖。近年来,设施养殖正在逐渐兴起。下面是设施养殖装备类型及其应用简介:

(1)设施养猪装备。常用的主要设备有猪栏、喂饲设备、饮水设备、粪便清理设备及环境控制设备等。这些设备的合理性、配套性对猪场的生产管理和经济效益有很大的影响。由于各地实际情况和环境气候等不同,对设备的规格、型号、选材等要求也有所不同,在使用过程中须根据实际情况进行确定。

(2)设施养牛装备。主要有各类牛舍、遮阳棚舍、环境控制、饲养过程的机械化设备等,这些技术装备可以配套使用,也可单项使用。

(3)设施养禽装备。现代养禽设备是用现代劳动手段和现代科学技术来装备的，在养禽特别是养鸡的各个生产环节中使用，各种设施实现自动化或机械化，可不断地提高禽蛋、禽肉的产品率和商品率，达到养禽稳定、高产优质、低成本，以满足社会对禽蛋、禽肉日益增长的需要。主要有以下几种装备：孵化设备、育雏设备、喂料设备、饮水设备、笼养设施、清粪设备、通风设备、湿热降温系统、热风炉供暖系统等。

(4)设施水产养殖装备。设施水产养殖主要分为两大类：一是网箱养殖，包括河道网箱养殖、水库网箱养殖、湖泊网箱养殖、池塘网箱养殖；二是工厂化养鱼，包括机械式流水养鱼、开放式自然净化循环水养鱼、组装式封闭循环水养鱼、温泉地热水流水养鱼、工厂废热水流水养鱼等。

目前，设施农业的发展以超时令、反季节生产的设施栽培生产为主，它具有高附加值、高效益、高科技含量的特点，发展十分迅速。随着社会的进步和科学的发展，我国设施农业的发展将向着地域化、节能化、专业化发展，由传统的作坊式生产向高科技、自动化、机械化、规模化、产业化的工厂型农业发展，为社会提供更加丰富的无污染、安全、优质的绿色健康食品。

【资料准备】

1. 图书馆或资料室：利用图书馆或资料室的书籍或报刊，查找有关现代农业创业项目种类等信息资料。

2. 电脑、网络、新媒体：利用电脑上网或利用手机上 WiFi 等，查找有关现代农业创业项目种类等信息资料。

3. 教师准备的资料单：关于现代农业创业项目种类的相关文章。

二、学习任务设计与实施

【学习任务设计】

见图 5-1。

【学习任务实施】

1. 安排学生课前预习现代农业创业项目种类的有关内容。

2. 在教师的指导下，通过多种信息渠道查询资料。关键词有：现代农业创业种类、规模种植业、规模养殖业、设施农业、休闲观光农业、农产品加工业和农业社会化服务业等；汇总查找的相关资料。

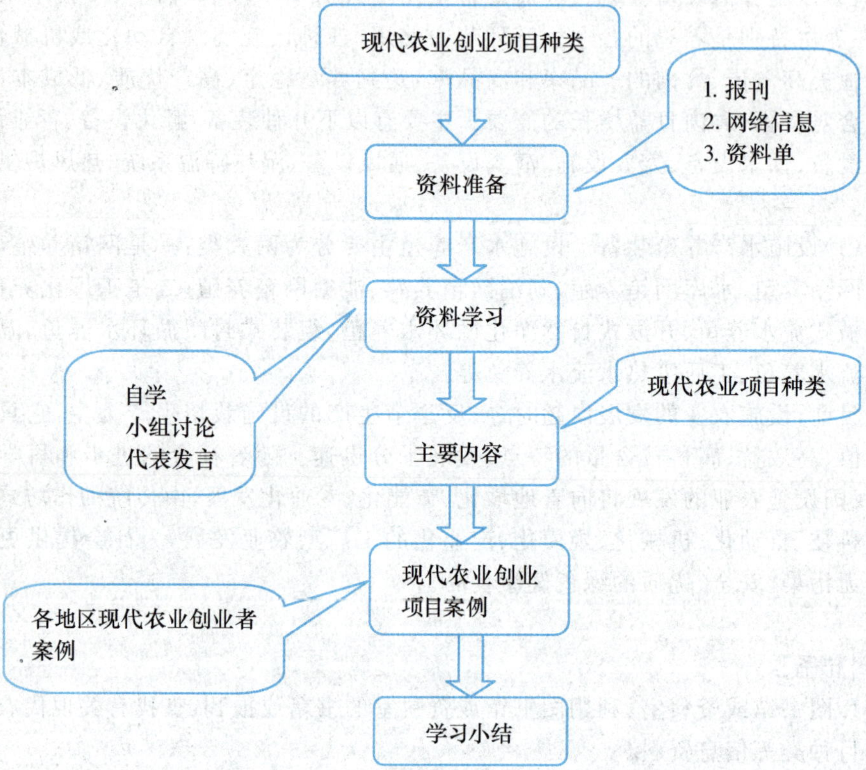

图 5-1 认识现代农业创业项目种类学习任务完成流程

三、学习拓展

随着现代农业新形态的不断涌现，目前，以下几方面的项目也可以作为创业项目。

(一)休闲观光农业项目

休闲观光农业是一种以农业和农村为载体的新型生态旅游业，是把农业与旅游业结合在一起，利用农业景观和农村空间吸引游客前来观赏、游览、品尝、休闲、体验、购物的一种新型农业经营形态。休闲观光农业主要有观光农园、农业公园、教育农园、森林公园、民俗观光村等五种形式。

现代农业不仅具有生产性功能，还具有改善生态环境质量，为人们提供观光、休闲、度假的生活性功能。也就是说，农业生产不仅要满足“胃”，还要满足“心”，满足

"肺"。随着人们收入的增加以及闲暇时间的增多,人们渴望多样化的旅游,尤其希望能在广阔的农村环境中放松自己。休闲观光农业的发展,不仅可以丰富城乡人民的精神生活,优化投资环境,而且能实现农业生态、经济和社会效益的有机统一。

休闲观光农业创业要具备以下条件:一是当地要有值得拓展的旅游空间,休闲观光创业项目要有自己的特点,不能完全雷同;二是农业旅游项目要能够满足人们回归大自然的愿望,软硬件设施要,满足游客的需要;三是周围要有休闲观光消费的群体,消费群体要有一定的消费能力;四是休闲观光项目要能够增加农业生产的附加值,要能配套开发出相应的旅游产品。

(二)农产品加工项目

农产品加工业有传统农产品加工业和现代农产品加工业两种形式。传统农产品加工业是指对农产品进行一次性的不涉及对农产品内在成分改变的加工,也是通常所说的农产品初加工。现代农产品加工业是指用物理、化学等方法对农产品进行处理,改变其形态和性能,使之更加适合消费需要的工业生产活动。依托现代农产品加工业实现创业成功的例子不胜枚举,是否也可以依靠当地农产品资源进行现代农产品加工创业呢?创业之初,完全可以把规模放小一点,充分考虑市场风险,随着技术和市场的不断成熟再不断改进加工工艺并扩大规模,最终实现创业成功。

农产品加工业创业应有的条件:一是产品要有丰富的市场需求;二是加工原料要有充足的来源;三是要有能赢得良好口碑的产品。

(三)农业社会化服务项目

农业社会化服务业是指以现代科技为基础,利用设备、工具、场所、信息或技能为农业生产提供服务的经营活动。农业社会化服务业作为现代农业的重要组成部分,在拓展农业外部功能、提升农业产业地位、拓宽农民增收渠道等方面都发挥着积极作用。如果要选择农业社会化服务业为创业项目,必须认真思考自己周围是否具有服务对象。假如周围有很多人从事规模养殖业,就可以考虑从事相关的养殖设备、兽药或饲料的销售服务。如果周围有很多人从事设施园艺业,就可以考虑从事园艺设备如农膜、穴盘和化肥、农药等的销售服务。总之,农业社会化服务业创业项目成功的关键在于根据服务对象选择合适的服务项目。

【知识链接】

农业社会化服务业的几种类型

(1)良种服务业。提供农作物种子、种苗以及种畜、种禽、鱼苗等。

(2)农产品流通服务业。提供运输、仓储、保鲜、分装等。

(3)农资经营服务业。提供农业机械、农药、化肥、农膜以及兽药、饲料等。

(4)农机作业服务业。提供播种、收割、病防、配送等机械化服务。

(5)都市农业服务业。提供宠物诊疗、护理、美容、训导、防疫、寄养、净菜、鲜花配送等。

任务二 了解政府及其有关部门的强农惠农富农政策

一、学习准备

【典型阅读】

休闲农业企业可享多项税收优惠

湖南省地税局2012年12月发布了《关于加快休闲农业发展的意见》,明确了湖南省休闲农业企业可享受免征营业税、企业所得税等多项税收优惠政策。

《意见》规定,休闲农业企业从事农业机耕、排灌、病虫害防治、植物保护及相关技术培训业务、家禽、畜牧、水生动物的配种和疾病防治取得的收入,免征营业税。直接从事种植业、养殖业和农产品初加工取得的所得,按有关政策规定减征或免征企业所得税。农业生产者销售自家的农产品免征增值税。休闲农业直接用于农、林、牧、渔业的生产土地、包括经营采摘、观光农业用地,免征城镇土地使用税。对经审批的休闲农业企业生产加工用地及生产生活等建筑,纳税确有困难的,其城镇土地使用税、房产税按税收管理权限报批减免。

(资料来源:http://www.sp.gov.cn/spzf/dtxx/zwyw/content_10401.html)

阅读点评:现代农业创业一定要选择国家政策鼓励和支持的农业创业项目,并且应该是具有广阔市场前景的农业创业项目。只有这样,农业创业之路才会越走越宽广,创业成功的几率才会更高。

【资料准备】

1. 图书馆或资料室:利用图书馆或资料室的书籍或报刊,查找有关强农惠农富农政策等信息资料。

2. 电脑、网络、新媒体：利用电脑上网或利用手机上 WiFi 等，查找有关强农惠农富农政策等信息资料。

3. 教师准备的资料单：关于强农惠农富农政策的相关文章。

二、学习任务设计与实施

【学习任务设计】

见图 5-2。

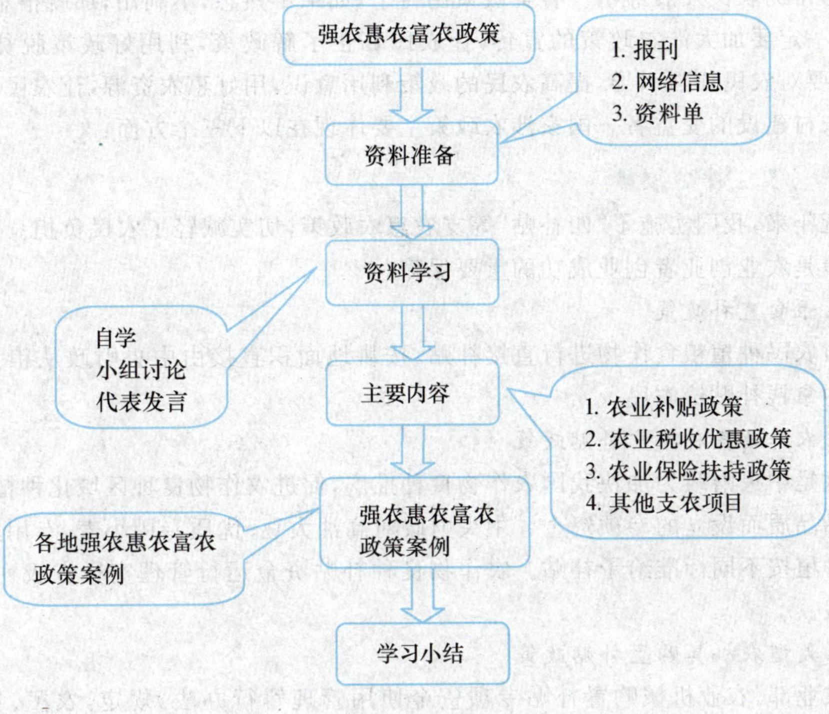

图 5-2 认识强农惠农富农政策的学习任务完成流程

【学习任务实施】

1. 安排学生课前预习强农惠农富农政策等有关内容。

2. 在教师的指导下，通过多种信息渠道查询资料。关键词有：强农惠农富农政策、农业补贴政策、农业税收优惠政策、农业保险扶持政策等；汇总查找的相关资料。

3. 每人写一份学习收获；小组讨论，通过头脑风暴法扩大学习成果，完成一份较好地学习强农富农政策收获的体会。

4. 每组选一个代表，在全班讲解小组的学习路径、学习收获，其他组员补充收获的内容；教师组织带动全班同学讨论、评价各小组的学习情况，达到全班同学共享学习资源和收获体会，巩固本任务所学的知识内容。

三、学习巩固

目前，国家对农村发展大力支持，各地也出台了一系列强农惠农富农政策，希望能够帮助农民发展经济。各类政策出台了，如果不熟悉，不利用，那就很难赚钱。因此，一定要加大涉农政策的宣传，让农民真正了解政策，利用好政策脱贫致富。同样，要对农民加强引导，提高农民的政策利用意识，用好惠农资源，让农民真正成为新农村建设的受益者。国家涉农政策主要体现在以下三个方面：

（一）农业补贴政策

近年来，我国实施了“四补贴”等支农惠农政策，切实减轻了农民负担。用足农业政策是农业创业者创业成功的重要保障。

1. 粮食直补政策

对农民种植粮食作物进行直接补贴，按耕地面积直接由中央财政从粮食风险基金中拿钱补贴给农民。

2. 农作物良种推广补贴政策

这是中央财政为加快我国农作物良种推广，促进农作物良种区域化种植，提高农产品品质而设立的专项资金。中央财政对高油大豆、优质专用小麦、专用玉米和水稻种植按不同标准给予补贴。农作物良种补贴资金运行管理实行省级列支、专户直拨。

3. 大型农机具购置补贴政策

农业部《农业机械购置补贴专项资金使用管理暂行办法》规定，农民、农场职工、农机服务组织、农村合作组织、农业园区业主（以下统称“购机者”）购置补贴机具目录中的农业机械，从事农业生产，都可享受专项资金补贴。2010 年，进一步增加了农机具购置补贴，扩大补贴种类，把牧业、林业和抗旱、节水机械设备纳入补贴范围。2015 年在河北、山西、黑龙江等多省区开展农机报废更新补贴试点工作，农机报废更新补贴与农机购置补贴相衔接，同步实施。

4. 农资综合直补政策

指在现行粮食直补制度基础上，对种粮农民因柴油、化肥、农药等农业生产资料增支实行的综合性直接补贴政策。补贴资金全部由中央财政负担。

5. 能繁母猪补贴政策

为丰富市民"菜篮子",缓解猪肉供给偏紧的矛盾,保障猪肉等主要副食品市场的平稳供应,养殖户每养殖一头能繁母猪,就可得到相应的政府补助。

(二)农业税收优惠政策

在农业税收方面,国家实施了"四减免"政策,先后在全国范围内取消了农业税、牧业税、农业特产税和屠宰税。

独立的农村生产经营组织还可以享受国家现有的支持农业发展的税收优惠政策。《农民专业合作社法》第五十二条规定,农民专业合作社享受国家规定的对农业生产、加工、流通、服务和其他涉农经济活动相应的税收优惠。

(三)农业保险扶持政策

政策性农业保险是由政府主导、组织和推动,由财政给予保费补贴或政策扶持,按商业保险规则运作,以支农、惠农和保障"三农"为目的的一种农业保险。政策性农业保险的标的为种植面积广、关系国计民生、对农业和农村经济社会发展有重要意义的农作物,包括水稻、小麦、油菜。为促进生猪产业稳定发展,对有繁殖能力的母猪也建立了重大病害、自然灾害、意外事故等商业保险,财政给予一定比例的保费补贴。

政策性农业保险保费由中央及地方各级财政补贴80%,农民承担20%,极大地提高了广大农民的参保积极性。

政策性农业保险险种主要包括:一是农作物保险。农作物保险包括粮食作物保险和经济作物保险。粮食作物保险主要以禾谷类作物、薯类作物和豆类作物为承保标的;经济作物保险主要以纤维作物、油料作物、糖类作物、嗜好性作物及瓜类蔬菜作物为承保标的。二是能繁母猪保险。为进一步降低养殖能繁母猪的风险,政府对能繁母猪实行政策性保险制度,出台了"母猪保险"。能繁母猪保险责任为重大病害、自然灾害和意外事故所引致的能繁母猪直接死亡。其他保险类型还包括:肉禽保险、奶牛保险、农机交强险等。

(四)其他支农政策

1. 财政贴息政策

财政贴息政策是政府提供的一种较为隐蔽的补贴形式,即政府代企业支付部分或全部贷款利息,其实质是向企业成本价格提供补贴。财政贴息是政府为支持特定领域或区域发展,根据国家宏观经济形势和政策目标,对承贷企业的银行贷款利息给予的补贴。政府将加快农村信用担保体系建设,以财政贴息政策等相关方式,解决种养业"贷款难"问题。为鼓励项目建设,政府在财政资金安排方面给予倾斜和大力扶持。农业财政贴息主要有两种方式：一是财政将贴息资金直接拨付给受益农业企业；二是财政将贴息资金拨付给贷款银行，由贷款银行以政策性优惠利率向农业企业提供贷款。

2.土地流转资金扶持政策

为加快构建强化农业基础的长效机制，引导农业生产要素资源合理配置，推动国民收入分配切实向"三农"倾斜，鼓励和引导农村土地承包经营权集中连片流转，促进土地适度规模经营，增加农民收入，中央财政设立安排专项资金扶持农村土地流转，用于扶持具有一定规模的、合法有序的农村土地流转，以探索土地流转的有效机制，积极发展农业适度规模经营。

3.小额贷款政策

为促进农业发展，帮助农民致富，金融部门把扶持"高产、优质、高效"农业、帮助农民增收项目作为重点，加大小额贷款支农力度。明确要求基层信用社必须把65%的新增贷款用于支持农业生产，支持面不低于农村总户数的25%，还对涉及小额信贷的致富项目，在原有贷款利率的基础上，下浮30%的贷款利率。

4.绿色食品保障政策

为推行农业标准化生产，深入实施无公害农产品行动计划，各地质检部门建立农产品质量安全风险评估机制，健全农产品标识和可追溯制度。强化农业投入品监管，启动实施"放心农资下乡进村"示范工程。工商部门积极配合发展"绿色食品"和"有机食品"工程，积极培育和保护名牌农产品，加强农产品地理标志保护和监管力度。

5.培育新型职业农民政策

围绕主导产业开展农业技能和经营能力培训，加大对专业大户、家庭农场经营者、农民合作社带头人、农业企业经营管理人员、农业社会化服务人员和返乡农民工的培养培训力度。2015年中央财政安排11亿元农民培训经费，继续大力实施新型职业农民培育工程，在全国4个整省、20个整市和500个示范县开展重点示范培育。

6.扶持农民合作社发展政策

国家鼓励农村发展合作经济，扶持发展规模化、专业化、现代化经营，允许财政项目资金直接投向符合条件的合作社，允许财政补助形成的资产转交合作社持有和管护，允许合作社开展信用合作。引导农民专业合作社拓宽服务领域，促进规范发展，实行年度报告公示制度，深入推进示范社创建行动。2014年，中央财政扶持农民合作组织发展资金规模达到了20亿元，并在北京、吉林、浙江、湖北、重庆五省市开展合作社贷款担保保费补助试点。2015年，除继续落实现行的扶持政策外，将深入推进合作社规范发展。

任务三 明确可资利用的资源

一、学习准备

【典型阅读】

10 个农村创业好项目可行性分析

农村创业好项目之种植无公害水稻

承包几十亩水田,引进无公害水稻新品种,统一防虫治病,统一施洒有机肥,分户跟踪管理。该品种水稻每亩最高产量 550 千克,包装好的大米市场价在每 500 克 5 元左右,比普通大米价格贵了 1 倍还多。

农村创业好项目之果树种植

“金点子”从哪来?瞄准发展选项目,贴近专业找项目,紧扣产业引项目就是金点子。如果当地是山地就可发展种植业,在对当地农业产业发展情况了解比较充分的情况下,可以考虑果树种植这个优势产业,发展空间还是很大的。如创建梨、油桃、杏树混合种植科技示范园,推广新品种,形成规模,做成品牌,用科技改变传统农业,引导广大农民积极创业增收,同时套种红叶石兰等,以增加收益。

农村创业好项目之生态养猪

生态养猪,这种养猪模式主要适宜于 300～1 000 头的适度规模生猪养殖场、养殖大户及养殖小区。中科院博士周传社和他的几位师兄、师弟,共同研发了一种全新的生态养猪模式:利用生物发酵原理处理粪尿,从而解决农村粪污随意排放引起的环境污染问题。

农村创业好项目之毛驴养殖

如今毛驴越来越少,而驴肉味美号称天下第一,饭店或肉食加工厂的需求定不会少是个很不错的创业项目,筹备些资金、招集些人员,掌握到销售渠道,就可开家毛驴养殖厂了。

农村创业好项目之养殖虫子鸡

虫子鸡可不一般,不仅鸡肉营养鲜美,就连喂鸡的黄粉虫也浑身是宝。创办养殖户、合作社，带动农户，实行饲料、鸡苗、疫苗统一配置。还可养殖山地鸡、万源黑鸡等，营养价值高受顾客欢迎，销路才不会差。据了解，一只万源黑鸡的纯利润在10元左右，如果养上2万只，一年的收入就是20万元，甚是可观。农村发展养殖业要找准适合自己发展的产业，在发展的过程中一定要注重种养殖技术，确保产业的效益，才能达到增收的效果。

农村创业好项目之绿色咸鸭蛋

农村有很多散养的鸭子，但销售情况一般，鸭蛋也很便宜。而村里有很多红土，用红土做咸鸭蛋，容易出油黄，口感也好。可以利用好本土资源做咸鸭蛋的生意。买村民的零散的鸭蛋，雇佣有经验的村民帮忙腌制，同时定制包装盒，设计商标，就可以创业了。同时还可以开发更多的农副产品，进行包装销售，让地道的绿色农副产品走上餐桌。

农村创业好项目之送肥到田

如今正在大力提倡生态、无公害种植，因此，将城里大量的人粪尿送到农村田间，必将大受农民欢迎。经营者不仅可在需肥的农民那里得到一笔可观的劳务费用，还可在城里的某些单位或用户那里获得一笔粪便清理费，真可谓一举多得。

农村创业好项目之流动修理

如今农村的电视机、洗衣机、电冰箱、各种农机具都有一定的拥有量。但如果这些东西坏了，往往要跑很远的路送到修理部去修理，对农民朋友来说，实在不方便。若办一个流动修理部，开一部小型人货两用车，带上一些维修工具和零部件上门服务，一定会大受欢迎。

农村创业好项目之科技书店

现在的农村大都搞多种经营，农民们也广寻致富门路。通俗易懂的农村科技致富书籍能为他们提供致富信息及相关知识，越来越受到农民朋友们的欢迎。倘若能够因地制宜地提供一些适合实用的科技书刊供农民们选购或租借，一定会有可观的收入。

农村创业好项目之乡村网吧

随着信息业的高度发展，许多农民已开始利用互联网来推销自己的产品，足不出户便使客商云集。开通互联网，能定期为农民发布供货、价格、产业等方面的信息，可大大促进农产品的快速流通。如今上网冲浪的人不在少数，上网学习、娱乐、寻找信息已成为各地农民文化生活中的重要内容。因此，农村开网吧，前景十分看好。

（资料来源：http://www.315hyw.com/kaidian/xiaobenchuangye/47311.html）

阅读点评:农村的广大地区,并非只是一个简单的荒芜之地或者是仅仅是城市地区的粮仓,有时农村中也存在这巨大的商机。只要认真观察,善于发现,就可以在农村找到适合自己的现代农业创业的好项目!同时政府扶持,各种创业补贴、免费创业培训及免息贷款等都为现代农业创业者提供了方便。

【资料准备】

1. 图书馆或资料室:利用图书馆或资料室的书籍或报刊,查找可资利用资源等信息资料。

2. 电脑、网络、新媒体:利用电脑上网或利用手机上 WiFi 等,查找有关可资利用资源等信息资料。

3. 教师准备的资料单:关于可资利用资源的相关文章。

二、学习任务设计与实施

【学习任务设计】

见图 5-3。

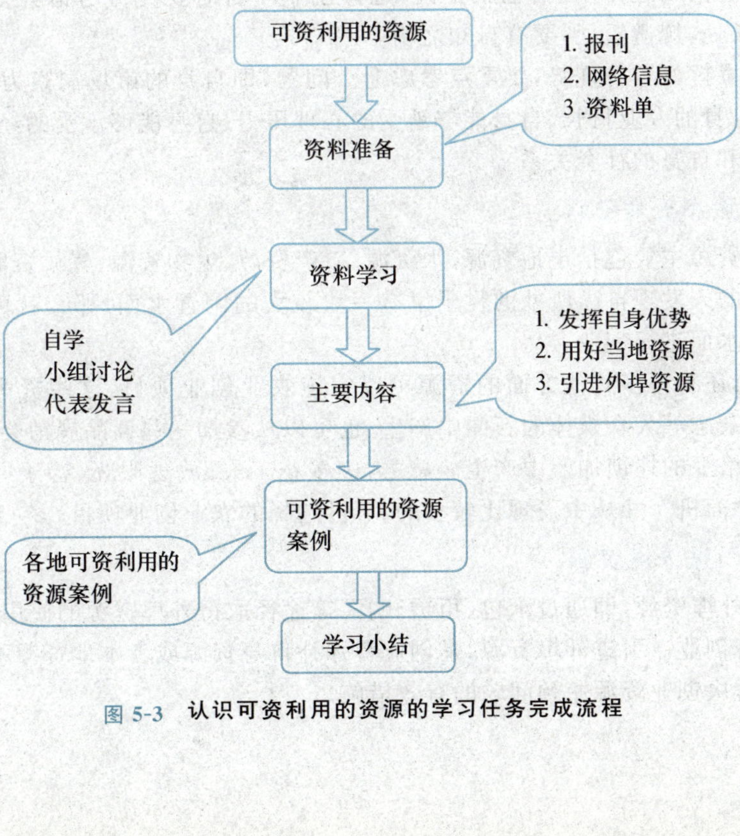

图 5-3 认识可资利用的资源的学习任务完成流程

【学习任务实施】

1. 安排学生课前预习现代农业创业可资利用的资源的有关内容。

2. 通过各种搜索渠道查询资料。关键词有：可资利用资源、自身优势、外埠资源等；汇总查找的相关资料。

3. 进行小组讨论，通过头脑风暴法扩大学习成果，每小组完成一份较好的学习收获体会。

4. 每组选一个代表，在全班讲解小组的学习路径、学习收获，组员补充收获的内容。

二、学习巩固

选择现代农业创业项目的过程中，需要考查所具备的主、客观条件，明确可资利用的资源，主要表现在以下三方面：

(一)发挥自身优势

当地资源和传统习惯是创业成功的外因，而自身的优势是创业成功的内因。外因是通过内因起作用的，也就是说，选择创业项目时要充分考虑并发挥自身优势，发挥长处，规避短处，要有自知之明。

如何发挥好自身优势，要重点考虑七个问题，即自身的市场洞察力、自身的从业兴趣、自身的专业特长、自身能够承受的心理压力、自身能够承受的经济风险、自身的经历和自身的社会关系。

(二)用好当地资源

自然资源主要包括土地资源、水资源、矿产资源、生物资源、气候资源和海洋资源。如有的人发现自己所处的村子里有一块较大的闲置水面，那么就可准备利用这块闲置水面进行创业。

当然，还有很多其他方面的资源可以实施农业创业项目，这些资源可以从电视、报纸、杂志等大众媒体的新闻中产生、也可以从参加一些商品展销会中产生、还可以从网络上的连锁加盟中产生。总之，应多花工夫、放远眼光，善于寻找和挖掘农业创业“商机”，并从中发现比较多的、可供选择的农业创业项目。

(三)引进外埠资源

引进外埠资源，即通过承包、租赁、购买等途径取得外埠资源的使用权，以为我所用，实现创业。引进外埠资源，是创业者弥补自身资源或者本地资源不足的有效途径，是解决创业资源瓶颈问题的有效措施。

【典型案例】

泰安肥城市引进外地客商 强化农业项目建设

2015 年 4 月 10 日,泰安市农业局总农艺师毕成带领山东省寿光市、青州市等客商一行 5 人到肥城考察洽谈投资农业项目,肥城市农业局局长傅强及有关人员陪同考察。

考察组先后实地察看了肥城市农业项目指挥部重点在建项目——兴润生态绿园种苗育繁一体化二期项目、王瓜店高端高效农业示范园,并参观了肥城市农业局农产品质量安全追溯监管平台、农产品电子商务中心等现场,听取了相关情况介绍。毕总及客商对肥城市农业发展给予了充分肯定,认为该市发展现代农业产业发展超前,各类农作物的种植、管理和加工条件便利,基础设施完善,产业发展规划清晰,农业电子商务已基本完善,各类农产品的销售平台广泛,销路多,具备良好的合作优势。客商立即决定投资承包兴润生态绿园种苗的育苗大棚,引进寿光、青州等省内外的新品种、新技术,立足长远,加强合作,把肥城建设成为省内最大的育苗售苗基地,实现互利共赢。

肥城市农业局与中国生态建设促进会、中国福源生态集团发展股份有限公司袁世泽会长、董事长,就建设国家土壤改良下生态农业全产业链示范区合作洽谈,基本达成合作意向。主要是依托肥城农业资源,通过该项目建设,联合政府、合作社、农场、农业企业、协会、电商(APP)、高校、科研单位等共同开展全产业链生态农业。构建从肥料-土壤改良-种植-流通-品牌-电商的全产业链条,掌控肥料、电商、品牌等关键价值链环节。从而减轻农业环境污染,提升农业标准化生产水平,提升农业产业链组织化程度,构建高端生态农产品区域电商流通模式。

(资料来源:http://taian.dzwww.com/2013sy/taxw/201504/t20150413_12212402.html)

案例点评:肥城市利用本地资源吸引外地客商对现代农业项目进行投入,将有效发挥外埠资源优势,提升现代农业的发展水平,实现企业增效、财政增税、农民增收的多赢局面,具有良好的社会效益。

任务四 做好项目可行性论证

一、学习准备

【典型阅读】

企业投资休闲农业旅游项目可行性分析

近年来，旅游投资的主体出现多样化的趋势，从最初的政府投资，逐渐地转向民间资本——房地产开发商、有实力的企业等等，且多热衷于对于休闲农业度假产品的开发。北京山合水易规划设计院试图从企业开发休闲农业度假旅游的投资环境、投资动因等方面进行讨论和分析，以期为相关人士提供参考。

一、投资环境分析

（一）旅游业经济、产业地位不断加强

改革开放以来，中国旅游业经历了从最初的创汇增收、民间外交、国民经济增长点，发展到现在的国民经济战略性支柱产业的一系列发展过程，这一变化，表明了旅游业发展步伐的加快，更是旅游走入国民生活的重要表现。随着旅游产业的经济地位的日益重要，产业拉动和融合功能不断彰显，产业地位不断提升，迈出了由旅游大国向旅游强国发展的前进步伐。北京山合水易规划设计院研究，各类利好消息和政策不断出台（如，《国民休闲计划》、海南建设国际旅游岛等），从一定程度上激励了各行各业投资旅游的热情。

（二）休闲度假市场需求旺盛

目前，中国旅游业增加值占 GDP 的比重超过了 4%，旅游业对经济增长的拉动作用日益明显。并且，随着社会生产力水平的提高和闲暇时间的增多，以休闲为目的的旅游休闲产业愈来愈受到人们的普遍欢迎。国民休闲时代到来，随之兴起了休闲度假旅游的开发高潮，尤其是近年来，来自不同行业的企业纷纷投资于旅游，进行旅游休闲度假产品的开发。旅游业适应性强，即使受到自然灾害、突发事件和经济危机的冲击，也能在较短时间内较快恢复，并且恢复成本较低，带动作用大。并且，随着我国带薪休假制度的全面实行和国民旅游方式由观光旅游向休闲度假旅游的转变，休闲度假旅游时代即将到来。另外，旅游业是一个进入门槛较低、投入少、见效快的“朝阳产业”，因此，诸多非旅游企业在自身发展的一定程度后，投资休闲度假旅游产品的开发。在旅游发展的政策支持方面，从国家层面到省市地区都极力支持。尤其是,《国务院关于加快发展旅游业的意见》下发以后,我国已将旅游业定位为国民经济战略性支柱产业和现代服务业,旅游业的产业地位和产业定位更为明确,也更加的重要。旅游业的发展前景,尤其是休闲度假旅游的广阔发展前景是企业选择投资的重要原因和出发点。

二、带动性因素分析

目前,在诸多非旅游企业如房地产企业、农产品企业、餐饮企业中,有相当一部分已经或者准备开发到休闲农业度假旅游项目,或大或小,或综合开发,或专项开发。而休闲农业度假产品所形成的广泛、深入的体验和带动性的项目,以及对于游客为企业。休闲农业度假旅游的开发能够给企业、产业、行业带来怎样的影响和作用呢？现从以下几方面进行研究:

(一)推动企业多元化发展的有效途径

随着企业自身发展壮大和所在产业、行业竞争的激烈化,很多企业跳出竞争“红海”,采用“蓝海战略”,即开辟一个新的发展领域,实行多元化经营。企业实行多元化经营的原因是多方面的。从外部原因分析,主要是市场容量的限制。市场需求饱和与市场容量的有限性会促使企业进入新的产业领域。同时,市场需求的多样性和不确定性,也会诱使企业进行多元化经营以分散风险、寻求新的发展空间。从内部来说,实行多元化经营的原动力,是为了更充分地利用企业的剩余资源,最大限度地实现“范围经济”。范围经济实质上是指企业多个业务可以共享企业的资源,尤其是充分利用企业的剩余资源,既包括有形资源(生产能力、营销、服务系统、技术开发与创新系统等),也包括无形资源(商标、企业商誉,管理技巧、技术、知识等)。因此,很多企业选择在国民休闲旅游时代到来的大背景下,投资休闲度假旅游产品的开发是其战略转移,实现战略重组,寻求新利润增长点的需要。

(二)企业自身宣传推广的一把利剑

休闲度假产业是一个综合性强、关联度大、产业链长的产业,能够影响、带动和促进与之相关联的110个行业发展。诸多来自不同行业、不同产业的企业投资与休闲度假旅游开发,就是借旅游可集聚“三气”即地气、人气、财气的功能,来扩大企业自身的影响力。采用“企业+旅游开发”的新模式,通过旅游这个公司发展的新亮点来展现企业的风采,宣传推介企业的文化、发展情况,从而在一个新的高度提升企业形象,促进企业的发展。

(三)服务企业自身的接待基地

企业培训、客户接待等是企业日常经营过程中不可缺少的重要组成部分。在正常的情况下,企业接待服务都是由外部的其他单位来承担的。但是,目前的发展现状是一些企业将服务接待内部化,使之变成企业的一部分,成为企业前向纵向一体化经营战略的组成部分。企业通过发展休闲度假旅游产品，一方面满足了自身服务接待的需要，另一方面也带来了新的利润增长点。北京山合水易规划设计院研究，在国家各种政策的支持下，企业投资休闲农业旅游项目迎来新的机遇和发展空间，市场前景广阔。

（资料来源：http://wenku.baidu.com/）

阅读点评：创业项目的可行性分析，主要是投入产出分析，可根据实际需要进行详略选择。一般来说，在项目初步估算时，可以粗一些；而在进行项目投资评估时，则要求细一些。创业项目的可行性分析要兼顾经济效益、社会效益和生态环境效益，而以经济效益为主，不能一味追求经济效益而忽视社会效益和环境效益。

【资料准备】

1.查阅文献：利用图书馆或资料室的书籍或报刊，查找有关项目可行性论证的有关资料。

2.查阅工具：利用电脑、手机等工具，查找有关项目可行性论证的有关资料。

3.教师准备的资料单：关于项目可行性论证的理论总结和案例等相关文章。

二、学习任务设计与实施

【学习任务设计】

见图5-4。

【学习任务实施】

1.通过多种信息渠道查询资料。关键词有：项目可行性论证等；汇总查找的相关资料。

2.每人写一份项目可行性论证，通过小组扩大学习成果，并集中集体智慧完成一份较好的学习收获体会。

3.教师组织发动全班同学讨论、评价各小组的学习情况，达到全班同学共享项目可行性论证的学习资源和收获体会，巩固所学的知识内容。

三、学习巩固

可行性论证是在现代农业创业项目拟建之前，通过对与项目有关的市场、资源、工程技术、经济和社会等方面的问题进行全面分析、论证和评价，从而确定项目是否可行或选择最佳实施方案的工作。主要包括明确项目投入、预计项目收益、预测项目风险和做出客观推断等方面。

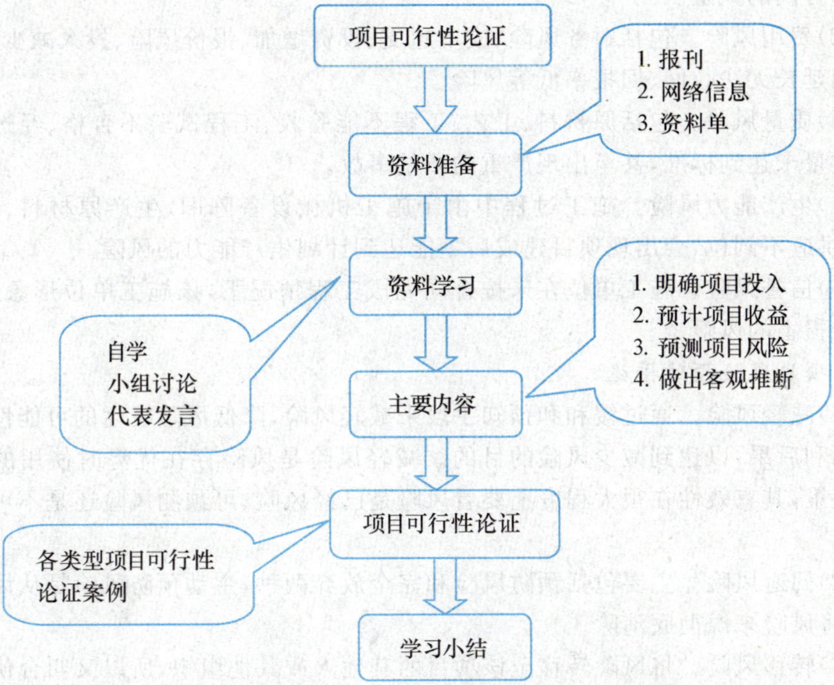

图 5-4　认识项目可行性论证的学习任务完成流程

(一)明确项目投入

在进行现代农业创业项目评估论证时,创业者最关心的问题之一就是经济上是否有利,即创业项目的产品、技术或服务能否解决现实生活中的问题,创业所提供产品(或服务)的生产或开发需要投入多少人力、物力及财力,需要对投入、经营费用等各项成本进行充分的分析。

(二)预计项目收益

农业创业项目的产品或服务的市场情况将决定未来创业者的收益状况。在进行创业项目收益预测时,要说明创业产品或服务内容的市场需求、价格定位、成长性、利润率等情况。创业者应牢记的是:项目收益预测并不是凭空想象出来的,事先要进行详细的市场调查,对市场进行全面、细致的认识和分析。

(三)预测项目风险

1. 常见的项目风险种类

(1)工期风险。会出现局部或整个施工工期延长,不能按期交工,带来不能按期履行合同的风险。

(2)费用风险。包括财务风险、成本超支、投资增加、报价风险、投入减少、投资回收期延长无法收回、回报率低等风险。

(3)质量风险。包括原材料、工艺、工程不能验收、工程试验不合格、经过评价工程质量未达到标准,甚至出现严重的质量事故。

(4)生产能力风险。施工过程中由于施工机械设备陈旧、生产原材料、能源、水、电供应不到位,会出现项目建成后不能达到计划生产能力的风险。

(5)信誉风险。施工单位在未按合同完成工程情况下,该施工单位形象、信誉等遭受损害的风险。

2.项目风险预防措施

(1)减轻风险。通过缓和和预知手段来减轻风险,降低风险发生的可能性和带来的不利后果,以达到减少风险的目的。减轻风险是风险存在优势时使用的一种风险决策,其有效性在很大程度上要看风险是已经风险、可预测风险还是不可预测风险。

(2)回避风险。主要包括预防风险和完全放弃两种,主动预防风险是从风险源入手,将风险来源彻底消除。

(3)转移风险。将风险转移至该项目的其他人或其他组织,所以又叫合伙分担风险,其目的不是降低风险发生的概率和减轻不利后果,而是借用合同和协议,在风险事故一旦发生时候将损失一部分转移到有能力承受的个人或组织。

(4)接受风险。应对风险策略之一,指有意识地选择承担风险后果。接受风险可以是被动的,也可以是主动的,由于风险规划阶段对一些风险做了准备,所以当风险发生时马上执行应急计划,这是主动风险。被动风险是指风险事件造成损失数额不大,不影响项目大局时,项目管理组将损失列为项目的一种费用。

(四)做出客观推断

对现代农业创业项目进行可行性研究的过程中,从创业者整体的角度对拟创业项目的计划、设计、实施方案进行全面的技术经济论证和推断,从而确定创业项目未来发展的前景。

对创业项目进行客观推断,从正反两方面提出意见,为创业者选择项目及实施方案提供多方面的告诫,并力求客观、准确地将与项目执行有关的资源、技术、市场、财务、经济、社会等方面的数据资料和实况真实、完整地汇集,使创业者能够实事求是地做出正确、合适的创业决策。

项目六　充分了解现代农产品市场及其行情

【学习目标】

完成本学习任务后，你应该能

1. 懂得了解市场和市场营销的方法；
2. 懂得了解顾客和竞争对手的意义；
3. 掌握了解顾客和竞争对手的方法；
4. 能合理制定出市场营销方法。

【项目任务描述】

在确定了自己的农业创业项目时，现在还要考虑将要创办的农业企业生产的产品或提供的服务有没有市场，市场在哪，市场有多大，未来发展如何。自己需要进行市场调查。首先要搞清楚什么是市场，如何根据创业项目细分自己的客户群体，了解自己的竞争对手，如何开展市场营销来开拓自己的农业创业市场。

【引导性案例】

张连军的市场信息单

张连军一直生活在武汉市，他认识很多从事农产品经营商店的店主和农业种植方面的专家。他与这些人交谈，了解顾客喜欢什么样的农产品，对莲子的需求情况怎么样。还与朋友交谈，了解他们需要什么样的莲子，想要如何购买。他通过网络发现市面上又出现了一种叫太空莲的新品种，经过专家咨询，得到证实。他们还了解到武汉市总共有10家莲子生产基地。张连军对他们进行了仔细研究，尽可能多地了解他们。当他做完市场调研后，写下他了解到的信息。

产品或服务	顾客	顾客的需要和喜好	竞争对手
太空莲子	农产品市场	喜欢饱满个大、口味好、质量优的莲子，希望包装精美送货上门	已有人开发此类产品，市场接受程度较好，但竞争对手规模不大
	超市	饱满个大，包装规格多样、精美，供货及时充足	满足不了顾客需求，对市场开发力度和深度不够
	休闲旅游人员	现场采摘，新鲜饱满，能现场包装处理，便于携带，有趣味性	

任务一　明确你的农产品市场

一、学习准备

【知识准备】

1.农产品市场

(1)市场的概念。市场是商品交易关系的总和，主要包括买方和卖方之间的关系，同时也包括由买卖关系引发出来的卖方与卖方之间的关系以及买方与买方之间的关系。市场具有统一性、开放性、竞争性、有序性。遵循自愿、平等、互利、友好的市场交易原则。

(2)农产品市场。农产品市场是以农产品为交易对象及与农业生产有关的生产资料的市场。农产品市场体系，是流通领域内农产品经营、交易、管理、服务等组织系统与结构形式的总和，是沟通农产品生产与消费的桥梁与纽带，是现代农业发展的重要支撑体系之一。

2.农产品的特点

(1)消费时限性。农产品是具有生命力的碳水化合物，易于腐败，不易保存，具有一定的消费时限性，一旦采摘销售不及时就会腐败变质，失去原来的使用价值。由于受到保质期的限制，出售产品压力增加，精明的消费者急于出售的心理压力，最大幅度压低价格。

(2)难标准化。农产品的生产依赖于自然光照、土壤条件、养分，它的制成品从客观上相对工业品难以标准化，有大小、长短、轻重之分，存在成分、色泽、质地不同,标准化程度低,质量难以控制。

(3)质量隐匿性。农产品隐匿性指内在品质(农药残留、硝酸盐含量等)即使在购买前品尝也难以判断。使消费者不能获得有关产品质量的完全信息,如果想得到必须支付高昂的成本;另外使生产者容易产生偷懒行为,在为确保产品质量而必需的投入上大打折扣。

(4)效用滞后性。一般商品使用后效果迅速明显,而农产品的食用后的营养或保健效果往往需要很长时间,一般认为食用被有毒物质或致癌物质污染的食品会产生慢性致病的效果,这种致病效果有相当的滞后期,以至于消费者不能确认是否是食品污染所致。即使是急性疾病发作,也难以确定真与食品污染有关,这种滞后性和不确定性导致消费者对安全农产品的偏好降低,影响消费行为,同时也会使生产者放松对农产品有害物和污染物的控制。

(5)价格有限性。农业生产的效应远远低于其他产业,这是由农业生产与再生产决定的,农产品属于上游产品,生产的效率低,生产周期长,农产品的价格低。

(6)测定毁灭性。为了确切了解农产品某方面的特性,需要对其进行物理化学分析,如果想获得农产品的农药残留等质量安全性质时,对农产品样品的测定是具有毁灭性的,那么就失去了它的使用价值。

3.农产品市场的特征

(1)供给的季节性和周期性。每种农作物种植后,须经过一个完整的生长周期,才能收获上市。农产品市场随之呈现出季节性和周期性。

(2)市场风险比较大。一是自然风险很大。农作物生长过程中受不可控自然环境(灾害性天气——大风、冰雹、病虫害等)影响较大。二是贮运风险很大。农产品在贮运过程中容易发生腐烂、霉变等。三是经济风险很大。农产品的生长周期长,供给弹性小,难以对市场进行有效的调节。

(3)交易的农产品具有生产资料和生活资料的双重性质。如玉米既可食用,又可用作工业原料(提取维生素、玉米油等)。

(4)现代化市场与传统小型分散市场并存。由于我国城乡经济发展水平不同,市场的发育程度也存在差异,经济发达的大中城市,市场体系较健全,市场规模较大,而在经济欠发达地区,市场规模小,"马路市场"还占相当比例。

【典型案例】

韦启恒的成功创业

27岁的韦启恒毕业于广西农校,因为没有分配工作,一直在外打工。后因某种原因回到了老家。利用打工挣的钱，结合在农校学习的知识，他决定从种植这方面寻求突破，家乡虽地处偏远，但交通便利，良田肥沃，水资源丰富，气候宜人。多方考察斟酌后，他决定联合周边群众一起种植甜玉米。利用自己掌握的一定的农作物种植的知识，还不厌其烦地向农校的种养专家请教，并向邻县的种植大户学习种植技术和经验，多次邀请老师和专家到基地去指导。通过多方学习和自己在实践中的不断摸索，韦启恒很快学到了一整套适合种植甜玉米的本领。韦启恒种植的甜玉米由于个大粒饱满，营养丰富，口感好，颇受市场青睐，一收获便引来老板大批量收购，单价 1.4 元/千克，很快便销售一空，在乡、村干部的支持下，他贷款又扩大了种植规模。还种了 120 亩芋头，芋头收货时韦启恒主动走出去，联系外地老板收购，2.4 元/千克，纯收入达 10 多万元。种植马蹄是韦启恒新的想法，预计所种的马蹄将达到 3 000 千克/亩，产值将达到 5 000 元/亩。

（资料来源：http://www.kj-cy.cn/htm/201373/27833.htm）

案例点评：韦启恒同学利用他是农校毕业的学生，掌握一定的农作物种植方面的知识，依据当地条件和资源，找求种植甜玉米市场，再加上他谦虚好学，向专家请教，向邻县的种植大户学习种植技术和经验，结合自己的经验摸索掌握一整套适合种植甜玉米的本领，打开种植甜玉米市场，同时又开发芋头和马蹄市场。

【资料准备】

1. 图书馆或资料室：利用图书馆或资料室的书籍或报刊，查找有关农产品市场的知识、案例等信息资料。

2. 电脑、网络、新媒体：利用电脑或手机网络等，查找有关农产品市场的知识、案例等信息资料。

3. 教师准备的资料单：关于农产品、市场等概念的相关文章。

二、学习任务设计与实施

【学习任务设计】

见图 6-1。

【学习任务实施】

1. 安排学生课前预习农产品、市场的概念等有关内容。

2. 在教师的指导下，通过多种信息渠道查询资料。关键词有：农产品、市场等；

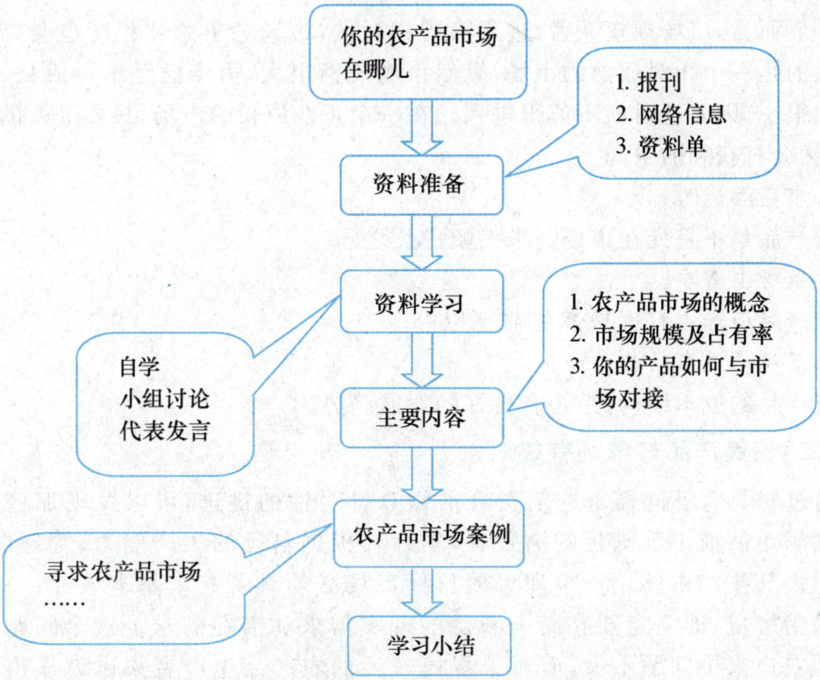

图 6-1 确定你的农产品市场学习任务完成流程

汇总查找的相关资料。

3. 通过课程预习和资料查阅，每人写一份学习收获；小组讨论后每组完成一份较好的学习收获体会。

4. 在学习交流时，每组选一个代表讲述该组体会，学习路径、学习收获，组员补充收获的内容；各小组相互评价的学习情况，教师最后点评。达到全班同学共享学习资源和收获体会，巩固所学的知识内容。

三、学习拓展

(一)找准农产品市场

1. 市场定位

农产品必须具备特定市场机会，满足顾客需求。

2. 市场结构

针对农产品市场机会分析，包括进入障碍、供应商、顾客、经销商的谈判力量、替代性竞争产品的威胁，以及市场内部竞争的激烈程度。

3. 市场规模

一般而言，市场规模大者，进入障碍相对低，市场竞争激烈程度也会降低。如果进入的是一个相对成熟的市场，纵然市场规模很大，由于已经不再成长，利润空间必然很小，因此这时就不值得进入。在一个正在成长的市场，只要进入的时机正确，必然会有获利的空间。

4. 市场渗透力

农产品是不是处在市场需求大幅成长之际。

5. 市场占有率

农产品市场占有率是否在40%以上。

6. 产品的成本结构

农产品的成本结构，是否有良好的发展趋势。

（二）确保产品与市场有效对接

通过对具有不同需求的消费者群做有针对性的挑选，可以发现那些需求尚未得到满足的或不甚满足的消费者，然后再根据自己的生产能力、管理能力、销售能力去开拓和占领。一个理想的目标市场必须具备三个基本条件：一是要有足够的销售量，即一定要有尚未满足的现实需求和潜在需求。这个问题对于一般小型农户来讲问题不大，而对于规模较大的农产品生产者来讲就显得非常重要。二是经营者必须有能力满足这个市场需求。三是在这个市场中必须具有竞争的优势，即没有或很少有竞争，或者有竞争但不激烈，经营者有足够的实力击败竞争对手。这样一个市场就可以选作自己的目标市场。确定目标市场又称为市场定位，是农户选择某一细分市场作为营销对象的决策活动。选择目标市场一般包括三个步骤：

1. 估计目标市场的需求

目标市场的需求是指在既定的市场环境中，某一类消费者购买某种产品的总额。这种市场需求数量的变化取决于消费者对某种产品的喜好程度、购买能力和经营者的营销努力程度。如果某种产品确实为消费者所喜爱，并且消费者的购买能力不断提高，经营者的营销策略正确，就有可能增加需求数量。估计目标市场需求时既要估计现实的购买数量，也要对潜在增长的购买数量进行估计，从而，测算出最大市场需求量。农户要根据所掌握的最大市场需求量来决定是否选择这个市场作为目标市场。

2. 要认真分析自己的竞争优势

市场竞争可能有多种情况，如品牌、质量、价格、服务方式、人际关系等诸多方面的竞争。但从总的方面来说可以分为两种基本类型：一是在同样条件下比竞争者定价低;一是提供满足消费者的特种需要的服务,从而抵消价格高的不利影响。农户在与市场同类竞争者的比较中,分析自己何处为长,何处为短,尽量扬长避短,或者以长补短,从而超越竞争者占领目标市场。

3.选择市场定位的战略

这是指农户在生产经营活动中要根据各目标市场的情况,结合自己的条件确定竞争原则。通常可分为三种:

第一种是"针锋相对式"的定位,即把经营产品定在与竞争者相似的位置上,同竞争者争夺同一细分市场。例如,有些农户在市场上看别人经营什么,自己也选择经营什么,实行这种定位战略要求经营者具备资源、产品成本、质量等方面的优势,否则,在竞争上可能失败。

第二种是"填空补缺式"的定位,即农户不去模仿别人的经营方向,而是寻找新的、尚未被别人占领,但又为消费者所重视的经营项目,采取填补市场空位的战略。例如有的农户发现在肉鸡销售中大企业占有优势,自己就选择经营饲养"农家鸡",并采取活鸡现场屠宰销售的方式,填补大企业不能经营的这一"空白"。

第三种是"另辟蹊径式"的定位,即经营者在意识到自己无力与同行业有实力的竞争者抗衡时,可根据自己的条件选择相对优势来竞争。例如,有的经营蔬菜的农户既缺乏进入超级市场的批量和资金,又缺乏运输能力,就利用区域集市,或者与企事业伙食单位联系,甚至走街串巷,避开大市场的竞争,将蔬菜销售给不能经常到市场购买的消费者。

4.选择农产品目标市场须走出"合成谬误"误区

选择目标市场的目的是为了使产品有销路。问题是:并非凡有销路的市场都一定能成为企业理想的目标市场,如果出现多数谬误,农户就不可能实现预期的营销目标,还可能导致挫折和失败。多数谬误是指过多的农户都把同一个细分市场作为自己的目标市场,从而造成某一种产品的供给远远超过市场需求。在这种情况下,这些农户共同经营同一种产品,实际上就是共同争夺同一产品有限的消费者群。结果造成社会劳动和资源的浪费,也不能满足本来有条件满足的其他市场需求,大大提高了农户的机会成本,影响农户的经济效益,甚至造成农户的营销失败。在现实的经济生活中,多数谬误屡屡发生。

任务二 了解农产品市场行情的途径

一、学习准备

【典型阅读】

易安全是如何成为“红薯王”的?

易安全曾是广州某厂里的中层管理干部,因家庭情况辞职回家乡创业。先开了一家加工茶叶作坊,开始生意红火,后来由于市场信息把握不准,市场行情把握不好等,以失败告终亏了近3万元。后用打工得来的几百元买了一台机器,替人加工红薯做淀粉。通过别人询问及自己走村串户,发现周围米粉需求较高,于是将滞销的淀粉做成米粉销售。从中嗅到了一丝商机,让他坚定了做米粉的信心。经过一段时间的艰苦打拼后,他的米粉加工终于走上了正轨,盈利也有了显著的增加。一天,家住城里的亲戚托易安全捎些家乡的红薯粉去,说家乡的紫红薯不光好看、味甜,营养成分也比一般红薯高,做出来的红薯粉味美有韧劲。听到这个信息后,易安全拿出自己所有的积蓄,并用房子做抵押,贷款近百万元购买机器设备,租厂房,注册品牌,制作红薯粉、红薯片等食品。还与乡亲们签订种植合同,并拟定最低保护价,年底时将农产品全部回收进行深加工。易安全一边组织工人培训,与多家加工厂签订合同,承揽加工业务等;一边和家人到处打听厂商,联系各大销售渠道和网点,还租门面。每天晚上亲自扛着重达25千克的红薯粉,沿街跑夜市和酒店,找订单,红薯粉年产量高达800多吨,促进当地“留守妇女”和“留守老人”就业。如今,易安全已成了远近闻名的“红薯王”。

(资料来源:http://chuangye.yjbys.com/gushi/anli/547076.html)

案例点评:易安全利用别人的询问及自己走村串户,了解米粉的市场的行情,采用询问的方式找市场,与家人分工寻找订单,甚至自己扛包跑夜市等寻求市场,最终功夫不负有心人,终于成功了。

【资料准备】

1. 图书馆或资料室：利用图书馆或资料室的书籍或报刊，查找有关了解农产品市场行情的途径有关资料。

2. 电脑、网络、新媒体：利用电脑或手机网络等，查找有关了解农产品市场行情的途径有关资料。

3. 教师准备的资料单：关于了解农产品市场行情途径的理论总结和案例等相关文章。

二、学习任务设计与实施

【学习任务设计】

见图 6-2。

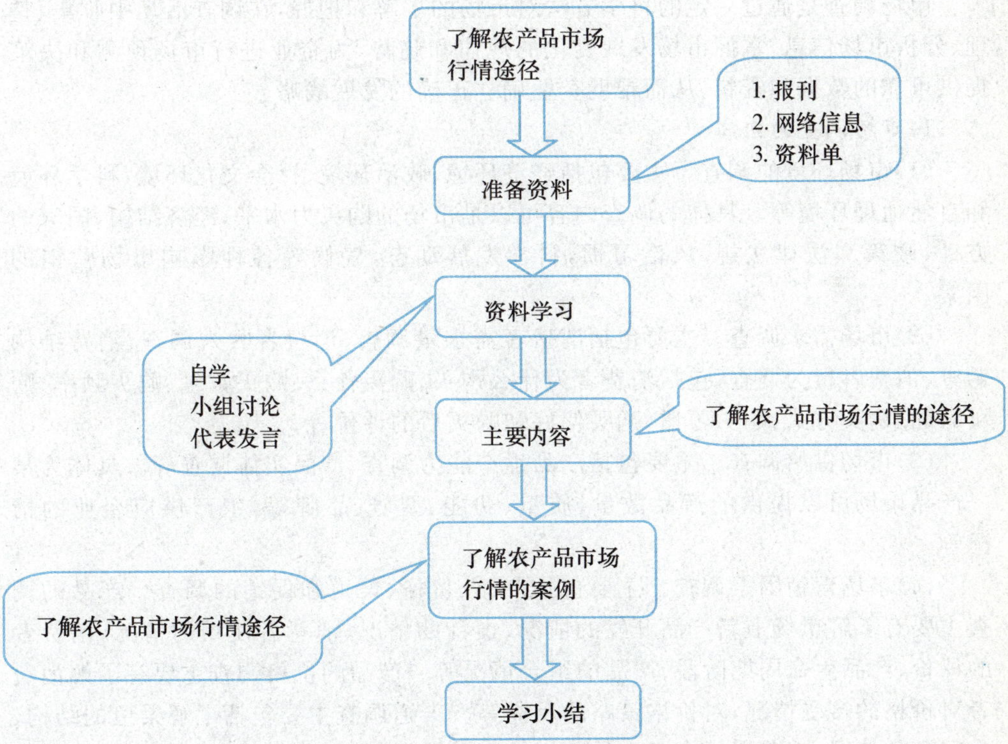

图 6-2　了解农产品市场行情途径学习任务完成流程

【学习任务实施】

1. 在教师的指导下，通过多种信息渠道查询资料。关键词有：农产品市场、行情、途径等，汇总查找的相关资料。

2. 每组可选派几个代表深入不同市场调研，确定一种农产品的行情(各组的农产品不同)，并完成一份较好的调查报告。

3. 每组选一个代表对该组的农产品行情分析，讲述市场的占有率和购买率。

4. 各小组相互评价调研方法，教师最后总结，达到全班同学共享学习资源和收获体会，巩固所学的知识内容。

三、学习拓展

(一)市场调查

市场调查是通过一定的科学方法对市场的了解和把握，在调查活动中收集、整理、分析市场信息，掌握市场发展变化的规律和趋势，为企业进行市场预测和决策提供可靠的数据和资料，从而帮助企业确立正确的发展战略。

1. 市场调查的内容

(1)市场环境的调查。主要包括经济环境、政治环境、社会文化环境、科学环境和自然地理环境等。具体的调查内容可以是市场的购买力水平，经济结构，国家的方针，政策和法律法规，风俗习惯，科学发展动态，气候等各种影响市场营销的因素。

(2)市场需求调查。主要包括消费者需求量调查、消费者收入调查、消费结构调查、消费者行为调查，包括消费者为什么购买、购买什么、购买数量、购买频率、购买时间、购买方式、购买习惯、购买偏好和购买后的评价等。

(3)市场供给调查。主要包括产品生产能力调查、产品实体调查等。具体为某一产品市场可以提供的产品数量、质量、功能、型号、品牌等，生产供应企业的情况等。

(4)市场营销因素调查。主要包括产品、价格、渠道和促销的调查。产品的调查主要有了解市场上新产品开发的情况、设计的情况、消费者使用的情况、消费者的评价、产品生命周期阶段、产品的组合情况等。产品的价格调查主要有了解消费者对价格的接受情况，对价格策略的反应等。渠道调查主要包括了解渠道的结构、中间商的情况、消费者对中间商的满意情况等。促销活动调查主要包括各种促销活动的效果，如广告实施的效果、人员推销的效果、营业推广的效果和对外宣传的市场反应等。

(5)市场竞争情况调查。主要包括对竞争企业的调查和分析，了解同类企业的产品、价格等方面的情况,他们采取了什么竞争手段和策略,做到知己知彼,通过调查帮助企业确定企业的竞争策略。

2.常见方法

(1)观察法。它是社会调查和市场调查研究的最基本的方法。它是由调查人员根据调查研究的对象,利用眼睛、耳朵等感官以直接观察的方式对其进行考察并搜集资料。

(2)实验法。由调查人员跟进调查的要求,用实验的方式,对调查的对象控制在特定的环境条件下,对其进行观察以获得相应的信息。控制对象可以是产品的价格、品质、包装等,在可控制的条件下观察市场现象,揭示在自然条件下不易发生的市场规律。

(3)访问法。可以分为结构式访问、无结构式访问和集体访问。

结构式访问是事先设计好的、有一定结构的访问问卷的访问。调查人员要按照事先设计好的调查表或访问提纲进行访问,要以相同的提问方式和记录方式进行访问。提问的语气和态度也要尽可能地保持一致。

无结构式访问是没有统一问卷,由调查人员与被访问者自由交谈的访问。它可以根据调查的内容,进行广泛的交流。如:对商品的价格进行交谈,了解被调查者对价格的看法。

集体访问是通过集体座谈的方式听取被访问者的想法,搜集信息资料。可以分为专家集体访问和消费者集体访问。

(4)问卷法。通过设计调查问卷,让被调查者填写调查表的方式获得所调查对象的信息。在调查中将调查的资料设计成问卷后,让接受调查对象将自己的意见或答案,填入问卷中。在一般进行的实地调查中,以问答卷采用最广;同时问卷调查法在目前网络市场调查中运用的较为普遍。

(5)互联网搜索法。通过互联网有针对性搜索所需信息的方法。

(二)资料查询

1.资料的种类

资料分为原始资料和第二手资料两大类。

(1)原始资料。又称初级信息、第一手资料,是为了某种特定目的,由调查人员通过现场实地调查,直接从有关调查对象处收集的资料。包括调查资料、观察资料和收集数据。它是市场信息的基础。

(2)第二手资料。又称现成资料、次级信息,是指经过他人收集、记录、整理所积累、已经存在的各种数据和资料。包括普查资料、注册资料、报刊资料和商业资料。

2.资料的来源

原始资料主要来源于企业内部，消费者或购买者，商品流通业的各类中间商及市场经营组织，各类企业。第二手资料来源一是企业内部的业务资料，统计资料，会计资料，客户资料，竞争对手资料，企业积累的其他资料；二是企业外部的资料主要是国家统计机构公布的统计资料，行业协会发布的行业资料和各种专业信息，咨询机构提供的市场信息，图书馆存档的商情资料，技术发展资料，书籍、文献、报刊杂志、企业名录、商业评论，产业研究，各类分析报道等，银行的经济调查、商业评论周刊，国内外的各种博览会、展销会、交易会等促销会议、专业性、学术性经验交流会议上所发放的文件和材料。

3.资料查询的方法

资料查询统常采用案头调查法，又称桌面调查法，是指调查人员在写字台上对现成信息资料进行收集、分析、研究和利用的调查活动。

4.资料的整理

将不同计量单位的资料统一口径，对调查材料进行逻辑分析与整理，通过比较分析和资料之间的相互衔接，寻找规律，将整理后的资料转化成图表，第二手资料分析时常用的方法为归纳法和演绎法。

(三)专业咨询

1.专业咨询的概念

专业咨询是指对专业领域里的具体问题进行的咨询，是以专业知识提供的专业服务。

2.专业咨询的特点

专业咨询涉及面较窄，专业性较强。主要包括环境咨询、金融咨询、会计咨询、法律咨询、医学咨询、心理咨询、生活咨询等。

3.专业咨询服务主体

专业咨询服务一般应由相应领域的专家来承担，咨询机构的规模大多比较小，业务方式灵活多样，除采用答复咨询等形式外，有时还通过举办专业培训班或编辑出版各种书刊资料进行宣传指导，或者代理各种专门服务等。随着社会信息需要的急剧增长，专业咨询服务呈现出蓬勃兴旺的发展势头，逐渐成为现代咨询业的主流。

4.农产品专业咨询的内容

(1)农产品的政策咨询：惠农政策，各项补贴等。

(2)农产品市场营销咨询：农产品地理标志，农产品商标注册、品牌等。

(3)农产品种植技术咨询：高产优质技术，种子、肥料使用方面，农业机械等。

(4)农产品保险和法律咨询：自然灾害处理，土地、水源等环境的处理。

任务三 明确了解农产品市场行情的内容

一、学习准备

【典型阅读】

张连军的市场清单

张连军打算用自己的太空莲基地提供产品——莲子,他与朋友们研究了同行的信息,做出如下安排:

项 目	产品或服务产品种类(太空莲子)
颜色	青色(新鲜)、黑色(老莲子)
包装	新鲜的以纸箱包装,一般是5千克,或根据顾客需求而定
新鲜度	采摘后及时交货
质量	新鲜饱满、颜色好、口感佳
成本	10元
顾客购买	每千克20~24元
竞争对手的价格	最低:13元/千克;最高:18元/千克
本人价格	18元/千克(进加工厂、专卖店)24元/千克(零售散客)
制定价格理由	对农产品专卖店和食品加工厂而言,产品进货价和供应量都很重要。之所以能保持较高的价格,是因为产品供应量比竞争对手的要多,能满足他们采购时的需求
哪些顾客可以赊账	超市、农产品专卖店
地点	农产品市场、食品加工厂

(资料来源:http://www.dxh.gov.cn/wcm/res/qgdj/C12011072609492100217.shtml)

案例点评:张连军经过与朋友们分析研究,确定自己的产品、价格及销售地点,并给出制定价格的理由,这是需要正确认清农产品市场行情,并对市场进行充分的分析。

【资料准备】

1. 图书馆或资料室：利用图书馆或资料室的书籍或报刊，查找有关农产品市场行情的内容等资料。

2. 电脑、网络、新媒体：利用电脑或手机网络等，查找有关农产品市场行情的内容等资料。

3. 教师准备的资料单：关于农产品市场行情内容的理论总结和案例等相关文章。

二、学习任务设计与实施

【学习任务设计】

见图 6-3。

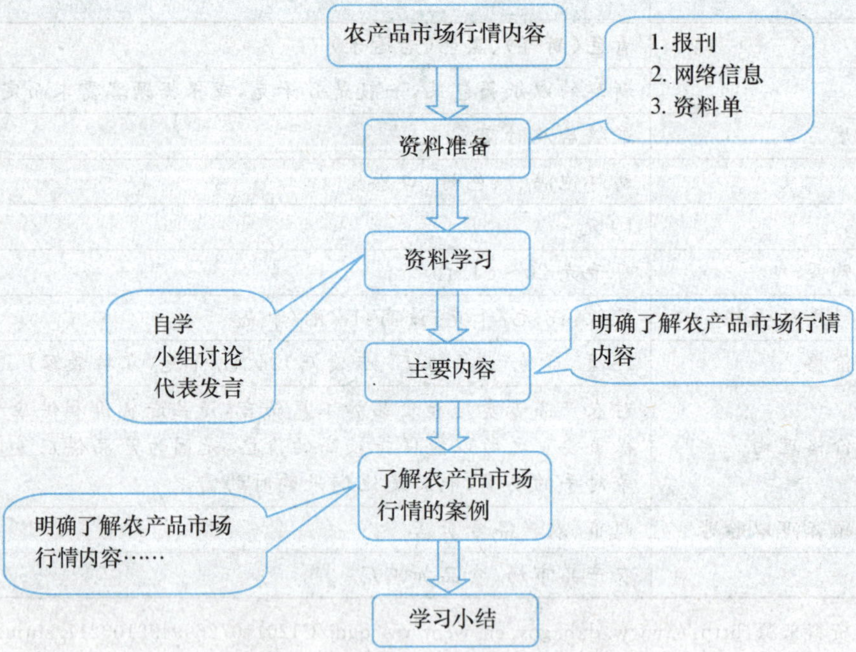

图 6-3 明确了解农产品市场行情内容学习任务完成流程

【学习任务实施】

(1)在教师的指导下，通过多种信息渠道查询资料。关键词有：农产品市场、市场行情、内容等；汇总查找的相关资料。

(2)通过各小组讨论,每组汇总与农产品市场行情相关资料。

(3)选取一个小组代表发言,其他小组成员参与补充。

(4)教师对各小组汇报进行总结和评价,各组自己撰写收获体会,巩固所学的知识内容。

三、学习拓展

(一)客户

1.什么是客户

客户是上帝,客户和你应该是平等的买卖关系,是相辅相成的利益共同体,客户是“唯利是图”者,客户是朋友。

2.正确看待客户

客户就是市场,客户及其需求是你的企业生产发展和繁荣之本,你的企业存在靠市场,市场存在靠客户,善待客户就等于善待你自己,拥有客户就等于拥有市场,为客户提供后续的售后服务、销售服务、温馨服务或关怀服务是企业获得更多客户的最好手段。

3.客户的购买心理

(1)求廉型心理。这类客户对加工反应敏锐、讲究经济实惠,特别注重处理价、特价、降价等,一定要及时告诉他优惠是暂时,促使他及时抢购。

(2)求美型心理。这类客户以女性居多,注重外观、形态,对产品设计包装非常重视,购买往往由感情支配。导购时应强调产品的外观造型、勾起她的想象力,调动其情绪。

(3)理智型心理。这类客户很理性、不盲目、细心认真、干脆固执,不受促销员推销影响。这时要注意语气,客观地向顾客介绍,找到顾客需求。

(4)质量型心理。这类客户购买产品时,注重产品质量,认为便宜没好货。导购时应强调品质对比差异,找出客户需求和喜欢,突出产品个性。

(5)新奇型心理。这类以年轻人居多,对新事物感兴趣、追潮流欲望强。导购时应强调产品不同点,让其感觉产品的利益所在,燃起其猎奇之欲。

(6)感情型心理。这类客户容易受别人影响,导购时应注意亲和力、注重态度、建立信任,多提供详细资料和数据,还可拿别人购买的产品来比较。

(7)便利型心理。这类客户要求购买方便为主要动机,希望快速而讨厌繁琐,对这种顾客应提供更好的、更快的服务。

(8)谨慎型心理。这类客户比较谨慎、挑剔,这时要沉稳、耐心细致向其介绍,提供详细的产品功能、信息、数据及售后服务。

4.顾客的购买心理流程及5S原则

(1)购买流程。即:注意→兴趣→联想→产生欲望→比较→确定→决定→评估。

(2)5S原则。即以下五个方面的原则:

①微笑(smile):可体现感谢的心与心灵上的宽容,笑容可表现开朗、健康和体贴。

②迅速(speed):以迅速的动作表现活力,不让顾客等待是服务的重要衡量标准。

③诚恳(sincerity):以真诚的态度工作是导购代表的重要基本心态和为人处事的基本原则。

④灵巧(smart):以灵巧、敏捷、优雅的身体语言来获得客户的信赖。

⑤研究(study):要时刻学习和熟练掌握商品知识,研究客户心理以及接待与应对的技巧。

5.寻找自己的潜在客户

(1)寻找自己的潜在客户。从自己认识的人中发掘,借助专业人士的帮助,企业提供的名单,展开商业联系,结识相关的销售人员,从产品客户中寻找潜在客户,阅读报纸,了解产品服务及技术人员,直接拜访,连锁介绍法,接收前任销售人员的客户资料,销售信函,电话,展示会,扩大人际关系,结识自己周围的陌生人,更广阔的范围。

(2)接近潜在客户方法。主要有:介绍接近法,服务接近法,利益接近法,问题接近法,好奇接近法,演示接近法,引见接近法,调查接近法,求教接近法,聊天接近法,馈赠接近法。

6.细分自己的客户群体

(1)客户细分理论原理。客户需求的异质性,企业有限的资料和有效的市场竞争。

(2)客户细分内容。确定应该收集的数据,以及收集这些数据的方法;将通常保存在信息系统中的数据整合在一起;分析数据,将分析结果作为对客户细分的基础;实施强有力网络基础设施,以汇聚、保存、处理和分析数据分析结果。

(3)客户细分方法。根据人口特征和购买历史细分,根据客户对企业的价值细分。

(4)客户细分方式。外在属性:如客户的地域分布,客户的产品拥有,客户的组织归属——企业用户、个人用户等。内在属性:如客户的性别、年龄、信仰、爱好、收入、家庭成员数、信用度、性格、价值取向等。衡量客户价值和客户创造能力的重要手段和工具是最近消费、消费频率、消费额。

(5)优化组合细分的客户组群的策略。将高价值客户作为目标客户发展;为防止核心客户被竞争对手掠走,而采取防御策略;用最少量的资源维持一般价值客户现有关系;放弃较小或无利可图的低价值客户。

7.收集应用客户信息

(1)客户信息的收集方法。主要有两种:一是直接法,企业通过自身的努力,来获取客户的相关信息。通过发行会员卡来了解客户信息,通过企业的销售系统、销售记录或管理系统等来了解客户信息,通过设立专门的客户服务机构。二是间接法,委托其他机构如市场调查公司、咨询公司等,通过发放问卷、实地调查等方式进行市场调研,来收集顾客信息;通过查阅公开的资料如报刊杂志等来了解顾客信息。

(2)客户信息的处理。信息的前期处理:是对客户信息进行筛选、提炼,建立客户信息库;客户信息需要维护:为确保客户信息的长期有效,对客户信息进行深入的研究和全面的分析,进行持续的维护;信息反馈:客户信息被企业使用后,效果如何需要反馈。这些反馈信息又将回到起点,经过不断地修正、调整,为企业所用。

(二)对手

1.企业竞争对手

企业竞争对手就是在市场上与企业提供相同或相类似的产品和服务,且在配置和使用市场资源的过程中与企业有竞争性的企业个人。竞争的手段是直接的——争夺式;间接的——赶超式。

2.谁是自己的竞争对手

一个行业中会存在千千万万的竞争参与者,你需要做的是瞄准主要的竞争对手,而不是所有的竞争对手。错误判断了竞争对手,就会直接影响决策的方向和目标,最终影响企业竞争行为的成败。

(1)竞争对手的分类。主要有:长期固定竞争对手,局部竞争对手,暂时性竞争对手,主要竞争对手,次要竞争对手等。

(2)主要竞争对手的锁定。提供相同或类似的产品和服务;具有共同的或者基本重合的可能市场范围;具有基本相同的用户定位,即用户可以完全或部分互换;在具体特定的时间内共同争夺具有排他性或强烈的竞争性的资源;市场份额接近,或近期有潜力接近和超过本企业;技术实力相近,创新能力强,产品性能或服务质量与本企业相近;企业规模与本企业相近;对本企业的市场份额构成现实的和未来的挑战和威胁;可能使本企业有稀缺资源的激烈争夺;规模、市场份额都与本企业相差甚远但近期有可能通过技术创新、产品改进、改进管理、重组改制、降低成本、改变销售策略等手段使企业市场地位发生改变。

(3)企业都将面临的竞争者。需求竞争者:用不同大类产品去满足顾客不同需要的企业,相互之间成为需求竞争者;平行竞争者:用同一大类但不同品种的产品满足顾客基本相同的需要的企业,相互之间为平行竞争者;产品形式竞争者:用同一品种但不同规格、型号、档次的产品去满足顾客基本相同的需要的企业,相互之间成为产品形式竞争者;品牌竞争者:用同一品种的规格、型号、档次大体相同的产品去满足顾客基本相同的需要的企业,相互之间成为品牌(企业)竞争者。

(4)真正的竞争对手是你自己。竞争对手之间最终比的是:你的自我约束力,实现梦想的步骤,你的浮躁心,好高骛远地幻想。

(5)如何辨识自己的竞争对手。在同业竞争中有许多的竞争者参与竞争,然而对于一个资源有限的企业来说,不可能把同行业中所有的竞争参与者作为自己的竞争对手,只有那些有能力与你的企业相抗衡的竞争者才是你的竞争对手。

①竞争领域的选择:一个行业中会有很多的细分市场,企业对细分市场的选择,就是选择了自己在这个细分领域的竞争对手。

②竞争区域的选择:对于一个企业来说,在这个区域可能是你的主要的竞争对手的一家企业,在另外的一个区域可能是另外的一家。在全国范围内,又会出现另外的一家竞争对手。所以企业需要关注的是多层次的竞争对手。

③竞争目标的选择:每一个企业都会有自己的远景,也就是企业对未来的一种预期。这种预期决定了企业为之奋斗的目标。

3.怎样获得竞争对手的信息

(1)合法收集获取情报。关注竞争对手的新品发布及降价促销活动的新闻、广告,定期浏览相关网站,经常参加行业聊天室、论坛、博客圈,注意跟踪竞争对手的招聘广告,竞争对手的广告信息,查找专利数据库,从其他网上媒体获取竞争者信息,搜索引擎,监控对手投放的软性文章及硬性广告,接触对手的渠道商、客户,展览会上研究竞争对手。

(2)收集信息。一般来说,主要有:

①竞争对手的资质信息:产品的生产厂商名称,地址,联系电话,电邮,网址,企业性质,工商注册项,财务状况,运营特色概括,人力资源特点,员工忠诚度,流动性评价,商誉评价。

②竞争对手的人力资源信息:企业人员构成,法人代表,经营决策层构成,企业决策程序,主要决策者的做事风格和特殊偏好,企业机构和职能部门设置,人员规模和专业分布,关联企业状况,重要合作伙伴,上下游企业,顾问机构等。

③竞争对手的产品信息:产品的名称,产品的型号,产品的功能描述,产品的性

能指标,产品执行的标准和认证,各档次产品的市场销售价格。

④竞争对手的营销信息:渠道价格体系,营销体制和渠道构成,市场份额和区域,行业分布构成,商务模式和盈利点描述。

⑤竞争对手的核心技术信息:科研创新体制,拥有的核心技术,产品中应用的技术所处的技术阶段,可能的新技术储备,拥有的特殊资源,专利技术,技术和管理精英,特许和认证。

(三)购销渠道

如今,绝大多数农产品购销体制已经放开,农产品总量供大于求,许多地区出现农产品销售难的问题,对农产品销售渠道进行分析研究,找出适当的办法提高销售渠道的销售能力,对于解决各销售主体的燃眉之急,增加收入,促进农业产业化发展都有极其重要的现实意义。各类农产品销售渠道的优点、存在问题及完善办法也大不相同。

1.专业市场销售

专业市场销售即通过建立影响力大、辐射能力强的农产品专业批发市场来集中销售农产品。专业市场销售以其具有的诸多优势越来越受到各地的重视。

(1)优点:销售集中、销量大;对信息反应快,为及时、集中分析、处理市场信息,做出正确决策提供了条件;能够在一定程度上实现快速、集中运输,妥善储藏,加工及保鲜。

(2)存在的问题:市场管理矛盾突出、市场体系不健全;信息传递途径落后、对市场信息分析处理能力差;市场配套服务设施不健全,不能有效实现市场功能延伸。

(3)改善措施:注重对市场经营者的资格审定,培养合格的农产品经纪人;建立统一高效的市场管理体系,分清政府、管理者和经营者的职权和关系;健全信息体系;在农产品批发市场建设过程中,注重市场功能的完善和多种服务设施的配套。

2.销售公司销售

销售公司销售即通过区域性农产品销售公司,先从农户手中收购产品,然后外销。农户和公司之间的关系可以由契约界定,也可以是单纯的买卖关系。这种销售方式在一定程度上解决了“小农户”与“大市场”之间的矛盾。

(1)优点:有效缓解“小农户”与“大市场”之间的矛盾;销售公司具有集中农产品的能力。

(2)存在的问题:风险高;存在行政干预行为;销售公司和农户之间缺乏有效的法律规范。

(3)改善措施:索新的组织模式。如试行“公司＋合作社＋农户”或“公司＋大户＋农户”等模式,寻找有效规避风险的途径;转变政府职能;加快法制建设,完善农村经济法规。同时应加强对参与主体特别是农户的法制教育。

3.合作社销售

合作社销售即通过综合性或区域性的社区合作组织,如流通联合体、贩运合作社、专业协会等合作社销售农产品。购销合作组织为农民销售农产品一般不采取买断再销售的方式,而是主要采取委托销售的方式。所需费用,通过提取佣金和手续费解决。购销合作社和农民之间是利益均沾和风险共担的关系。

(1)优点:既有利于解决“小农户”和“大市场”之间的矛盾,又有利于减小风险;购销组织也能够把分散的农产品集中起来,为农产品的再加工、实现增殖提供可能,为产业化发展打下基础。

(2)存在的问题:合作社普遍缺乏作为市场主体的有效法律身份,不利于解决销售过程中出现得法律纠纷;农民参加合作社的自愿、自主意识不强;合作社缺乏资金,很难有效开拓市场;合作社缺乏动力、决策风险较高。

(3)改善措施:完善农村经济法规,确立合作社的明确身份;引导农民自愿加入合作社;政府应对有发展潜力的在资金和人力方面给合作社以支持和帮助。同时合作社自身也应该注意资金的积累;引入竞争机制。成立多个合作社,促使合作社之间竞争,更好地开展工作。

4.销售大户销售

在改革开放的大潮中,在农村涌现了许多靠贩运和销售农产品发家致富的“能人”。把农产品收购集中,然后源源销往各地;也有的是联系外地客商前来农产品生产地直接收购。

(1)优点:适应性强;稳定性好。

(2)存在的问题:信息不畅,风险较高,“大户”对市场经济知识缺乏较深了解,销售能力有限。

(3)改善措施:政府完善信息体系,对大户进行必要的信息指导;引导大户进行商业投保;采取聘请专家指导,举办培训班,定期召开经验交流会等办法提高销售大户的销售能力。

5.农户直接销售

农户直接销售即农产品生产农户通过自家人力、物力把农产品销往周边地区。这种方式作为其他销售方式的有效补充。

(1)优点:销售灵活,农民获得的利益大。

(2)存在的问题:销量小,销量不稳定,农民法律意识、卫生意识较差,容易受到城市社区排斥。

(3)改善措施:设立农产品直销点,加强对农户的教育,帮助他们树立法律意识、环保意识、市场意识。

6.网络销售和促销

网络销售即通过计算机互联网络进行销售。这种销售方式作为一种新兴的销售方式,在一些发达地区得以应用,取得了一定的效果。随着互联网络的普及,可以预见这种销售渠道会显得越发重要。

(1)优点:宣传范围广,信息传递量大、信息交互性强,节约交易费用。

(2)存在的问题:网络基础薄弱,网络知识普及率低,我国电子商务和网络销售缺乏完善的法律、法规来约束和规范网上交易行为,同时在很多县区缺乏有良好信誉的销售主体。

(3)改善措施:政府在政策、资金及人力上对网络发展给予支持,加大信息化宣传力度,积极普及网络知识,政府在政策上给网络销售主体以支持,帮助其树立知名度,解决货物发送等问题。

在构件和完善农产品销售渠道过程中,无论选择哪种销售渠道,销售主体应注意的农产品品牌化问题。随着人民生活水平的提高,人们对于农产品的消费也有向优质和名牌倾斜的趋势。其次要突出产品特色。只有具有特色的产品才能在市场上站稳脚跟,各销售主体应协调行动,共同宣传本地农产品特色。最后要注重品牌保护,由政府出面建立全过程的品牌管理体系,做好品牌名称决定,商标保护等。

(四)发展前景

打造农产品品牌,深入推进无公害农产品、绿色食品、有机农产品和农产品地理标志建设是未来农产品发展的方向,是传统农业向现代农业转变的重要标志。

1.农产品加工领域具备很好的发展前景

就目前我国农产品市场特点来看,发展农产品加工具有以下几个方面的意义:一是粮油加工领域的优质稻谷精加工及稻壳、米糠综合利用;小麦分层碾磨技术;高油玉米、优质蛋白玉米等新品种的培育与开发;玉米淀粉的深度开发利用等都有巨大的市场机会。二是肉类加工业的大型企业的肉制品生产设备要向连续化、自动化、大批量操作及近似无菌加工的技术方向发展。冷却肉的生产供应、低温肉制品和生物发酵制品的研发和生产与分销技术的结合是未来的突破方向。三是奶类加工业的综合保鲜技术、强化营养产品开发、良种奶牛的繁育等成为竞争焦点。四是在果蔬加工方面,冷冻干燥技术、微波技术、超微粉碎技术、膜分离技术、自动化控制技术、生物工程技术等高新技术的研究、应用、推广及相应设备的研制工作,是提高果蔬深加工技术的水平的关键。五是水产品市场方面,此为非常重要的国际贸易领地。水产品冷链设施的技术改造;淡水鱼加工综合利用、海水中上层鱼类加工、贝类产品净化及加工等技术;生物技术在水产加工领域的应用;开发多样化和个性化的水产食品等等都蕴藏着巨大的市场机会。

2.农产品生产过程中需要注意解决的问题

第一,必须更加注重农产品质量和品牌建设,推动实现生产量和商品量、品质和品牌协同推进。在鲜活农产品供求总体平衡、流通活跃、购销两旺的情况下,随着经济社会发展和消费者对农产品质量要求的不断提高,由于产品质量差、品牌知名度低等带来的结构性滞销卖难已成为新的突出矛盾。今后会严格农业投入品管理,大力推广标准化生产,加强生产技术服务指导,优化种植品种结构,解决好鲜活产品采收及采后处理薄弱环节,改进产后质量分等分级与规格化包装,提高生产发展和产品上市质量。大力培育打造农产品品牌,深入推进无公害农产品、绿色食品、有机农产品和地理标志登记农产品认证,改善产品形象,加大宣传力度,增强品牌效应。

第二,必须更加注重农产品市场体系建设,推动实现市场流通能力和生产提升能力协调发展。鲜活农产品大多有易腐烂、不耐存放的特点,对市场快速集散依赖性大,对产地储藏保鲜能力要求高。要在积极争取扩大农业投资的过程中,不断优化农业投资结构,把产地批发市场建设作为投资重点之一,改善交易设施,着力提高产地的商品集散能力和储藏保鲜能力。加快批发市场管理条例出台步伐,明确其公益性质,建立政府投资为引导、社会多元化投入的机制,并在土地、用水、用电等方面给予倾斜性优惠政策,推动产地批发市场体系不断完善。进一步完善鲜活农产品运输"绿色通道"政策,提高农产品流通效率。

任务四 明辨有用市场信息的方法

一、学习准备

【典型阅读】

王婷的市场分析

王婷想开农资经营店,于是她在本地区进行考察,与周边的农户进行交谈,了解农户需要的农资产品的类型及规格,产品需要的时间及愿意支付的价格,潜在的

顾客一般购买的地点。并对周边已有的几家农资经营店进行比较。做出如下分析:

产品或服务	顾客	顾客需要和喜好	竞争对手
种子 农药 化肥 地膜	周边的农业种植户	顾客需要货真价实、正规厂家生产的产品,如农药、化肥。这些产品必须在合适的时间及时供应。因为农户买东西时要走较长的路,因此来时必须能买到自己需要的全部东西	规模有大有小,质量有好有坏,顾客不好辨认,很多产品没有上架,下架时间的控制不好,产品库存有问题,对顾客的需要了解不够,满足情况不太好

(资料来源:http://epaper.cnwest.com/yarb/html/2012-06/11/content_4734448.htm)

案例点评:王婷想开农资经营店,通过实地考察,走村串户了解情况,与农户交谈,同时收集竞争对手的信息,她采用最直接了解市场信息的方法,然后与竞争对手进行分析比较,找到自己开店的切入点,对农资店的经营起到很好的指导意义。

【资料准备】

1. 图书馆或资料室:利用图书馆或资料室的书籍或报刊,查找有关明辨有用市场信息的资料。

2. 电脑、网络、新媒体:利用电脑或手机网络等,查找有关明辨有用市场信息的资料。

3. 教师准备的资料单:关于明辨有用市场信息的理论总结和案例等相关文章。

二、学习任务设计与实施

【学习任务设计】

见图 6-4。

【学习任务实施】

1. 在教师的指导下,通过多种信息渠道查询资料。关键词有:明辨、市场信息、方法等;汇总查找的相关资料。

2. 每组采用不同的方法收集一种农产品的信息,并对收集的信息进行归纳汇总,完成一份较好的学习收获体会。

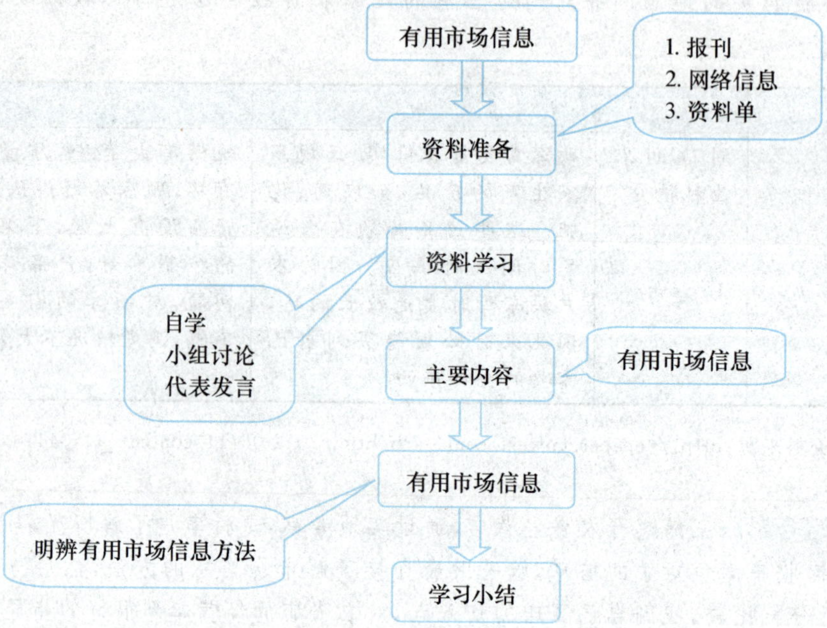

图 6-4 明辨有用市场信息的方法学习任务完成流程

3. 各组选一个代表，在全班讲解小组的收集信息的经历和内容，各组相互评价，指出问题充实内容，达到全班同学共同学习的目的，巩固所学的知识内容。

三、学习拓展

（一）比较分析

是把客观事物加以比较，以达到认识事物的本质和规律并做出正确的评价。对比分析法通常是把两个相互联系的指标数据进行比较，从数量上展示和说明研究对象规模的大小，水平的高低，速度的快慢，以及各种关系是否协调。在对比分析中，选择合适的对比标准是十分关键的步骤，选择得合适，才能做出客观的评价，选择不合适，评价可能得出错误的结论。

（二）逆向思考

有时，按照常理，“循规蹈矩”地搞营销，往往成效甚微，甚至蚀了老本。倘若打破常规，逆向思维，独辟蹊径，想人之所未想，为人之所未为，很可能会出奇制胜。美国有一种番茄酱，跟同类产品比起来，浓度高而且特别稠，很多家庭主妇在使用时，总觉得不方便，市场前景不被看好。起初，经销公司想重新研制配方，降低浓度,重新生产,但又觉得十分困难,风险又大。于是,他们认为,产品的缺点,其实正是它的优点。因为浓度高,说明番茄酱的成分多,水分少,营养更加丰富,味道更加纯正。于是,他们加大宣传力度,使这种观点家喻户晓。很快,其市场占有率跃居同类产品榜首。逆向思考有以下三方面的特点:

1. 普遍性

逆向性思维在各种领域、各种活动中都有适用性,逆向思维不仅仅是指倒过来思考,它有无限多种形式。如性质上对立、两极的转换:软与硬、高与低等;结构、位置上的互换、颠倒:上与下、左与右等;过程上的逆转等。不论哪种方式,只要从一个方面想到与之对立的另一方面,都是逆向思维。

2. 批判性

逆向是与正向比较而言的,正向是指常规的、常识的、公认的或习惯的想法与做法。逆向思维则恰恰相反,是对传统、惯例、常识的反叛,是对常规的挑战。它能够克服思维定势,破除由经验和习惯造成的僵化的认识模式。

3. 新颖性

循规蹈矩的思维和按传统方式解决问题虽然简单,但容易使思路僵化、刻板,摆脱不掉习惯的束缚,得到的往往是一些司空见惯的答案。其实,任何事物都具有多方面属性。由于受过去经验的影响,人们容易看到熟悉的一面,而对另一面却视而不见。逆向思维能克服这一障碍,给人以耳目一新的感觉。

(三)实地考察

指为明白一个事物的真相,势态、发展、流程,而去实地进行直观的,局部进行详细的调查。深入实地进行实地考察,提高判断事物的准确性和预见性,防止因片面宣传和信息的诱导而误判。

1. 要先明确考察的对象和目的

考察什么,为什么要做这次考察,是考察之前必须弄清楚的问题,否则就要陷入盲目性,难以收到预期效果。

2. 要注意了解事物的总体与局部

在一般考察总体的基础上,重点考察有代表性的局部。没有重点考察,总体考察就会显得浮泛;而光有个别的重点考察没有总体考察,印象便会变得支离破碎。

3. 要注意边考察,边分析,边记录

所谓"考察",就是思考与观察。在考察过程中,要随时对自己观察到的现象进行分析,努力把握住考察对象的特点。考察报告是种说明性的文章,它要求对事物的说明具有准确性,因此在考察过程中,对一些能够具体说明事物的材料要做必要的记录。

(四)咨询行家

通过征求业内专家各方面意见,从中寻找和发现市场机会。专家具有很强的专业知识,所以如果有办法征求到业内专家的意见,无论从企业产品本身和市场指导方针,都有宝贵的参考价值。

(五)网络搜寻

如今,网络信息已经极为丰富,搜索也更为方便,除去以上的传统实际搜索途径,网络搜寻已经成为市场信息获取的非常重要的手段,具有信息量大,快捷,节约,涵盖范围广,不受时空约束,操作简便的特点。其中包括:

1.专业的网站搜寻

专业技术网站,如中国农业信息网市场频道(http://www.agri.gov.cn/V20/SC/),从中筛选出有用信息,再进行分类,精选。

2.用搜索引擎搜寻

通过搜索引擎,输入各种相关专业或商业关键词,最大范围地录入信息,作为分析依据。

(六)参加国内外专业展会

可以首先访问,考察农产品相关的行业展,然后选择适合的,专业性强,或者客户(销售或其他信息)集中的可以适时设摊参展。这种方法的优点是几乎直接地面对市场,在业务活动的同时搜集市场信息,并了解市场,客户,甚至竞争对手的最新动向,并具有集中度高,直观等优点。

项目七　筹集现代农业创业资金

【学习目标】

完成本学习任务后，你应该能

1. 懂得区分创办企业所需固定资产和流动资金；
2. 估算创办企业所需的资金量；
3. 能合理筹集创办企业的资金；
4. 正确利用国家惠农政策。

【项目任务描述】

创办农产品企业是需要一定的启动资金。而这些资金是要通过各种渠道筹划得来的，它不仅仅是自有的资金，亲戚朋友的借款或集资，以及与别人合伙经营，还要借助于银行的贷款。启动资金越充足越好。因为经营启动后可能会遇到资金周转困难的情况。如果准备资金不到位，就可能因一笔微不足道的资金，导致所创办的事业受阻。因此，要充分考虑创业资金的筹措，适时、适量、适度地储备和使用，做好资金使用的统筹安排，力求把风险降到最低程度。

【引导性案例】

张连军的创业资金单

张连军经过市场调研后决定自己创办太空莲种植基地，在向供货商、土地发包人、建筑商等了解情况之后，对自己创办基地需要的启动资金进行了估算，他认为企业需要半年后才能以销售收入来支付企业的费用开支。

<table>
<tr><th></th><th>项目</th><th>费用(元)</th><th>备注</th></tr>
<tr><td rowspan="3">固定资产</td><td>基地建设</td><td>280 000</td><td rowspan="2"></td></tr>
<tr><td>车辆(2 辆)</td><td>200 000</td></tr>
<tr><td>莲种</td><td>480 000</td><td>以使用 4 年投资计算</td></tr>
<tr><td rowspan="12">流动资金</td><td>土地租金</td><td>600 000(年)</td><td rowspan="12"></td></tr>
<tr><td>租用机械</td><td>70 000(年)</td></tr>
<tr><td>人工工资</td><td>294 000(半年)</td></tr>
<tr><td>水电费</td><td>1 000(半年)</td></tr>
<tr><td>营销费用</td><td>7 500(半年)</td></tr>
<tr><td>运输费</td><td>9 000(半年)</td></tr>
<tr><td>电话费</td><td>3 600(半年)</td></tr>
<tr><td>化肥</td><td>80 000(半年)</td></tr>
<tr><td>农药</td><td></td></tr>
<tr><td>农业保险费</td><td>30 000(年)</td></tr>
<tr><td>其他费用</td><td>15 000(半年)</td></tr>
<tr><td>合计</td><td>2 070 100</td></tr>
</table>

(资料来源:http://www.dxh.gov.cn/wcm/res/qgdj/C12011072609492100217.shtml)

案例点评:根据自己创办太空莲种植基地的需要,张连军经过市场调研,确定出自己的购置项目和资金需求,估算出自己的启动资金数额,这是创业准备期的必要工作,需要认真对待。

任务一 熟悉现代农业创业的资金需求

一、学习准备

【典型案例】

王继成通过贷款完成了他的创业梦

王继成毕业于衡水学院,学的是电子商务,是普通大学生村官中的一员。为了带动村民致富,四处考察学习、认真求教,并结合当地实际情况,确定了种植食用菌。刚开始资金短缺,当时家人朋友都不支持,为了实现自己和大家的创业梦,王继成东凑西借,积极向相关部门寻求资金支持。经过努力,在县委组织部和镇里的协调下,王继成贷款 10 万元建起 10 亩食用菌园区。翌年食用菌项目盈利 3 万元。“许多人觉得一个不会种地的大学生,一下子就能挣这么多钱。”接着该村搞起来食用菌园区,全村投资将近 100 万元,总产值达到 150 万元。为了让更多的农民致富,和当地一家蔬菜种植公司商定,和大家一起凑钱,承包蔬菜大棚。共筹集了 24.6 万元,承包了 28 个大棚,每人每年能分红将近 1 万元。王继成现在承包了 8 个食用菌大棚,把自己积蓄的 30 万元全部投了进去,本钱基本上收回来了,估计能挣十几万吧。

(资料来源:http://chuangye.yjbys.com/gushi/anli/548297.html)

案例点评:王继成首先确定种植食用菌,资金是东凑西借的,是在相关部门的支持和协调下筹集到的,通过贷款完成他的创业梦。以及后期和大家一起集资,融资,带领村民共同致富。

【资料准备】

1. 图书馆或资料室:利用图书馆或资料室的书籍或报刊,查找有关现代农业创业的资金需求的有关资料。

2. 电脑、网络、新媒体:利用电脑或手机网络等,查找有关现代农业创业的资金需求的有关资料。

3. 教师准备的资料单:关于现代农业创业的资金需求的理论总结和案例等相关文章。

二、学习任务设计与实施

【学习任务设计】

见图 7-1。

【学习任务实施】

(1)在教师的指导下,通过多种信息渠道查询资料。关键词有:创业、资金、需求等;汇总查找的相关资料。

(2)各小组以游戏的方式创办一个实体,讨论需要哪些资金,并完成一份资金预算表。

(3)各小组相互点评,指出可能遗漏的问题,尤其是资金断链的处理方法。

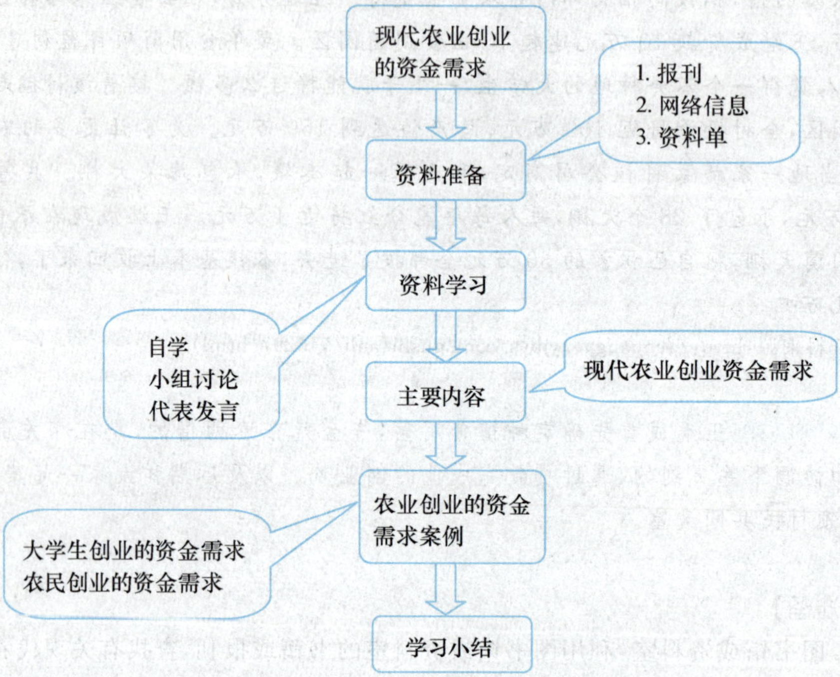

图 7-1 现代农业创业的资金需求学习任务完成流程

(4)教师总结,协同学生一起分析问题,达到全班同学共同学习和收获体会,巩固所学的知识内容。

三、学习拓展

(一)规模种植业的资金需求

1.规模种植业项目创业资金的用途

规模种植业项目关键在于打破传统种植业田埂的束缚,集中小块土地形成规模化经营。因此在选择项目时就要考虑市场调研、项目论证、土地流转等费用,其他的如种子、化肥、农药、农机具、人工等都需要资金。

(1)种植业项目资金新需求。主要表现在以下几个方面:

①融资额度扩大化。随着农业生产的规模化经营,种植业农业经营主体的资金缺口不断放大,融资额度大幅增加。据调查,大部分种植业现代农业经营主体的贷款额度需求都在上百万元,多者上千万元。

②融资期限多元化。相比普通农户主要以短期融资为主,种植业现代农业经营主体对融资期限的需求更加多元化,既有季节性较强的短期融资需求,也有较大规模的中长期融资需要。在被调查的辖区,种植业现代农业经营主体的短期融资主要用于购买种子、化肥、农药、柴油等生产资料支出和春种、田间管理、秋收等雇佣农业机械和雇工的佣金支出,期限一般在一年以内,具有明显的季节性特征。长期融资主要用于土地流转、耕地整理、购置大型农机具等中长期投资,期限在1～3年,甚至更长。

③融资用途多样化。种植业现代农业经营主体等更多的农业经营组织已进入加快改造传统农业,挺进特色农业的发展期,致使农业产业链条上的生产、加工、储藏、流通等诸多环节都需要信贷支持,信贷资金的用途发生了根本转变。

④保险需求强烈化。由于种植业现代农业经营主体属于规模化经营,投资较大,相应地,在经营中面临的病虫害、气象灾害、病疫、市场波动等不可控风险也更大,遭受的损失可能会不可估量,因此对农业保险分散化解风险的渴求也更为强烈。

(2)确保种植业经营主体的融资新需求。一是创新融资方式,放宽种植业现代农业经营主体贷款额度和期限。按2014年中央一号文件要求,允许土地经营权向金融机构抵押融资。从事种植业的大户、家庭农场、农民专业合作社等主体都具有一定规模的土地经营权,主要财产也在土地经营权上。因此在明晰土地经营权,保护土地财产权利的基础上,针对种植业现代农业经营主体推广流转土地经营权抵押信贷机制,在畅通农民融资渠道的前提下,可达到扩大贷款额度的目的。相应地,根据目前土地承包经营权剩余期限还有十几年的实际,还可以合理延长贷款期限。二是实行多种贷款保证,满足种植业现代农业经营主体的多种融资需求。不同的种植业现代农业经营主体,有不同的资金需求,他们也希望金融机构推出不同的贷款保证形式。因此,我们要在现代农业经营体中健全担保体系,进一步扩大专业担保公司对现代农业经营主体的担保范围,满足其差异性融资需要。盘活扩展抵(质)押物,推广以集体林权、大型农机具以及各类粮食补贴等农村各类权益类资产为抵(质)押物的信贷产品,使他们的各类资产得以充分运用。推广农业供应链融资模式,开展与订单、保单相结合的金融产品业务,开发农产品“订单+保险+期货”的特色融资模式。通过实行以上不同的贷款保证形式达到拓宽贷款用途的目的。三是构建政策性和商业性相结合的农业保险体系,扩大针对种植业现代农业经营主体的保险范围。政府应通过税收减免、财政贴补等措施,鼓励商业性保险公司扩大农业保险覆盖面,使政府的惠农政策通过保险的形式惠及种植业现代农业经营主体。创新农业保险险种,加大农业保险理赔力度,适当扩展理赔范围。大力发展政策性农业保险业务,政策性保险补贴不但要适用于政策性保险公司,也要覆盖商业性保险机构，提高商业性保险公司对农业保险的积极性。

（二）规模养殖的资金需求

规模养殖业项目创业资金的用途包括：市场调研、项目论证、土地费用、养殖场地建设（包括土建、设备购置等）、购进畜禽、饲料、药品、农机，支付水电费、人员工资等。

（三）设施农业的资金需求

设施园艺业项目创业资金的用途包括：市场调研、项目论证、土地费用、结构材料（钢管、混凝土、竹木等）、附属材料（遮阳网、塑料薄膜、门、施肥池、水管、水泵、电缆线等）、种苗、农药、水电费、人工费用等。

（四）休闲观光农业的资金需求

休闲观光农业项目创业资金的用途包括：市场调研、项目论证、土地费用、观光场地建设费用、停车场建设费用、餐饮娱乐设施建设费用、其他辅助设施费用（水、电、垃圾桶、指示牌等）、人员工资等。

（五）农产品加工业的资金需求

农产品加工业项目创业资金的用途包括：市场调研、项目论证、土地费用、厂房建设（包括土建、设备购置等）、原材料采购费用、车辆购置费、水电费、人员工资等。

（六）农业社会化服务业的资金需求

农业服务业与一般服务业的区别在于它服务的对象是农业和农业生产者，向农业生产者提供信息和技术服务，政策咨询服务，金融服务，加工服务，产品营销，以及农资、农机、供销、气象、排灌、植保、收割、防病治病等专业服务。

任务二 掌握现代农业创业资金的估算方法

一、学习准备

【典型案例】

王婷的创业资金单

王婷想开一家农资经营店，她利用自己从潜在顾客那里收集到的信息，同时还利用自己原来在农资企业工作的经验，以及对周边几家农资企业的了解，她的企业需要花2个月的时间才能达到收支平衡,同时也知道顾客发现一家新的商店需要时间,她的启动资金必须能支付所有支出。于是列出如下清单:

	项目	费用(元)
投资	货架	5 000
	柜台	5 000
	电脑	4 000
	沙发	2 000
	老板桌、椅	4 000
流动资金	农药	100 000(初期铺货)
	化肥	200 000(初期铺货)
	种子	150 000(初期铺货)
	电话费	400(2个月)
	水电费	1 000(2个月)
	人工工资	16 000(2个月)
	交通费	400(2个月)
	租金	12 000(年)
	促销费用	4 000(2个月)
	维修费	
	保险费用	1 200(年)
	其他费用	1 600(2个月)
合计		506 600

(资料来源:http://epaper.cnwest.com/yarb/html/2012-06/11/content_4734448.htm)

案例点评:王婷结合自己的经验和对周围的调查,对自己创办企业启动资金的估算列出了清单,避免了因资金周转困难所带来的问题,做到有针对性,对企业的发展有很好的指导意义。

【资料准备】

1.图书馆或资料室:利用图书馆或资料室的书籍或报刊,查找有关农业创业资金的估算方法的有关资料。

2.电脑、网络、新媒体:利用电脑或手机网络等,查找有关农业创业资金的估算方法的有关资料。

3. 教师准备的资料单：关于农业创业资金的估算方法的理论总结和案例等相关文章。

二、学习任务设计与实施

【学习任务设计】

见图 7-2。

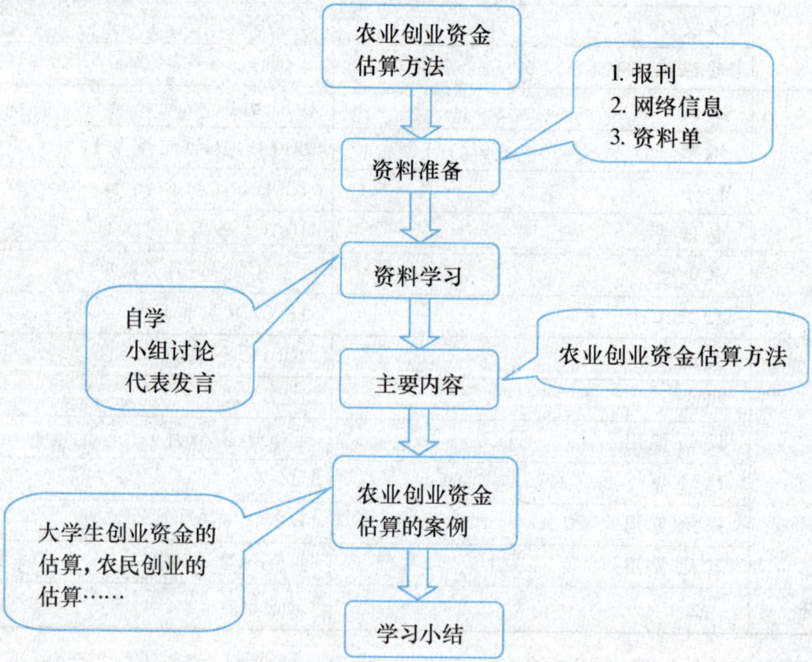

图 7-2 农业创业资金估算方法学习任务完成流程

【学习任务实施】

1. 安排学生预习农业创业资金类型、组成、运转周期等有关内容。

2. 通过多种信息渠道查询现代农业创业资金估算方法相关的实例资料。

3. 小组通过头脑风暴法结合实例讨论，讨论完毕后小组代表发言，教师点评并做小结。

4. 结合实例和讨论内容，撰写学习体会。

三、学习拓展

(一)资产费用

农业创业者在对创业项目所需的资产费用进行估算时，应根据创业项目的产品或服务方案、建设规模、工艺技术方案等要求，对项目投资可能需要的资产费用进行估算。项目投资估算，包括设备购置、安装、土建工程及其他工程费用，生产前的各种资本支出和流动资产投资，项目在运营期内的各种运营和维护费用预测等。如果低估了资金需求，在开始赢利之前，可能就已经用光了运营资金。如果高估了资金需求，又可能无法筹集到足够的资金而影响起步。即使筹集到了，也会增加资金的利息支出，提高了生产经营的成本。

因此，创业者在估算创业资金时一定要控制在合理够用的范围，不能只为利益所诱惑，而不计成本地投入。只有这样，农业创业才能由小到大、由弱变强。

固定资产一般表现为房屋建筑物、机器、机械、运输工具以及其他与生产经营有关的设备、器具、工具等。购置固定资产的主要目的是为了生产商品、提供劳务、出租或经营管理，而不是为了出售。固定资产的耐用年限至少超过一年或大于一年的一个生产经营周期，而且最终要将其废弃或重置。固定资产的单位价值一般较高。

(二)流动资金

流动资金是指企业日常运转所需要支出的资金。这类支出不是固定不变的，除了必要的日常运转经费支出，其他经费支出也应该从严控制。

1.流动资金的组成

流动资金主要包括购买并储存原材料、储存成品、促销费、工资、租金、保险及其他日常费用等。

2.流动资金预测

农业生产企业在销售之前必须先把农产品生产出来；农业现代服务业在开始提供服务之前要买设备、材料和用品；农产品零售商和批发商在卖货之前必须先买货；所有企业在揽来顾客之前必须先花时间和费用进行促销与宣传。农业企业的流动资金支付时间的长短要根据农产品的生产周期而定。比如：种植草莓的农业企业，需草莓的生长周期。

(1)原材料和成品库存。你预计的库存越多，你需要用于采购的流动资金就越多。既然购买存货需要资金，就应该将库存降到最低限度。制造商生产产品需要原材料；服务行业的经营者也需要些材料；零售商和批发商需要储存商品来销售。

(2)促销费用。新企业开张,需要促销自己的商品或服务,而促销活动需要流动资金。

(3)工资。雇佣员工在起步阶段就得给他们付工资。同时还要以工资方式支付自己家庭的生活费用。计算流动资金时,要计算用于发工资的钱。

(4)租金。企业一开始运转就要支付企业用地用房的租金。

(5)保险。企业一开始运转,就必须投保并付所有的保险费,这也需要流动资金。

(6)其他费用。在企业起步阶段,还要支付一些其他费用,例如电费、文具用品费、交通费等。

3.减少流动资金使用的方法

适当控制原材料和商品库存量;原材料总量订购,分小批量买进和分期付款;商品订购优惠收取预付款等方法都可以。

4.流动资金正常运转周期

流动资金是企业总资金中最具活力的组成部分,是企业日常生产经营活动赖以进行的基本依托,直接影响企业的效益。企业的流动资金应从货币资金形态开始,依次转化为储备资金、生产资金、成品资金和结算资金,再回到货币资金形态上,以满足下一生产经营过程的需要。流动资金的各组成形态必须保证在空间上合理并存,在时间上依次继起,否则流动资金的正常周转便不存在,生产经营正常维持对流动资金的告急或生产经营的中断便不可避免。

(1)什么是运转周期。流动资金是一个企业的血液。现金转换周期则显示了"血液"流动的状况。现金流出购买原材料→变为原材料及库存停留在企业内部→变为销售的应收款→最终回款又变回现金。

(2)原材料储存周期。原材料储存周期等于平均库存除以平均日销售成本。原材料储存周期越长,占用流动资金越久,其企业成本越高。在原材料供应充足、物价稳定的情况下,尽可能减少库存,是加快资金周转,降低成本的有效方法。

(3)产品生产周期。它是指生产产品所需的总时间。即从该产品的原材料投入生产环节那一刻起,到该产品完成所有工序进入成品仓库止所经历的时间。它是一个企业综合管理水平的体现。不同的企业生产不同的产品,不同的管理水平,生产周期是不一样的。缩短产品生产周期,就等于缩短了现金占有时间,从而降低了生产成本。产品生产周期受农业气候因子的制约,受动物、植物自有生长规律的制约,所以预测农业产品的生产周期既要尊重自然规律,又要考虑经济规律。

(4)资金回收周期。资金回收率是衡量某一创业行为发生损失大小的一个指标。回收率越高,说明收回的资金占付出资金的比例高,损失小,回收率低,则损失较大。因此,这个指标体现了企业资产回收的含义。回收期越短,说明资产获现能力越强。

(三)风险资金

1.风险资金的概念

风险资金是投资者协助具有专门科技知识而缺乏资金的人创业、并承担失败风险的资金,特点是甘冒风险而追求较高的投资回报。也叫创业资金。

2.风险资金控制措施

要完善内部资金调度控制制度,加强资金筹集管理,实施资金集中管理,推行资金预算管理,加快应收款项及存货周转,建立预警监测机制。

任务三 熟悉现代农业创业资金的筹集途径

一、学习准备

【典型案例】

借贷网帮助李先生获得了低息贷款

一位来自江浙一带的农民工李先生曾在广州打工,由于经济危机回到了家乡。于是决定自己创业,经过一番考察以及结合自己家乡的情况决定养鸭子,并对当地的市场做了全面的调查,最后把自己的积蓄全部投入,但是还差3万元启动资金,找到了借贷网(www.jiedai.cn)寻求帮助。借贷网(www.jiedai.cn)首先帮助李先生做了具体的市场分析以及李先生自身的情况,通过跟一家农业银行牵线,李先生顺利的贷款3万元,而且还是低息贷款,现在李先生的鸭子越卖越好,跟很多的酒店签订了长期供应合同,为此也打开了自己的一番事业。李先生非常感谢借贷网,表示如果没有用该网站的帮忙,也许自己现在还不一定能开张,更加不会这么快生意就做的红红火火的,甚至还容易被一些不法的融资机构给骗了。

(资料来源:http://www.jiedai.cn/petty/20120618024606.html)

案例点评:李先生筹集资金的途径是自己的积蓄和银行贷款。通过寻求借贷网的帮助贷款,借助借贷网的分析,顺利完成自己的创业梦想,开创了自己的事业。

【资料准备】

1.图书馆或资料室:利用图书馆或资料室的书籍或报刊,查找有关农业创业资金筹集的有关资料。

2.电脑、网络、新媒体:利用电脑或手机网络等,查找有关农业创业资金筹集的有关资料。

3.教师准备的资料单:关于现代农业创业资金的筹集理论总结和案例等相关文章。

二、学习任务设计与实施

【学习任务设计】

见图 7-3。

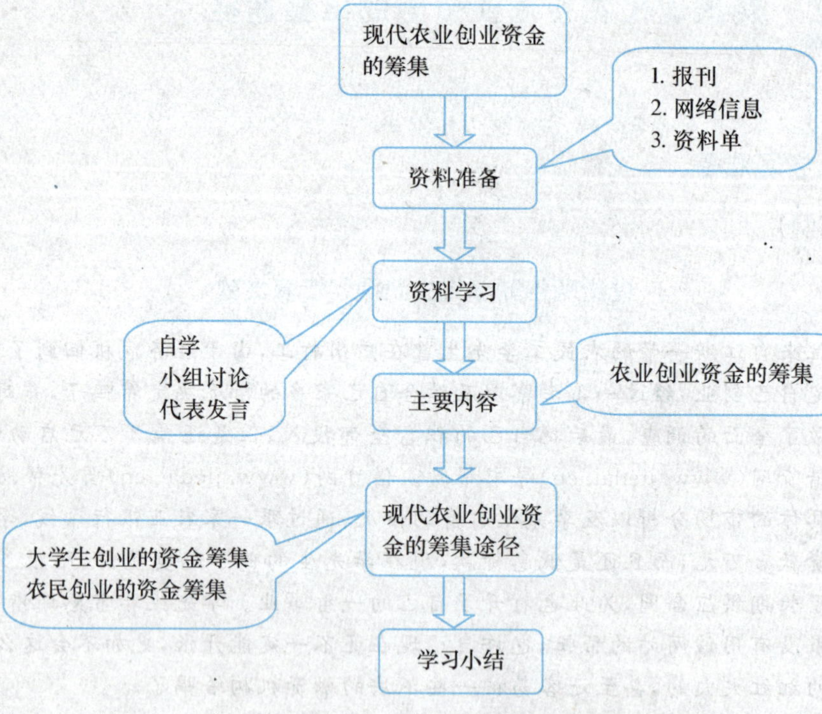

图 7-3 现代农业创业资金的筹集途径学习任务完成流程

【学习任务实施】

1.通过多种信息渠道查询资料。关键词有:现代农业、创业、资金、筹集等。

2.对农业创业基金的筹集途径进行整理和小组讨论。

3.每组选一个代表,结合查询实例介绍农业资金筹集途径的方法。

4.教师组织发动全班同学结合小组实例进行讨论并进行总结,学员撰写收获体会。

三、学习拓展

(一)自有资金

自有资金包括个人存款和合伙人投入资金。

1.个人存款

个人存款是你实现创业理想的物质基础,也是启动资金的重要部分。如果你有了创业的念头,除了思考投资项目外,同时要考虑资金的储蓄量,平时点滴积成的储蓄到了一定的量,就可以用于投资到想要搞的项目中去。

2.寻找投资合伙人

你创办企业时必须要有一套详细的实施计划和可行性论证,如果确信项目有前途,有竞争力,但缺少长期经营资金,那你可以寻找投资合伙人。首先你要让合伙人充分了解对创建公司的构想,经营目标,市场形势,使合伙人能详尽了解情况,以增强投资信心。

(二)现有资产

现有资产就是你和你的合伙人现存的场地、房屋、办公用品和机械设备以及交通工具,能够利用的尽可能利用,如果是合伙创业,也要做到亲兄弟明算账,利用谁的现有条件,都要事前谈好租用的费用,避免时间长,为了利益分歧而伤了和气。

(三)信贷资金

信贷资金就是向银行贷款,银行贷款被誉为创业融资的“蓄水池”,在创业者中很有“群众基础”。事实上,银行贷款对于一个处于创业阶段的企业来说一般不适用,因为这个时候企业一方面还没有建立信用,另外企业也缺乏固定资产进行抵押或担保。

银行贷款的方式:信用贷款:指银行仅凭对借款人资信的信任而发放的贷款,借款人无须向银行提供抵押物。担保贷款:指以担保人的信用为担保而发放的贷款。贴现贷款:指借款人在急需资金时,以未到期的票据向银行申请贴现而融通资金的贷款方式。

(四)创业基金

创业资金是指创业者进行创业时，前提的资本投入。包括创业者能力提高的就业培训、店铺租赁、店面装修、店面展示商品所需资金以及数量不等的流动资金。包括自筹资金和社会筹资。

1. 自筹资金

包括向亲属朋友借贷所得资金，以及投资合伙人的资金等。

(1)友情借贷筹资。向自己亲戚、同学、朋友等关系密切的人借款。

(2)合伙筹资。合伙人选择要相互了解、志同道合的同学、朋友等，相互之间责任要无限连带，优势互补，签订合伙协议。

(3)吸收投资筹资。就是创业者以现有技术、产品、无形资产等资产，折算成股权的方式，寻求战略投资者控股或参股，扩大注册资金规模。包括现金投资和非现金投资。

(4)特许加盟筹资。指特许者将自己所拥有的商标、商号、产品、专利、专有技术、经营模式等以合同的形式授予被特许者使用，被特许者按合同规定，在特许者统一的业务模式下从事经营活动，并向特许经营者支付相应的费用。

(5)商业信用筹资。商业信用是指商品交易中的延期付款或延期交货所形成的借贷关系。是企业之间的一种直接信用关系，企业可采取赊购商品、预收货款等方式筹集短期资金。

(6)信用卡筹资。在短期内急需周转资金的时候，可通过信用卡取得一定的资金是可行的。

(二)社会筹资

通过提供高价值的固定抵押物，向银行等金融机构贷款，或者通过熟人或网络向非正式金融机构借贷，后者比前者利率高，风险更大。

1. 银行贷款

(1)巧选银行，贷款也要货比三家。按照金融监管部门的规定，各家银行发放商业贷款时可以在一定范围内上浮或下浮贷款利率，比如许多地方银行的贷款利率可以上浮30%。其实到银行贷款和去市场买东西一样，挑挑拣拣，货比三家才能选到物美价廉的商品。相对来说，国有商业银行的贷款利率要低一些，但手续要求比较严格，如果你的贷款手续完备，为了节省筹资成本，可以采用个人“询价招标”的方式，对各银行的贷款利率以及其他额外收费情况进行比较，从中选择一家成本低的银行办理抵押、质押或担保贷款。

(2)合理挪用，住房贷款也能创业。如果你有购房意向并且手中有一笔足够的购房款，这时你可以将这笔购房款“挪用”于创业，然后向银行申请办理住房按揭贷款。住房贷款是商业贷款中利率最低的品种，如5年以内住房贷款年利率为4.77%，而普通3～5年商业贷款的年利率为5.58%，办理住房贷款曲线用于创业成本更低。如果创业者已经购买有住房，也可以用现房做抵押办理普通商业贷款，这种贷款不限用途，可以当做创业启动资金。

(3)精打细算，合理选择贷款期限。银行贷款一般分为短期贷款和中长期贷款，贷款期限越长利率越高，如果创业者资金使用需求的时间不是太长，应尽量选择短期贷款，比如原打算办理两年期贷款可以一年一贷，这样可以节省利息支出。另外，创业融资也要关注利率的走势情况，如果利率趋势走高，应抢在加息之前办理贷款；如果利率走势趋降，在资金需求不急的情况下则应暂缓办理贷款，等降息后再适时办理。

(4)用好政策，享受银行和政府的低息待遇。创业贷款是近年来银行推出的一项新业务，凡是具有一定生产经营能力或已经从事生产经营活动的个人，因创业或再创业需要，均可以向开办此项业务的银行申请专项创业贷款。创业贷款的期限一般为1年，最长不超过3年，按照有关规定，创业贷款的利率不得向上浮动，并且可按银行规定的同档次利率下浮20%，许多地区推出的下岗失业人员创业贷款还可以享受60%的政府贴息，有的地区对困难职工进行家政服务、卫生保健、养老服务等微利创业还实行政府全额贴息。

亲情借款，成本最低的创业“贷款”。创业初期最需要的是低成本资金支持，如果比较亲近的亲朋好友在银行存有定期存款或国债，这时你可以和他们协商借款，按照存款利率支付利息，并可以适当上浮，让你非常方便快捷地筹集到创业资金，亲朋好友也可以得到比银行略高的利息，可以说两全其美。不过，这需要借款人有良好的信誉，必要时可以找担保人或用房产证、股票、金银饰品等做抵押，以解除亲朋好友的后顾之忧。

2.融资

(1)融资租赁。也就是企业生产用的设备、设施等固定资产，企业可以不选择购买，而是找租赁公司用融资租赁的形式进行租赁。这样为企业节省一大笔固定资金支出。

(2)向供应商融资。这是企业合理制定应收账款政策，通过充分利用供应商应付账款的付款期，来达到利用供应商资金进行周转的目的的融资方式。

(3)向其他债权人融资。创业初期的企业可以选择向熟人等其他债权人进行融资，但是这种融资方式必须充分合理设计相关选择性条款，如赋予债权人以后某个时点的入股资格和条件等。

(4)现有股东借款。股东借款给公司,而不是增资入股,在企业资金周转正常的情况下再行抽回。

(三)政策性筹资

政策性筹资是指创业者通过享受国家或地方政府的有关支持的创业的政策而得到的无偿援助资金或低成本的创业基金。各地政府目前根据实际相继出台了一系列类似贷款优惠、创业基金等政策。可以通过当地政府去咨询。尽可能地利用好这些支持创业的优惠政策。

1.争取创业基金

作为调节产业导向的有效手段,各地政府部门为有发展前途的高科技人才提供免费的创业园地的同时,每年还会拿出数目相当可观的扶持基金,用于支持农业创业,作为创业者,不妨争取这样的政策性扶持,一旦成功,资金问题就会迎刃而解。

2.分享惠农政策

作为农业创业者来说,由于农业创业项目和其他创业项目相比较而言,存在投资周期长,投资报酬率低,投资市场风险大等特点,在筹集农业创业资金时若仅仅依赖固有的筹集渠道,可能很难维持农业创业项目的运转。国家农业相关部门出台了各种强农惠农政策,对创业者来说,熟悉并利用好这些政策,就可以帮助农业创业者解决部分资金缺口,还能帮助企业化解部分市场风险。

项目八　编制现代农业创业计划

【项目目标】

完成本项目学习任务后，你应该能

1. 理解现代农业创业计划书概念、特点及作用；
2. 了解现代农业创业书的主要内容；
3. 掌握现代农业创业计划书的编制原则、方法和分析评价；
4. 熟悉创业有哪些途径。

【项目任务描述】

创业计划书是一把打开创业之门的钥匙。制订创业计划书，可以让创业者对创业活动有一个更加清晰的认识，预见创业的可行性及成败，这对创业者来讲，往往会起到“磨刀不误砍柴工”的效果。通过教师组织引导，学生听课、自学、讨论和案例分析等，理解现代农业创业计划书概念、特点及作用；了解现代农业创业书的主要内容；掌握现代农业创业计划书的编制原则、方法和分析评价。

【引导性案例】

圆梦的创业计划书

在江苏兴化，提起双平禽业，可以说几乎是无人不知、无人不晓。年轻的小颜在农业职高就读时就对自己的未来做好了职业规划：创办自己的企业，做自己的老板。他利用假期，对家乡的养殖业进行了详细地调研。调研发现，不仅鹅肉是绿色环保食品，而且鹅毛的用途也十分广泛，开发鹅系列产品前景很广阔。毕业后，他利用业余时间，向养鹅专家悉心讨教向行业部门进行咨询、到企业学习、进市场调研，经过一番精心准备撰写出一份详细的有关鹅饲养与开发的创业计划书，呈送给镇政府的分管副镇长。镇领导被他的创业计划深深地吸引，认为该项目切合当地实际，具有市场开发潜力，于是邀请市农业部门和江苏畜牧兽医职业技术学院的专家进行论证。该创业项目还引起了该市分管农业的副市长的重视。论证会一结束，兴化市政府当即做出决定，拨出专项创业资金扶持该项目上马，同时，江苏畜牧兽医职业技术学院作为技术支撑的合作单位，当场与小颜签订了技术合作协议。“双平禽业有限公司”就这样诞生了，小颜也实现了他的创业梦想

（资料来源：吉文林．开始你的农业创业．北京：中国农业出版社，2010）

案例分析：小颜成功组建“双平禽业有限公司”的过程说明了梦想要转化为现实，必须付诸行动，行动前还必须经过充分的准备。描绘梦想的蓝图，制订一份能够得到他人认可的创业计划书是十分必要的，有时候一份好的创业计划书给创业者带来意想不到的效果。

任务一 了解现代农业创业计划的地位与内容

一、学习准备

【知识准备】

1．现代农业创业计划概念及特点

（1）概念。现代农业创业计划是某个人、企业或项目单位对现代农业创业活动事项进行总体的安排；是按照国际管理通用的文本格式形成的项目建议书；是全面介绍现代农业企业和项目运作情况；全面阐述产品（或服务）市场及竞争、风险等未来发展前景和筹资等创业项目的书面材料；是包括项目筹融资、战略规划等经营活动的蓝图与指南；是企业的行动纲领和执行方案；是企业发展的核心管理工具。

（2）特点。创业计划是创业者自己在创业前需要准备的一份书面计划。由于农业创业与其他行业创业有所不同，因此，在编制创业计划书时也应有其自身的特点。现代农业创业计划书要突出特色，把握下列要点。

①农业企业的组织模式不同。目前我国农业企业的组织模式主要有四大类：一是农户联合经营方式；二是委托经营方式；三是合作经营方式；四是公司经营方式。

②农业企业的创办流程不同。创办农业创业企业，模式多种多样，其创办流程也各有不同，所以编制其农业创业计划书也要各有特色。

③农业创业的风险不同。在编写农业创业计划书时要重点剖析这些创业风险,并要提出相应的防范对策。

④农业创业过程中的主要风险来源不同。你要根据你所要创业的项目,提出应对措施。

2.现代农业创业计划的地位与作用

(1)明确现代农业创业的方向。凡事预则立,不预则废。创业计划是创业者事业的蓝图,有了明确的创业计划,创业者才不至于乱了创业活动的节奏和进程。

(2)凝结创业团队。创业需要团队的努力,有效的创业计划对吸引新的创业团队成员起着“诱饵”的作用,将为既成的创业团队指明努力的方向,成为创业团队沟通的“工作语言”。

(3) 创业计划是创业者吸引资金的“敲门砖”。如何使创业者选择的创业项目找到所需要的资金支持是后续发展的关键所在,只有靠好的想法、好的技术、好的管理以及好的市场。一篇优秀的创业计划书是创业者吸引资金的“敲门砖”和通行证。

(4)创业计划是创业者的行动大纲。创业并不只是热情的冲动,而是理性的行为。在创业前,做一个较为完善的计划是非常有意义的。在做创业计划时,会比较客观地帮助创业者分析创业的主要影响因素,能够使创业者保持清醒的头脑,成为创业者的创业指南或行动大纲。

【典型案例】

稀世宝矿泉水市场营销书

在武汉,稀世宝矿泉水供不应求,成为湖北省矿泉水第一品牌。稀世宝矿泉水在中小学生中风靡,孩子们亲切地把它昵称为“格格水”。这是武汉国有资产经营公司旗下的湖北稀世宝矿泉水有限公司与北京匹夫营销策划公司审时度势,合作实施的一场精彩的市场营销战役。

1.市场背景分析

①饮料市场竞争激烈。饮料市场品种和品牌众多,市场推广投入大,利润薄。新品种、新品牌果汁、功能饮料不断涌现,饮料市场不断被切碎细分,瓜分着消费者的钱袋,挤占着饮料水的市场。

②品牌繁多。饮料水分为纯净水和矿泉水两大类。全国有纯净水生产企业1 000多家,矿泉水生产企业 1 000 多家。在武汉市场,有纯净水 29 种,矿泉水 21 种。

③纯净水各方面较之矿泉水占上风。从广告宣传、营销水平、品牌号召力到消费者选择偏好,纯净水利用的客观优势是成本低廉,消费者现阶段对饮料水选择上的误区。

④矿泉水前景良好。在发达国家,饮用矿泉水才是讲健康、有品位的标志。世界知名水饮料品牌都是矿泉水,如法国“依云”。矿泉水在世界上已有近百年的悠久历史。我国消费者对矿泉水的认识有较快的提高,饮水已不仅仅是解渴,同时还追求对身体有益。

2. 竞争者状况

第一集团军:乐百氏、娃哈哈、康师傅,他们是领先品牌;第二集团军:农夫山泉、怡宝、小黑子、获特满,他们是强势品牌;其他 40 余种水饮料是杂牌军,是弱势品牌。在武汉市各种销售场所市场占有率综合排名前三名的是:第一名康师傅 30.64%;第二名乐百氏 28.56%;第三名娃哈哈 15.74%。特点:品牌知名度高,企业实力强大,广告投入大,其中乐百氏既生产纯净水又生产矿泉水,既靠纯净水低成本赚钱,又靠矿泉水树形象从长计议。乐百氏、娃哈哈相继在湖北抢滩登陆建分厂,实施本土化战略,降低成本,强化竞争力。

3. 消费者状况

消费者已形成购买饮用水的习惯,经常购买者占48.89%,偶尔购买者占48.15%,只有 2.96%的人从来不购买。年龄结构明显偏轻。消费行为特征:重品牌,重口感,对矿泉水、纯净水概念模糊,但已有一部分消费者认识到,长饮纯净水无益,开始留意选择优质矿泉水了。

4. 市场潜量

武汉是四大“火炉”之一,饮料水销量极大。经常购买饮料水的人夏季日均购买 1 瓶以上,销量是 3.96 亿。其他季节暂忽略不计,武汉市饮料水实际潜量有 2 个多亿的潜量。

5. 稀世宝市场表现

①知名度、美誉度不高。在武汉,稀世宝原市场占有率仅 1.70%。消费者对稀世宝“不了解”者占 87.41%,“了解”者占 12.60%;品牌知名度为 16.20%。

②销量极低,1998 年共生产 1 700 吨,各地总销售额不足 400 万元,武汉地区年销售额仅 80 万元左右。稀世宝富硒特点区别于其他纯净水、矿泉水,但较少人知。

③售价高。在消费者不知是好水的情况下,价格缺乏竞争力。

④铺货工作很不好,购买不方便。包装设计极差,无档次,无品味。

⑤有品牌生存基础。稀世宝在武汉靠人际关系销售了3年,维持住了品牌生存基础。

结论:市场潜力极大,教育转变消费者任务极重。

消费者已经被培养起消费商业饮料水的习惯,这个消费习惯是纯净水和矿泉水共同完成的。从长远来说,目前纯净水消费者有相当大的部分会转到矿泉水的消费者中来,市场潜力极大。消费者及全社会对矿泉水的认识有所提高,纯净水的霸主地位开始动摇。

(资料来源:http://wenku.baidu.com/view/1a194c5b804d2b160b4ec033.html)

案例分析:稀世宝矿泉水有限公司审时度势,经过充分的总体市场背景分析、竞争者、消费者状况、市场潜能和企业自身的准确掌控,量身制定了一份切合实际的营销计划,使企业成功地走向市场。

【资料准备】

1.图书馆或资料室:利用图书馆或资料室的书籍或报刊,查找有关现代农业创业计划的知识、案例等信息资料。

2.电脑、网络、新媒体:利用电脑上网或利用手机上WiFi等,查找有关现代农业创业计划的知识、案例等信息资料。

3.教师准备的资料单:关于现代农业创业计划的概念、特点、作用等相关文章。

二、学习任务设计与实施

【学习任务设计】

见图8-1。

【学习任务实施】

(1)安排学生课前预习现代农业创业计划概念、特点、作用等有关内容。

(2)在教师的指导下,通过多种信息渠道查询现代农业创业计划的地位与作用资料。

三、学习拓展

现代农业创业计划的主要内容

一份完整的现代农业创业计划的主要内容应包括以下十个方面。

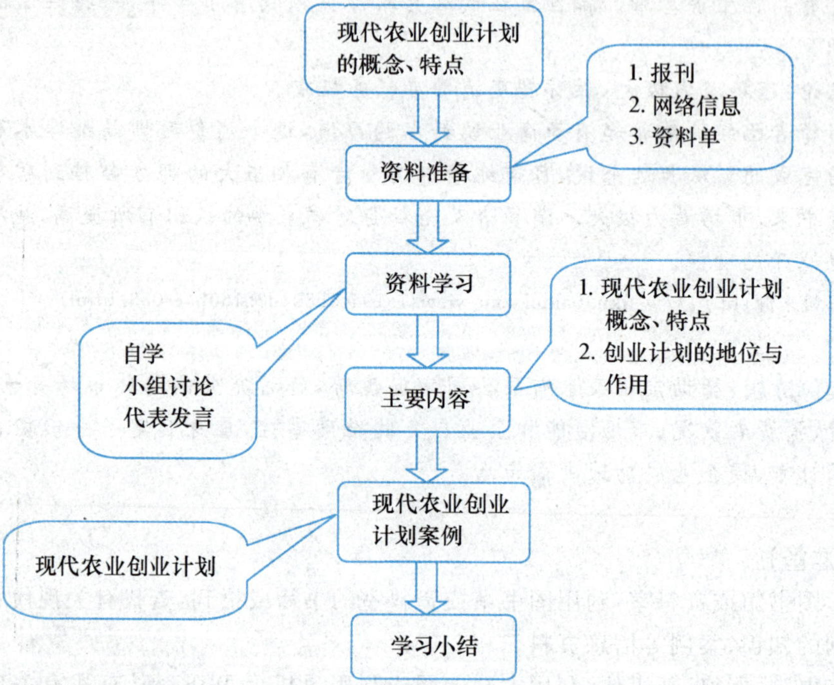

图 8-1 认识现代农业创业计划学习任务完成流程

1. 计划摘要

一般包括以下内容：企业介绍；管理者及其组织；主要产品和业务范围；市场概况；营销策略；经营、销售计划；生产管理计划；财务计划；资金需求状况等。

2. 企业(或产业)简介

主要介绍农业企业的一些基本情况，以及发展策略、财务情况、产品或服务的基本情况等。重点是你的公司理念和如何制定公司的战略目标。

3. 产品或服务

介绍农业企业的产品(或服务)的性能及特性；服务的对象、范围；主要产品或服务项目介绍；产品或服务的的市场情况，包括未来市场的发展趋势。

4. 创业团队

在创业计划书中，必须要对主要管理人员和组织机构加以阐明，介绍主要成员所具有的能力、职务、责任、经历及背景，企业的组织机构等。

5. 市场预测

包括市场现状、竞争对象、市场定位、市场细分和特征、选择进入这一市场的原因和优势以及此目标市场的相关调研和预测结果。

6.营销方案

主要说明企业产品或服务如何进入目标市场并在市场中占有优势以及为达到这种目的采用何种营销策略与营销渠道;营销队伍和管理;促销计划和广告策略;价格决策等。

7.生产或服务计划

包括描述生产或服务的占地面积、设备、厂房、人力资源、技术、进度、原材料、质量要求等方面的内容。

8.财务分析

主要介绍农业企业财务管理的基本情况;介绍企业财务状况、财务计划、申请资金的用途、风险投资的撤出计划;告诉投资者如何收回投资,什么时间收回投资、大约有多少回报率等情况。

9.风险预测及防范

主要介绍农业企业可能会遇到的一些风险,并对此采取一定的防范措施。

任务二 掌握编制现代农业创业计划的原则与方法

一、学习准备

【知识准备】

(一)编制现代农业创业计划的原则

1.完整统一原则

要全面披露与投资有关的信息。如果披露不完全,当投资失败时,风险投资人就有权收回其全部投资并起诉企业家。

2.表述精确原则

创业计划书,使人读后对下列问题非常清楚:公司的商业机会;创立公司所需要的资源;把握这一机会的进程;风险和预期回报等。避免使用过多的专业词汇,聚焦于特定的策略、目标、计划和行动。创业计划的篇幅要适当。

3.开门见山原则

写作创业计划书的目的是为了获取风险投资者的投资,要开门见山地直接地切入主题。

4. 市场调研原则

当一个创意或者新的投资项目萌发时，创意或投资项目付诸实施并不是想当然的事情。因此，写作创业计划书以前，应该进行充分的市场调研，做到有备而作。

5. 自我评估原则

在写作创业计划书的全过程中，风险创业者应该站在风险投资者的角度对自己的创业计划进行一番评估，如：能获得多少回报？可能遇到的风险？这个市场有多大？如何争取到潜在的顾客？我的投资何时和怎样撤出？等等。

6. 展示团队原则

在创业计划书中，风险投资者将会非常关注“人”的因素，创业计划书要能够详实地向风险投资者展示你管理团队的风貌。

7. 智力支持原则

事实表明，仅依靠创业者的个人力量很难做到尽善尽美，因此，在写作创业计划书的过程中，需要一个有很强战斗力的智囊团帮助来弥补个人的不足。

(二)编制现代农业创业计划的方法步骤

编制现代农业创业计划的方法主要包括以下步骤：

第一阶段：经验学习。

第二阶段：创业构思。

第三阶段：市场调研。

第四阶段：方案起草。

第五阶段：最后修饰阶段。

首先，根据你的报告，把最主要的东西做成一个 1～2 页的摘要，放在前面；其次，检查一下，千万不要有错别字之类的错误，否则别人对你是否做事严谨认真会持怀疑态度；最后，设计一个漂亮的封面，编写目录与页码，然后打印、装订成册。

第六阶段：检查。可以从以下几个方面加以检查：

(1)你的创业计划是否显示出你具有管理公司的经验。

(2)你的创业计划是否显示了你有能力偿还借款。

(3)你的创业计划是否显示出你已进行过完整的市场分析。

(4)你的创业计划是否容易被投资者所领会。创业计划书应该备有索引和目录，以便投资者可以较容易地查阅各个章节。还应保证目录中的信息流是有逻辑的和现实的。

(5)你的创业计划书中是否有计划摘要并放在了最前面，计划摘要相当于公司创业计划书的封面，投资者首先会看它。为了保持投资者的兴趣，计划摘要应写得引人入胜。

(6)你的创业计划书是否在文法上全部正确。

(7)你的创业计划书能否打消投资者对产品(服务)的疑虑。

【资料准备】

1. 图书馆或资料室:利用图书馆或资料室的书籍或报刊,查找有关编制现代农业创业计划的方法的有关资料。

2. 电脑、网络、新媒体:利用电脑上网或利用手机上 WiFi 等,查找有关编制现代农业创业计划方法的有关资料。

3. 教师准备的资料单:关于编制现代农业创业计划的原则和方法案例等相关资料。

二、学习任务设计与实施

【学习任务设计】

见图 8-2。

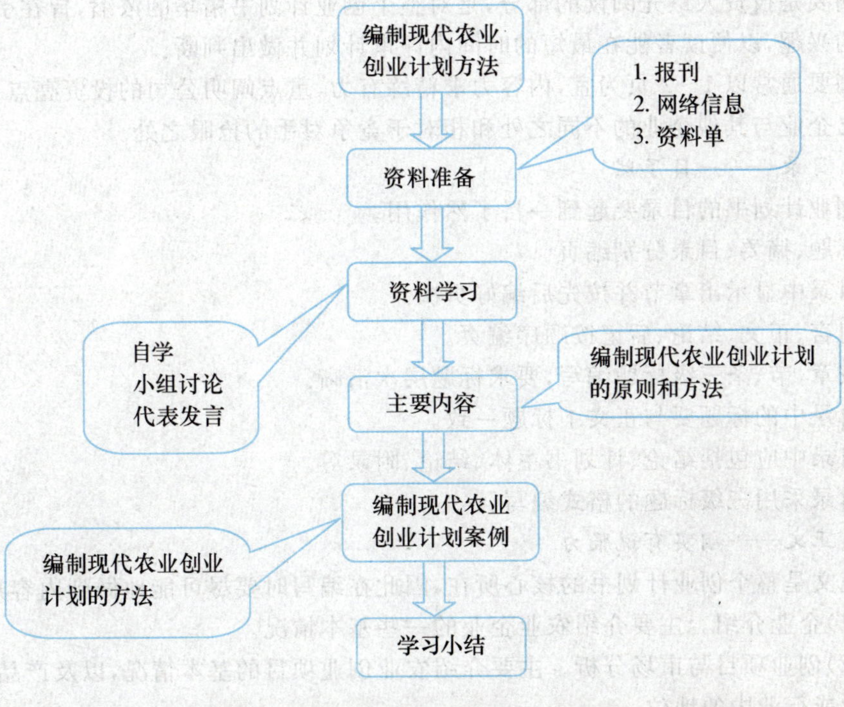

图 8-2 编制现代农业创业计划的原则和方法学习任务完成流程

【学习任务实施】

1. 在教师的指导下，通过多种信息渠道查询资料。

2. 每人写一份创业计划书。

3. 教师组织发动全班同学讨论、评价每人的创业计划书编制情况，达到全班同学共享学习资源和收获体会，巩固所学的知识内容。

三、学习拓展

(一)撰写现代农业创业计划书

1. 封面——朴实美观

封面设计富有艺术性，以便给阅读者形成良好的第一印象。把你产品的一副彩色图像放在首页。

版面排列以下内容：公司名称、公司性质、地址、邮编、负责人、职务、电话、传真、电子邮件等。

2. 计划摘要——简明扼要

摘要是投资人最先阅读的部分，是对整个创业计划书精华的浓缩，旨在引起投资人的兴趣，以便读者能在最短的时间内评审计划并做出判断。

摘要通常以1～2页为宜，内容力求精练有力，重点阐明公司的投资亮点，尤其是自己企业与其他企业的不同之处和相对于竞争对手的抢眼之处。

3. 目录——一目了然

创业计划书的目录要起到一目了然作用。

标题、摘要、目录分别编页。

目录中显示出章节并按先后编好页次。

引言、正文、结论、后记按顺序编页。

按章、节、条三级标题编写，要求标题层次清晰。

目录中的标题要与正文中标题一致。

目录中应包括绪论、计划书主体、结论、附录等。

目录采用三级标题的格式编写。

4. 正文——翔实有说服力

正文是整个创业计划书的核心所在，因此在编写时要尽可能地做到内容翔实。

(1)企业介绍。主要介绍农业企业的一些基本情况。

(2)创业项目与市场分析。主要介绍农业创业项目的基本情况，以及产品在整个产业或行业中的地位。

在描述产品时，要分析自己的产品在哪些方面更有特色，就在有特色的方面进行重点描述，让你的购买群体知道，你的产品就是为他们服务的。

比如，日本人研制生产的一款“斜口杯”，就是针对欧洲人的鼻子较大，当茶水少于半杯时，鼻子便碰到杯沿上，若想喝完茶水，必须仰起脖子，既不方便，也有失欧洲人的绅士风度。但“斜口杯”就能很好地解决这个问题。因此，这款茶杯一经投放便风靡了欧洲市场。

(3)竞争分析。主要介绍农业企业所在市场竞争中的位置、农业企业的竞争对手的情况、农业企业的竞争优势和竞争劣势、竞争战略等。

比如，一家较小的制鞋公司，本来在市场上缺乏竞争力，但对市场细分后，发现很多消费者喜欢穿轻便舒适的皮鞋，于是这家公司就把这一部分消费者作为自己的目标市场，制成一台专用剥皮机，充分利用自己的猪皮原料，专门生产与竞争者不同的猪皮皮鞋，结果产品大为畅销。

(4)营销策略。主要说明企业产品或服务如何进入目标市场并在市场中占有优势以及为达到这种目的采用何种营销策略与营销渠道。

【典型阅读】

商机无处不在

德国有一家独辟蹊径的左撇子公司。人有左右手，有人习惯用右手，有人习惯用左手，且用右手的人比用左手的人多得多。于是，一般工具生产厂家、工具商店经营的多是右手使用的工具。虽然大多数工具左右手通用，但也有部分工具左撇子就不方便使用，例如镰刀、斧子、高尔夫球棒等。一个聪明的德国人看到了这一现象，并深入调查研究，认识到：①大多数工具左右手可以通用，但有方向性的工具，左右手不能通用。②当年德国人口有7 000万，其中11%是左撇子。③左撇子希望能买到称心的左撇子工具。

于是，这个德国人专门开设了左撇子工具公司，专门生产销售左撇子所需要的工具，让左撇子在该公司能一次性买齐各种各样的工具，深得左撇子人群的喜爱。最后这家公司成为第一家全世界最大的左撇子工具公司。

(资料来源：http://news.pedaily.cn/chuangye/201210/20121023609765.shtml)

阅读点评：世上不是缺少美，而是缺少发现美的眼睛。现代农业创业过程中只要善于观察、总结，那么商机无处不在。

(5)财务分析。对农业企业的有关筹资活动、投资活动、经营活动、分配活动的盈利能力、营运能力、偿债能力和增长能力状况等进行分析与评价。

(6)风险分析。主要介绍农业企业可能会遇到的一些风险，并对此采取一定的防范措施。

(7)创业团队。在创业计划书中，必须要对主要管理人员和组织机构加以阐明，介绍主要成员所具有的能力、职务、责任、经历及背景，企业的组织机构等。

(8)财务预算。介绍企业财务状况，例如企业的年度财务计划、中期财务计划、长期财务计划、企业预期销售额和利润，项目所需要资金的数数额、来源、筹资方式。投资者的利润回报及退出方式等。

(9)风险与风险管理。包括农业企业存在风险的种类、企业发展各阶段的主要风险、评估风险的水平、规避风险的措施等。

(10)创业计划的执行。主要包括农业企业的管理结构、发展战略、生产运作、企业市场营销等具体的经营管理操作。

5.附录

附录可有附件、附图、附表3种形式，如：公司相关的资质材料(例如营业执照复印件、公司章程、精英团队名单、产品说明书和相关材料，产品专利相关材资料、宣传材料等)；生产、技术和服务的相关的技术资料(如设备清单、产品目录、工艺流程图、技术图纸与方案等)；市场营销相关资料(如主要客户名单，主要供应商和经销商名单，市场调查和预测资料，产品相关资料等)；财务相关资料(例如各种财务报表，现金流量预测表，资产负债预测表以及公司利润预测表等)。

6.体例格式——国家标准

书写体例要求层次分明。

篇幅要求在3 000～10 000字数。

篇首要附加计划书呈报团队等自然常项要素。

图表编排标准制作。

正文的章节及各章标题：正文分章节撰写，每章应另起一页。各章标题要突出重点、简明扼要。字数一般在15字以内，不得使用标点符号。

层次：层次以少为宜，根据实际需要选择。

(二)编制现代农业创业计划要注意的问题

1.创业计划要符合当地实际

要对项目是否适合本地进行分析研究，在拟定创业计划的时候，做到心中有数、符合实际，创业计划要切实可行，能够实施。

农业创业项目选择应遵循的原则：

(1)要选择国家政策支持鼓励、并有发展前景的行业。

(2)坚持创新,做到"人有我无、人有我优、人优我特"。

(3)认真进行市场调研,适应社会需求。

(4)充分发挥自身的优势和长处,做自己有兴趣的、熟悉的事。

2.创业计划要量力而行

要根据自己的财力、物力、技术、特长、管理能力等因素,综合考虑创业计划。要从小做起,不要把摊子铺得过大。要脚踏实地,一步一个脚印地把自己的事业发展壮大。

3.创业内容要有行业特色

一般农民都能创业的领域,尽量不要涉及,否则不会有理想的效益。创业要有特色,有科技含量,有创新,否则就不会长久,或者赚不到钱。

4.创业形式要选择恰当

可以选择加入农民合作社、农业协会或注册创办有限责任农业企业等。这些创业形式不仅能解决农民不懂生产技术、没有生产本钱、市场开拓能力缺乏等难题,而且能保障农民作为经营主体与大市场对接,是实现农业产业化、真正带动农民致富的有效途径之一。同时,还可以通过成员间共担风险、共享利润的经济合作形式,使农民的经济活动取得尽可能高的效益,又能保留农民在其创业项目运行中的自主性质。

任务三　熟悉对现代农业创业计划书的分析评价

一、学习准备

【典型案例】

磨刀不误砍柴工

内乡县绿野节水莲藕种植专业合作社理事长李国玉,2011年南阳农业职业学院农民创业培训学员。培训前以农作物种植为主,培训后转变了经营思路,培训期间利用学到的知识结合实际制订了创业计划书。为了能把理想变为现实,专门请学院和南阳市农科院相关的种植、养殖的老师对制定的农业创业计划书进行技术、专业、市场等方面的可行性分析和反复修改完善,该合作社创设的"金颈麻鸭+莲藕+核桃+泥鳅"的立体生态种养一体化的发展模式。于2011年秋开始实施,经过3年多的努力,2014年底合作社已发展成为年养鸭5 000只、莲藕种植200亩、核桃种植50亩、投入泥鳅300千克种苗的规模,其个人的年收益在50万～60万元。同时带动周边农户，取得了良好的经济效益、社会效益和环境效益。

案例点评：通过聘请相关专家对技术、产品、市场等综合分析后编制的计划书，避免了合作社发展的盲目性，最终保证了合作社的良性发展。

【资料准备】

1. 图书馆或资料室：利用图书馆或资料室的书籍或报刊，查找有关对现代农业创业计划分析评价的知识、案例等信息资料。

2. 电脑、网络、新媒体：利用电脑上网或利用手机上 WiFi 等，查找有关对现代农业创业计划分析评价知识、案例等信息资料。

3. 教师准备的资料单：关于对现代农业创业计划分析评价的相关文章。

二、学习任务设计与实施

【学习任务设计】

见图 8-3。

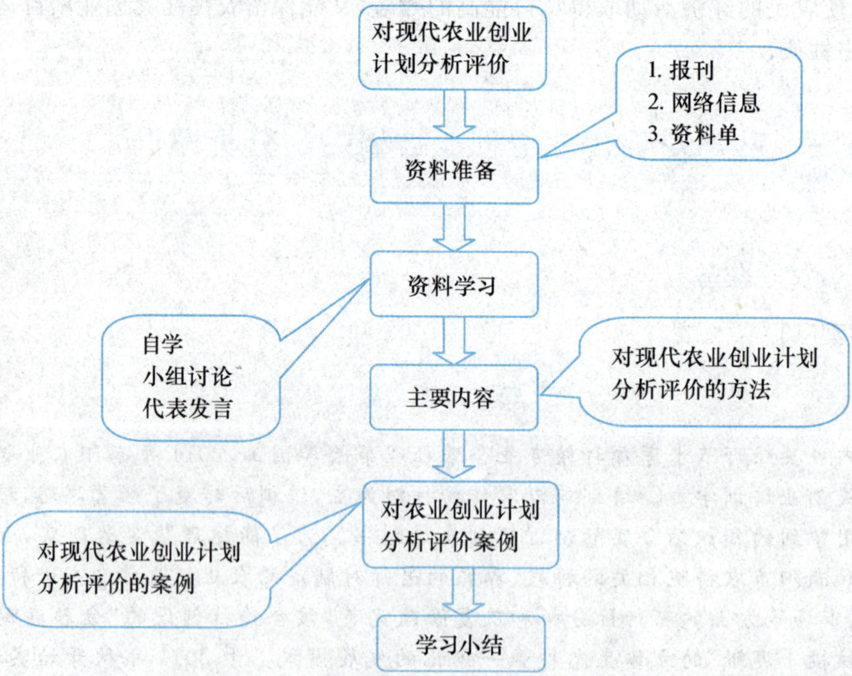

图 8-3 了解对现代农业创业计划分析评价方法学习任务完成流程

【学习任务实施】

1. 在教师的指导下，通过多种信息渠道查询、汇总资料。

2. 每人请小组人员对书写的创业计划书进行互评。

3. 小组讨论，通过头脑风暴法扩大学习成果，并集中集体智慧完成一份较好的农业创业计划书。

4. 每组选一个代表，在全班讲解小组的学习路径、学习收获，组员补充收获的内容，达到全班同学共享学习资源和收获体会，巩固所学的知识内容。

三、学习拓展

创业者在制订创业计划书时，往往格式雷同，照着一个常用的模板生搬硬套，缺乏自己的理解和认识，必须进行充分论证，要对创业计划书进行分析评价，否则就算创业目标明确，创业过程中的一些技术要求、方式方法、人员组合、营销方案等方面出现问题也会使创业多走弯路，甚至导致创业的失败。如何对创业计划进行论证和分析评价呢？

1. 评头论足找不足

邀请指导老师、成功创业者、同学、朋友、家人等对自己所制订的创业计划进行分析评价，多挑计划中的不足，多找计划里的毛病，多提反对意见，从而进一步完善创业计划书。

2. 行家里手多请教

寻求有丰富经验的律师、会计师、政府熟悉相关政策的公务员、专业咨询家的帮助是非常必要的。如向行业管理部门进行咨询，他们对你所准备从事创业的行业有总体上的认识和把握，具备一般人不具备的预测能力，能够通过行业的优劣特点、行业的市场状况、行业的竞争对手、行业的法律约束等方面的分析给你以帮助。

3. 风险评估不可少

现代农业创业的风险不能低估，要充分了解和掌握同行的效益情况，要预测市场的变化，要充分估计到如果产品卖不出去的后果，行业不景气应该怎么办？还要包括季节气候的变化、竞争对手的强弱、创业究竟有多大发展空间、消费群体是否稳定等，这些风险对创业者极为重要，有时甚至会导致失败。对于这些问题，创业者要有完整而周密的应对预案。

作为成功的投资者，应该在风险与收益的相互协调中进行利弊权衡。在风险一定的条件下追求较高的收益水平，在收益一定的情况下，把风险控制在较低的水平，以期取得企业稳健的可持续发展。

模块四　实施创业

项目九　组建现代农业创业团队与组织

项目十　实施现代农业创业计划

项目十一　规避现代农业创业风险

项目十二　提高现代农业创业的经济效益

项目九　组建现代农业创业团队与组织

【项目目标】

完成本项目学习任务后，你应该能

1. 理解创业团队的概念及现代农业创业团队的构成要素；
2. 掌握组建创业团队的原则及优化组合；
3. 明确现代农业创业的载体及其组织形式；
4. 熟悉农业经济组织的组建过程。

【项目任务描述】

创业如同拔河比赛，人心齐，泰山移，团队的力量逐渐被越来越多的人所看好。因此，通过教师组织引导，学生听课、自学、讨论和案例分析等，理解创业团队的概念及现代农业创业团队的组成要素；掌握组建创业团队的原则及优化组合；明确现代农业创业的载体及其组织形式；熟悉农业经济组织的组建过程。

【引导性案例】

西游记团队

《西游记》中的师徒四人组成一个团队，唐僧运用自己的强硬管理方式和制度(紧箍咒)来管理团队，并且通过"软权力"和"硬权力"的结合调动整个团队。孙悟空的故事，可以说是一个由个人奋斗失败后转向团队成功，最终实现个人价值的经典实例。在追求个人成功的过程中，没有一个人是万能的，即使神通广大的孙悟空，也无法独立完成取经大任。但是我们可以通过团体，建立人际相互支撑关系，通过别人的帮助来弥补自身的不足。八戒虽然不太受人喜欢，但是作为团队中的小人物，他本人还是有很多优点，而且许多方面还在团队中起了不小的作用，他本人幽默、可爱，充当着组织润滑剂的角色，所以在组织中功不可没，没有八戒的团队是残缺的，而且也是不完美的。沙僧朴实无华，工作踏实，从企业的角度讲，他是“广大劳动者”，兢兢业业，堪称劳模。每一个人都应该学习他，主动挑起责任，努力工作，为团队做出自己的贡献。

（资料来源：吉文林. 开始你的农业创业. 北京：中国农业出版社，2010.）

案例点评：1. 成功的创业团队，是不同类型人才的和谐组合。2. 要想取得事业的成功，就必须依靠团队的力量。3. 领导者要学会用人之长、容人之短，充分尊重角色差异，找到与角色特征相契合的工作，达到优势互补，使整个团队和谐发展。

任务一 组建现代农业创业团队

一、学习准备

【知识准备】

1. 创业团队的概念

创业团队是由员工和管理层组成的一个创业共同体。它合理利用每一个成员的知识和技能协同工作，解决问题，达到共同的目标。

2. 创业团队的构成元素

创业团队的构成要素总结为“5P”。

(1)目标(purpose)。创业团队应该有一个既定的创业目标，该创业目标应成为团队的共同奋斗理想。

(2)人(people)。创业团队中人力资源是所有创业资源中最活跃、最重要的资源。创业的共同目标是通过人来实现的，不同的人通过分工共同完成创业团队的目标。创业者应当充分考虑团队成员的能力、性格等方面的因素。

(3)定位(place)。定位指的是创业团队中的具体成员在创业活动中的分工定位问题。定位问题关系到每一个成员是否对自身的优劣有清醒的认识。整个创业团队能够各司其职，并且形成一种良好的合力，充分发挥主观能动性，推进企业成长。

(4)权利(power)。创业活动所面临的是动态多变的环境，管理事务也比较复杂，创业团队成员每个人都需要承担较多的管理事务，客观上也需要创业团队成员有一定的权力，能够在特定的条件下进行决策。因此，权利的分配也有利于团队的运作效率。

(5)计划(plan)。计划是创业团队未来的发展规划,也是目标和定位的具体体现。在计划的帮助下,创业者能够有效制定创业团队短期目标和长期目标,能够提出目标的有效实施方案,以及实施过程的控制和调整措施。

3.组建创业团队的原则

组建和管理具有战斗力的创业团队就是团队首领的当务之急。应遵循:

(1)合伙人原则。创业需要的是一个系统,"人"的结构就是相互支撑,"众"人的事业需要每个人的参与。一般企业都是招员工,而员工都是在做"工作"。但创业团队需要招的是"合伙人",因为合伙人做的是事业,一个人只有把工作当作事业才有成功的可能,一个企业只有把员工当作"合伙人"才有机会迅速成长。

(2)激情原则。"青蛙原理"说明创业团队一定要选择对项目有高度热情的人加入,激情四溢,敏锐性很高,干劲十足,有利于创业成功,否则使企业逐步失去解决问题的能力,就像青蛙那样在不知不觉中走向死亡。

(3)团队原则。社会发展到今天,那种个人英雄主义的时代已经过去了。别人认为是废铁,到他手里就变成黄金。每一位成员的价值,表现为其对于团队整体价值的贡献。所以创业者一定要学习蜘蛛的织网精神,能够吸引比自己强大的人才。

(4)互补原则。建立优势互补的团队是创业成功的关键。"主内"与"主外"的不同人才,耐心的"总管"和具有战略眼光的"领袖",技术与市场两方面的人才,都不可偏废。

【典型案例】

蒙牛乳业的用人之道

"有德有才破格重用,有德无才培养使用,无德有才限制使用,无德无才坚决不用。"这是内蒙古蒙牛乳业集团上下皆知的一个用人原则。内蒙古蒙牛乳业集团,创造了中国民营企业迅速成长的奇迹,其成功的一个重要秘诀,就是通过对青年人才的精心培养和大胆使用,形成高素质管理团队和企业核心竞争力。

蒙牛破格使用德才皆备的年轻人才,高管层年轻化在中国乳业界是出了名的。2005 年获得全国"五一"劳动奖章的蒙牛副总裁杨文俊,年仅 38 岁,却是中国乳业界的"老资格"。中国乳业尤其是液体奶的许多"第一"和开创性的技术革新,都是在他的手中诞生的。

"如果我还算是一匹千里马的话,那就是蒙牛乳业集团董事长牛根生这个伯乐相中了我”，杨文俊这样告诉记者。在蒙牛创业之初，当牛根生大胆起用年仅32岁的杨文俊出任液体奶本部总经理时，许多人对这个当时全国乳业最年轻的液体奶“掌门人”表示了忧虑，认为这个年轻人虽然做出了一些成绩，但是还需要观察和考核，不宜一下子承担如此重大的责任。但是，牛根生用一句简短的话结束了一切争论：“使用就是最大的培养！”牛根生的信任和指导，使杨文俊彻底放开了手脚。他利用宁夏、黑龙江牛奶企业的设备为蒙牛生产产品，扬蒙牛奶源得天独厚之长，避“资金缺少、设备为零”之短，以不足300万元的投入，迅速盘活了需要投入3个多亿才能组织的产能，为蒙牛的超速度成长打下重要基础。

（资料来源：吉文林.开始你的农业创业.北京：中国农业出版社，2010.）

案例点评：对于管理者来说，企业的用人之道在于知人善任，用人之长。企业用人就是要寻求对企业有用的人。

在创业团队的成员选择上，必须充分注意人员的知识结构：技术、管理、市场、销售等，充分发挥个人的知识和经验优势。

【资料准备】

1.图书馆或资料室：利用图书馆或资料室的书籍或报刊，查找有关创业团队的概念及现代农业创业团队的组成要素，掌握组建创业团队的原则及优化组合的有关资料。

2.电脑、网络、新媒体：利用电脑上网或利用手机上 WiFi 等，查找有关创业团队的概念及现代农业创业团队的组成要素，掌握组建创业团队的原则及优化组合的有关资料。

3.教师准备的资料单：有关创业团队的概念及现代农业创业团队的组成要素，掌握组建创业团队的原则及优化组合的案例等相关文章。

二、学习任务设计与实施

【学习任务设计】

见图9-1。

【学习任务实施】

1.在教师的指导下，通过多种信息渠道查询资料。理解创业团队的概念及现

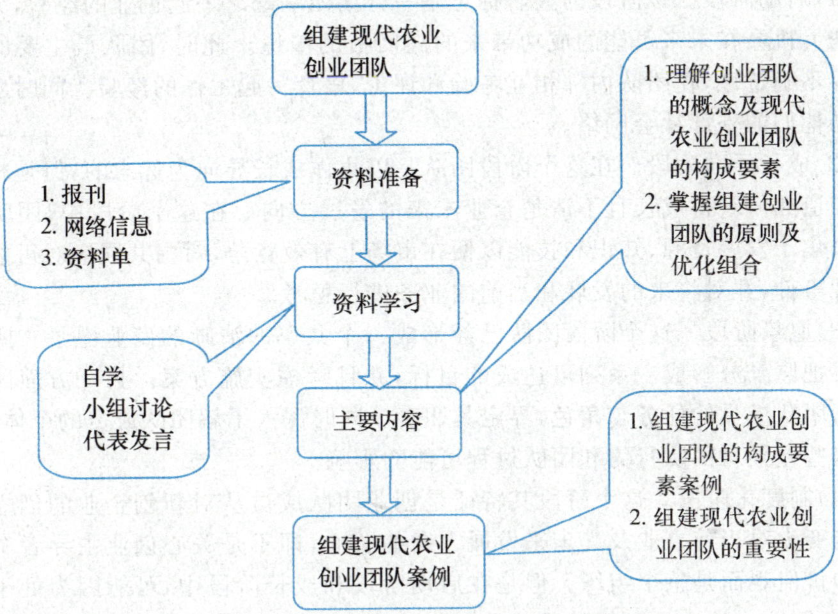

图 9-1 组建现代农业创业团队任务完成流程

代农业创业团队的组成要素;掌握组建创业团队的原则及优化组合。

2. 汇总查找的相关资料。

三、学习拓展

现代农业创业团队的优化组合:

1. 创业团队的分工

为了实现团队的共同目标,需要创业团队实施各种各样的功能。这些功能往往难以依靠创业者个人完成。因此,创业团队虽小,但是应当“五脏俱全”。优秀的创业团队必须能够实现有效的分工,形成优势互补,相得益彰。

2. 创业团队的形成

创业团队的形成类型通常有两种,一种为某个人已经拥有可以成为未来创业所用的想法或概念,这种想法或概念可能是一种新产品或是一种新服务,接着他就去开始组成所需的团队。另一种状况为已经拥有创业团队,这些创业团队成员聚在一起讨论思考新创事业的概念与构想。

3. 创业团队的发展过程

创业团队的发展分成以下几个阶段:

(1)启动阶段。该阶段的显著标志是一方面团队缺乏一起创业的经验,另一方面对诱人机会在未来可能的成功带来的高回报的憧憬。此时,团队最主要的任务是减少不确定性,在团队内部相互考验和评价,培育一起工作的经验。同时发展能够帮助他们的外部社会网络。

(2)成长导向阶段。在这个阶段团队是以集体成长导向为标志的,但是相互之间不知道如何获得成长且不清楚企业未来的发展方向。在这个阶段中,团队对外开始聚焦于发展资源、知识和技能以便在市场上有效竞争,对内共同应对可能碰到的各种事件,并对将来的发展和当前的业务进行思考。

(3)愿景阶段。这个阶段团队已经形成一个共享的清晰的商业愿景。团队一方面要把愿景分解成一系列可达成的目标,并且考虑实施方案。另一方面团队需要澄清团队成员的任务与角色,界定其职责。同时深入了解团队成员的个体差异,以及这些差异对团队行为和团队过程可能的影响。

(4)制度化阶段。这个阶段其特征是创业团队成员从对新创企业的创立者的忠诚转变为对当前事业及其未来发展方向的关心,即不是关心创业主导者个人的雄心和价值观而是整个组织。但是在启动阶段和成长阶段中,可能因为处于磨合期,创业团队比较容易出现的导致发展障碍的功能失调问题,包括人际关系和决策冲突等。

任务二 明确现代农业创业的载体及组织形式

一、学习准备

【知识准备】

(一)现代农业创业载体——农业经济组织概述

1.农业经济组织概念

农业经济组织是指为了实现一定的经济目标和任务而从事农业生产经营活动的单位或群体。它既是一定社会生产关系的具体体现,也是一定生产力的具体组合形式。社会再生产过程是由具体的经济组织实施并完成的。人类社会的一切经济活动,都有一定的经济组织形式和基本单位。

2.农业经济组织的功能

(1)生产组织功能。提供农业种植信息,熨平农业周期波动;提供农业生产过程中的服务；提供农业机械服务。

(2)市场联系的功能。降低单位农产品的市场费用，为农民进入市场提供条件、架起桥梁；市场风险的屏障和约束机制；提供市场信息，引导农民进入市场。

(3)实现农业规模化生产。合理扩大生产规模，提供农业劳动生产效率。

3.农业经济组织的多样性

(1)产权制度安排的多样性。不同的资产，因其属性的复杂性不同，往往会形成不同的产权类型，进而形成不同的经济组织。

①在农业中，耕地是十分重要的资产。基于农业活动的连续性与长周期性，对耕地产权的界定很难从时间上进行充分界定，但在空间上的产权界定则相对具有比较优势，农地的可分性强，从连片的几十亩到小块的几分地，可以进行较为清晰的产权界定。所以农地制度从集体产权制度到私人产权制度，可以存在多种组织形式。

②在农业机械的投资上，一方面由于农地的分散性及小块经营，大型机械设备往往难以与之匹配，而且考虑到农业的季节性，其时间上的利用率也十分低下。所以，在提供灌溉、机耕、机种、收割、脱粒等各项服务中，既可由农户组织进行自我服务、专业性组织提供专业服务、集体组织提供统一服务，从而表现出服务组织的多样性。

(2)市场运销组织的多样性。在缺乏分工的前提下单个农户很难完成从种植生产到市场销售的全部过程，一个可选择的方式是组建专业运销组织，以完成从货源组织到零售的经营过程，避免中间利益的流失。这显然要求合作组织的产生与发育。

(3)组织规模的多样性。由于农业生产的连续性，农业的特性及其资产属性，农业中分工的空间是极为有限的。因此，在农业生产中，交易活动大都被置于组织内部。现实中从播种、插秧、施肥、除草、防虫、灌溉到收割等多种农艺活动往往不是通过专业化分工，而是综合地被纵向一体化的。如果说插播与收割在一定程度上可以通过专业服务组织进行外部交易的话，那么其他农艺活动因其计量的困难也难以市场分工。

(4)农业经济组织的过渡性。农户在生产的同时从事农产品销售，可以有多种过渡形式。如“产地专业市场(批发市场)＋农户”；“农户＋专业(合作)运销组织”；“公司＋农户”等。

(5)农业经济组织的社区性。农业经济组织除了因产业性质所决定的特殊性外，其特殊性还来源于另一个重要的方面，那就是社区性。农村社区相对于城市社区具有下述特点：其一，居民从事的职业主要是农业；其二，人口密度低，居住相对分散，流动性小，从而表现出一定的封闭性；其三，自然环境对农村社区的直接支配作用较强，经济活动具有地域性，人际关系具有地缘性；其四，家庭是农村社区的中心。因而表现出血缘性与亲缘性；其五，强烈的乡土观念与认同感。

（二）农业经济组织形式

1.农民专业合作社

我国在《中华人民共和国农民专业合作社法》的第一章总则第二条对农民专业合作社进行了简要的定义，即“农民专业合作社是在农村家庭承包经营基础上，同类农产品的生产经营者或者同类农业生产经营服务的提供者、利用者，自愿联合、民主管理的互助性经济组织”。这个定义包含几层意思：

（1）《农民专业合作社法》中的“农民”两个字是整个定义的主语，标志农民在农民专业合作社中的主体地位；或者说，标志农民专业合作社的主体成分是农民。

（2）“在家庭承包经营基础上”是说农民专业合作社建设要在农村原有的双层经营体制基础上进行，不打乱农村原有土地等生产资料所有权、使用权、经营权，独立运作。

（3）“同类农产品的生产经营者或者同类农业生产经营服务的提供者、利用者。”

（4）“自愿联合”强调了合作社建设中农民自觉性、自主性，排除了脱离实际的行政干预和一阵风等情况的出现。

（5）“民主管理”强调了合作社经营自主性和成员在经营过程中的地位的平等性、利益占有的均衡性。

（6）“互助性经济组织”是对合作社的定性，含义有三层：一是互助性是指专业合作社成员通过联合结成经营团队，通过团队内部的统一服务的模式。互助性是对内而言，其实，对外可以说也是一种自助性。二是“经济”两个字是指农民专业合作社和农民专业协会等非盈利性社会团体相区别。即肯定了农民专业合作社是可赢利性组织。三是“组织”二字是指专业合作社经济和一般农民、农户经济相区别。五户以下的农民组织和个人，不能成立农民专业合作社，成立了工商部门也不予登记，即为不合法的合作社，不受法律保护。

2.农业企业

（1）农业企业。农业企业是指使用一定劳动资料，独立经营，自负盈亏，从事商品性农业生产与农产品直接相关的经济组织。

（2）农业企业组织形式。有以下几种形式：

①单一业主制企业。这类企业的产权特点是：

a. 个人投资兴办。

b. 个人经营或雇佣委托他人经营。

c. 业主享有企业的全部经营所得。

d. 拥有绝对的权威。

e. 完全的所有者权利。

f. 平均规模比较小。

g. 起步阶段需要的投资少，易于创办。

h. 成立和歇业的法律程序较为简单。

②合伙制企业。合伙制企业是指由两人以上按照协议投资，共同经营、共负盈亏的企业。合伙制企业财产由全体合伙人共有，共同经营，合伙人对企业债务承担连带无限清偿责任。

农民用土地、资金、技术、劳力等要素入股，组成合伙人性质的生产合作社。选出经济能人经营。这种方式，土地所有权与经营权分离，农民既可以从劳动中获得工资收入，又可以从土地入股中获得预期收益。

这类企业的产权特点是：

a. 合伙人共同投资。

b. 合伙经营。

c. 共担风险。

d. 共负责任。

e. 共享利润。

③法人公司——股份合作制企业、股份制企业。生产完全按现代企业运作方式管理，产权清晰，经营方式现代化，产供销一体化，面向区域市场与全国市场，甚至还面向国际市场。

这类企业的产权特点是：

所有出资人都只以自己的出资额为限，对公司的债务负有有限的清偿责任：即当公司入不敷出，资不抵债时，可以强制企业破产，但不管公司欠债多少，所有出资人都只以其投资入企业的资本清偿债务，不再负担超过这一限额的债务清偿债务。因此，公司所有者完全不必担心企业破产会导致自己倾家荡产。

由于债务责任是有限的，企业容易聚集社会上的闲散资金，在短时间内创办大规模的企业。

目前我国公司制企业的法律形态主要有两种：

有限责任公司，股东以其出资额为限对公司承担责任，公司以其全部资产对公司的债务承担责任。

股份有限责任，股东出资的全部资产分为等额股份，股东以其所持有股份为限对公司承担责任，公司以其全部资产对公司的债务承担责任。

(3)农业企业的典型特征。农业企业包括：农产品生产企业，农产品加工企业（农产品初级加工），农产品流通企业（农产品的运输与销售）。其典型特征有以下几个方面：

①由传统农业逐渐向现代农业转化，农业经济由自然经济发展到商品经济，实现管理对象的商品化。

②作为大多数生产经营主体的家庭农场的农场主逐渐成为企业的管理经营者，家庭农场成为名副其实的高度商品化的企业，实现生产经营主体的企业化。

③农业生产的专业化。农业作为一个产业部门，在全国范围内形成地区专业化。各产业部门和各类农场的分工，从而促进了部门专业化和农场专业化。农业部门和农场专业化的发展，又把一种产品的不同部分或不同工艺阶段都分成了专项生产，推动了农业生产工艺专业化。

④产供销或农工商等农业经营的一体化。经营一体化中农业与相关经济部门的结合是互相依存、密不可分的关系。尽管农业是核心，但推动一体化发展的却是非农经济部门。

⑤由农民自己创造，其发展前景广阔。农业企业化首先是农民创造出来的，农民是制度创新的主体。因此，他们在实践中以最快的速度传播，产生巨大的示范效应，创造出多样化的农业企业化的经营方式。

(4)农业企业的申办流程。

①企业工商登记注册。

②登记管理的管辖权限。

③公司的命名。

④经营范围。

⑤其他：如企业在经营期限内必须按年度到工商行政管理部门年检；企业必须依法与员工签订劳动用工合同；企业必须为员工办理社会保险（养老、医疗、事业、工伤）等。

【典型案例】

“映山红”专业合作社“映衬”乡村分外红

马根芳，男，南阳市南召县云阳镇唐庄村人，南阳农业学院 2009 年阳光工程农民创业培训班第一期学员。培训结束回乡后，首先成立了“映山红”品种桃农民专业合作社，任合作社理事长，2010 年已有 461 人 118 户加入合作社，带动本村群众 80％从事该产业，辐射周边发展桃树达 5 000 亩，年产油桃 175 万千克，价格由原来每市斤 1.2～1.5 元增涨至 1.6～1.8 元/500 克，每亩地的收入由原来的 0.9 万～1.1 万元增至 1.1 万～1.2 万元，每亩增收 2 000 元左右。2010 年实现经济收入 485 万元，户均收入达 14 000 元。

（资料来源：http://www.nyljw.com/2014/mlxc_0108/2793.html）

案例点评：通过成立专业合作社，调整农业产业结构带动农民增收上的重大贡献，马根芳在 2011 年 1 月央视 7 套“阳光创业——我能我行”晚会被国家 6 部委授予“阳光创业带头人”。说明只要给农民朋友阳光，他就会格外灿烂。通过国家多年的农民创业培训，引导农民成立适合农村的现代农业组织形式、走现代农业创业之路，广大农村大有可为。

【资料准备】

1. 图书馆或资料室：利用图书馆或资料室的书籍或报刊，查找有关农业经济组织的有关资料。

2. 电脑、网络、新媒体：利用电脑上网或利用手机上 WiFi 等，查找有关农业经济组织的有关资料。

3. 教师准备的资料单：关于农业经济组织的理论和案例等相关文章。

二、学习任务设计与实施

【学习任务设计】

见图 9-2。

【学习任务实施】

1. 在教师的指导下，通过多种信息渠道查询、汇总农业经济组织的相关资料。

2. 每组选一个代表，在全班讲解小组的学习路径、学习收获，组员补充收获的内容。

3. 教师组织发动全班同学讨论、评价各小组的学习情况，达到全班同学共享学习资源和收获体会，巩固所学的知识内容。

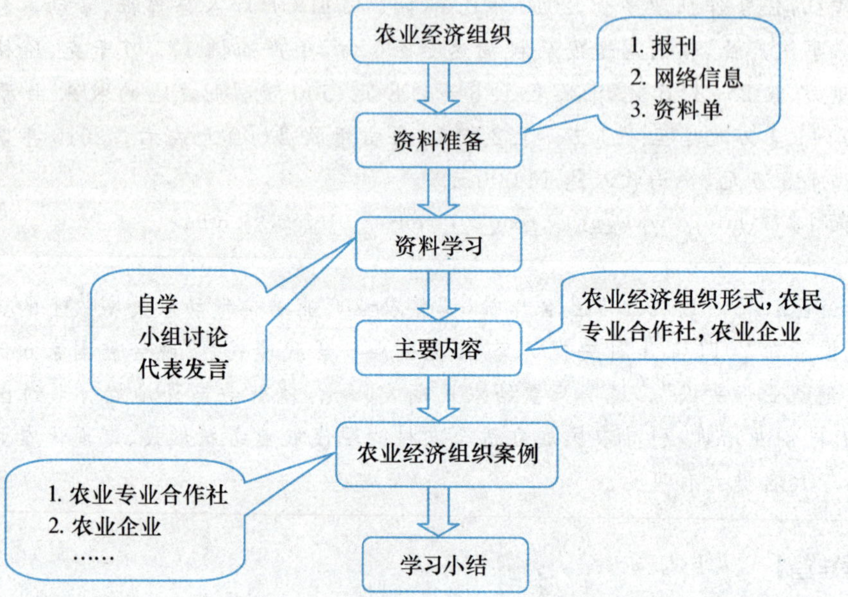

图 9-2 农业经济组织任务完成流程

三、学习拓展

1.农业企业的社会责任

从总体现状和发展趋势看来，全球的企业社会责任实践运动潮流方兴未艾，漠视企业社会责任的企业，不积极承担社会责任的企业很难生存下去。

农业企业社会责任应遵循：诚信原则；守法原则；关系原则；主体原则。

2.农业企业的利益原则

(1)消费者利益原则。企业应尊重消费者尊严，提供符合消费者要求的产品和服务。公正的对待消费者，尽一切努力保证消费者的健康与安全。

(2)雇员权益原则。尊重和保护员工的人格尊严和人权。提供合理的薪水，改善和提高员工的生活水准。提供有助于保护员工健康、人身安全的工作条件。建立与员工共享企业利益增长的机制。

3.农业企业的法律知识

在你开始创业前，你必须了解我国关于开办企业的一些基本法律法规知识。

设立企业从事经营活动，需要了解《企业登记管理条例》、《公司登记管理条例》等工商管理法规、规章。必须到工商行政管理部门办理登记手续，领取营业执照。

如果从事种子、农药、饲料、兽药等经营活动，还须事先取得相关主管部门的特许批准文件。

设立特定行业的企业，你还有必要了解有关开发区、高科技园区、软件园区等方面的法规、规章、有关地方规定，有助于选择创业地点，享受税收等优惠政策。

我国实行法定注册资本制，如果你不是以货币资金出资，而是以实物、知识产权等无形资产或股权、债权等出资，你还需要了解有关出资、资产评估等规定。

企业设立后，需要税务登记，需要会计人员处理财务，这其中涉及税法和财务制度，了解企业需要缴纳哪些税。

了解哪些支出可以进成本，开办费、固定资产怎么摊销等。

聘用员工时涉及劳动法和社会保险问题，要了解劳动合同、试用期、服务期、商业秘密等诸多规定。

还需要了解农业企业涉及的农业知识产权：如植物新品种保护、农业专利权、产品商标权、农业商业秘密、农业著作权、农产品地理标志、科技成果权等。

4. 农业企业的商业保险

农业企业除了要面对一般企业固有的风险外，还要随时随地承担自然灾害以及疫情和病虫造成的不可抗拒的风险。因此农业企业购置保险显得尤其重要。

任务三 熟悉农业经济组织的组建过程

一、学习准备

【典型案例】

合作互助 技术推广 带领乡亲共奔小康

程春生，男，南阳市桐柏王湾茶叶专业合作社理事长。2010 年至今已发展社员 230 户，带动茶叶种植农户 300 户。合作社按照《中华人民共和国农民专业合作社法》的成立规定，以“有险共担有利共享”的原则，以“合作社＋基地＋农户”的模式，统一技术指导，统一购进生产资料，统一品牌，统一包装和销售，实现了产供销一体化服务。2010 年，合作社带动吴城茶叶种植面积 3 500 亩，年产干茶 15 000 千克，经营收入3 335 000元，社员均收入14 500元。2009 年推选为南阳市第四届人大代表，2009 年 8 月在河南省“三创一代”活动中被表彰为先进个人，2010 年被授予河南省农村青年创业致富带头人。2011 年被评为南阳市劳动模范。

（资料来源：http://www.westlaketea.com/html/2013/11/13/143114.html）

案例点评：抱团取暖，合作社是农业做大做强的必由之路。

【资料准备】

1. 图书馆或资料室：利用图书馆或资料室的书籍或报刊，查找有关农业经济组织组建的知识、案例等信息资料。

2. 电脑、网络、新媒体：利用电脑上网或利用手机上 WiFi 等，查找有关农业经济组织组建知识、案例等信息资料。

3. 教师准备的资料单：关于组建农业经济组织的相关文章。

二、学习任务设计与实施

【学习任务设计】

见图 9-3。

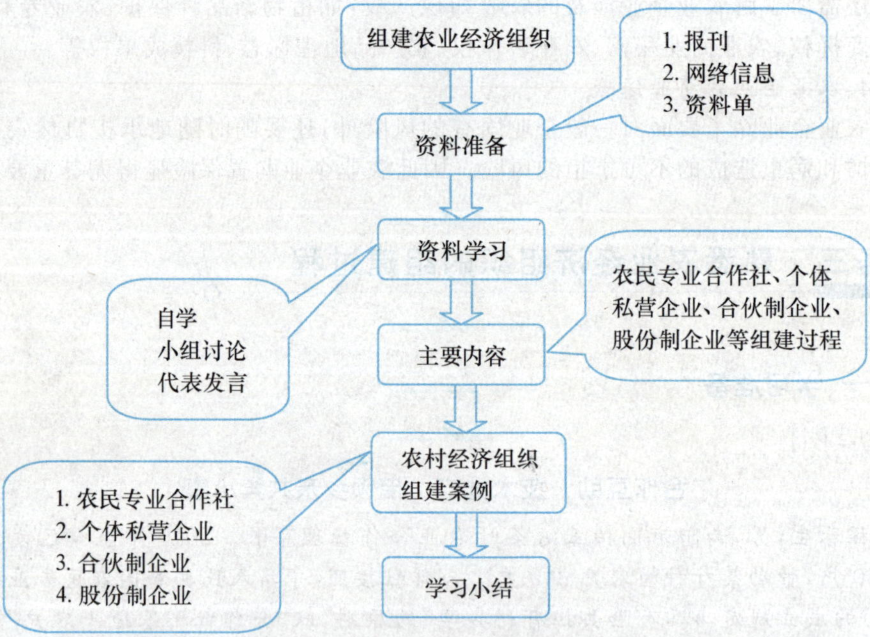

图 9-2 农业经济组织组建任务完成流程

【学习任务实施】

1. 在教师的指导下，通过多种信息渠道查询农业经济组织组建相关资料。

2. 教师组织发动全班同学讨论、评价各小组的学习情况，达到全班同学共享学习资源和收获体会，巩固所学的知识内容。

三、学习拓展

(一)农民专业合作社组建过程

1.农民专业合作社组建过程

(1)坚持建社原则。农民专业合作社建设按照法律第三条规定,应遵循五条原则:

①“成员以农民为主体,农民成员至少应当占成员总数的百分之八十。”

②“以服务成员为宗旨,谋求全体成员的共同利益”。一是合作社建社的目的是为其成员服务;二是合作社服务的对象是其全体成员;三是合作社实现的利益归全体成员所有。

③“入社自愿、退社自由。”只要按照程序和手续,办理清楚申请、审议、资产交割等章程、制度规定的相关事项,就可以入社或退社。

④成员地位平等,实行民主管理。一是在专业合作社中,理事长和理事会是全体社员意志和利益的总代表。成员权、责相连,实行一人一票,每个成员都有选举权、被选举权和对重大事项的审议权、表决权;二是成员对专业合作社经营行为有监督权;三是成员对专业合作社各项服务都有受益权;四是成员对社会各界向专业合作社提供的各种捐助、优抚、扶持、支持和其他政策性倾斜都享有监督权、使用权、占有权;五是成员对专业合作社的资产都有所有权、使用权、监管权;六是成员对专业合作社产业经营盈余都具有分配权等。

⑤盈余主要按照成员与农民专业合作社的交易量(额)比例返还(交易额的60%以上)。按合同规定价或基本保护价计算,根据社员与合作社的交易量,扣除管理费、公勤人员工资福利、水电费、运租费、分等定级和其他粗加工费、包装费、公积金、公益金等费用,所获取的纯利润收入。

上述这五条原则中,核心是“成员以农民为主体”。也就是说,农民应当是管理专业合作社的主体,是分享专业合作社利益的主体,是专业合作社经营的主体。

(2)建社程序和方法。组建农民专业合作社,需要经过以下过程:

①组织召开设立大会。

设立大会必须完成几项基础工作:a.确定专业合作社经营的产业项目;b.确定专业合作社住所和名称(一般按住地+产业+记号+合作社字样确定);c.确定专业合作社成员(五人以上,上不封顶);d.推举理事长、监事长或执行监事;e.确定专业合作社组织机构,成立理事会和监事会(20人以下设理事会和一名监事长,20人以上同时设监事会),任命财务管理人员,聘任其他公务人员;f.确定成员出资额和出资时限;g.按照《农民专业合作社法》和示范章程要求,结合实际,讨论、制定本专业合作社章程；h.根据章程规定，制定相关制度。特别是财务管理、盈余分配等项制度，必须认真搞好。

以上都要以书面文字的形式，形成纪要，由专业合作社成员（或成员代表大会）签字、画押。最低一式4～5份，专业合作社机档案室、专业合作社法人代表、工商局、县级农业产业化办公室各留存一份。

②到县级以上工商部门注册登记。

农民专业合作社注册登记必须具备以下手续：a.登记申请书（或设立申请表）；b.5人以上的全体设立人签字、画押的设立大会纪要；c.全体设立人签字、画押的章程；d.法人代表、理事的任职文件及身份证明；e.出资成员签名、盖章的出资清单或银行资信证明；f.住所使用证明；g.法律、行政法规规定的其他文件等。

农民专业合作社的登记，一般要经过四个阶段完成：申请、现场考察验证、评价审议、发证。

《农民专业合作社法》对这方面还有三条规定：

a.登记机关应当自受理登记申请之日起二十日内办理完毕，向符合登记条件的申请者颁发营业执照。

b.农民专业合作社法定登记事项变更的，应当申请变更登记。

c.办理登记不得收取费用。

③召开成立大会，挂牌营业。

专业合作社成立的重要标志不只是有一个工商执照，必须保证五有：有证照（工商执照、税务登记证、法人代码证、银行开户许可证）、有牌子、有印鉴、有办公场所和办公装备、有产业经营活动和良好的经营效果。缺少一样就应当视为不合格，限期内必须补上。

2.如何保证农民专业合作社健康发展

(1)证照办理规范化。

①证照登记规范化。农民专业合作社营业执照的申报审批，要严格按照国家颁发的《农民专业合作社登记管理条例》执行。在证照办理上要注意几个问题：

a.命名要准确。一个专业合作社的命名就是给本专业合作社定一个徽号。这个徽号要体现本专业合作社的地域特征、产业特征、合作社特征及其作为经济组织与其他四类经济法人相区别的特点、特征。农民专业合作社是第五类经济法人，在定名时，既要体现其与其他经济法人的共同点，又要体现专业合作社与其他经济法人的不同点，按域名＋本专业合作社与当地同行业其他专业合作社相区别的标记＋产业名称或叫专业名称＋“专业合作社”字样。如镇平县（地域）众兴（本专业合作社标记）养猪（专业名称）专业合作社、新野县（地域）宛绿（本专业合作社标记）

蔬菜(专业名称)专业合作社等都是比较标准的注册命名。

b. 手续要完备。要严格按照《农民专业合作社法》和《登记条例》的要求,递交和审验申办专业合作社的八项文本,特别是设立大会纪要、出资清册、专业合作社章程、设立人及全体成员的身份证明这些文本,要逐项、逐条、逐句、逐字核查、审验。

c. 程序要合理、合法。要严格按照《农民专业合作社法》和《登记条例》规定的申请和审批程序,进行农民专业合作社的申报、审批。一般是四个步骤:

第一步是召开设立大会,准备相关申请手续。

第二步是向县级农业产业化办公室递交建社文本,由农业产业化办公室对建社文本进行审验。

第三步是到工商行政管理局递交建社相关文本,申请注册登记、发证。

第四步是工商行政管理局核查相关文本的真实、可靠性,合格者当场登记发证;不合格者,限期补充完善直至合格时,予以登记发证。从工商系统受理登记手续之日算起,至登记发证,不得超出 20 个工作日。

②四证齐全。除了工商执照,还要有税务登记证、机构代码证、银行开户许可证。

(2)机构建设规范化。

①建好一部章程。

第一,章程是农民专业合作社必须遵守的行为准则。因此,章程既要体现全体专业合作社成员的意志和利益,又同时为专业合作社全体成员,提出为完成专业合作社建设的总目标每个人必须遵守的行为规范。

第二,由于各个专业合作社都会有自己经营产业项目的特殊情况,所以,在制定本专业合作社的章程时,可以把本专业合作社对那些"特殊情况"的具体要求补上去。

第三,《农民专业合作社法》和示范章程中的利润分配部分的要求,是从广义上讲的。也就是说,所有农民专业合作社的利润都归全体成员所有,必须全部返还给全体成员。在具体操作中,由于专业合作社的经营模式各不相同,特别是服务类专业合作社,由于其对成员户服务类型、组合模式、服务深度、服务方法各不相同,利润的分配和占有就各不相同。不管是采用何种组建模式、管理模式、互助合作模式和分配模式,都必须在章程上列出专一条款予以明确。

第四,分级存档,并张榜上墙,接受全体成员监督。

②建好几个制度。

一是财务管理制度。在国家《农民专业合作社财务管理制度》的框架下,具体制定出自己的制度规定。做到财务账目七相符（账—实相符、账—账相符、账—据相符、账—表相符、账—款相符、账—约相符、账—制相符）。在专业合作社的财务管理上，必须做到理事长、监事长、财务会计分别设置，不得兼职。

二是统一服务制度。农民专业合作社建设的最终目的是提升农民的组织化程度，提升农村、农业、农民的整体素质，提升农村、农业、农民整体收入水平。通过农民专业合作社内的统一服务，使成员户在产业经营中经济互补、技术互补、信息共享、市场共用、基地共有，大幅度提升成员户整体素质、整体经营水平的同时，通过饲料、良种、农业生产资料、农产品加工原材料的统一购进降低生产成本；通过防疫和饲料技术、植保和农田改造等生产技术、专业农产品加工技术的统一，提高产品质量和产业产量；通过统一进行产品认证和产地认证、统一加工包装、统一生产标准、统一运营价格、统一销售市场，提升产业附加值。且所有这些服务都是用经济来运作的，涉及多种经济关系和经济利益。因此，农民专业合作社统一服务的质量，直接关乎合作社能否规范运作、能否健康发展。而统一服务质量必须靠完善的机制、完善的制度体系来保障。

③坚持民主管理。民主管理是农民专业合作社的典型特点。

第一，农民专业合作社的领导班子，一定要通过选举产生。

第二，农民专业合作社要理事会、监事会分设。

第三，专业合作社必须做到“三公开”：一个是政务公开。二是经营公开。三是财务公开。

（3）实施规范化经营。

①产业生产标准化操作。从事种植业生产的专业合作社，要从土壤改良和土地集约应用、科学施肥、水利建设应用、种子种苗升级改良、间套轮作、植物保护等实用农业技术应用。养殖业类专业合作社，要重点抓好良种推广、科学饲料配制、疫病统防统治、畜禽—沼—鱼或畜禽—沼果菜等立体开发等模式建设。

②大力推进无公害生产经营。种植业类专业合作社要在努力做到高产、稳产的同时，在优质农产品生产上大做文章。专业合作社要在配方施肥、增施有机肥、进而用生物肥和有机肥全面取代化肥的道路上先走一步，要在用高效、低毒、低残留农药施用取代高毒、高残留农药的同时，在生物农药开发应用的道路上早走一步。

③要认真做好农产品的产地认证、产品认证，做好无公害食品认证、绿色食品认证、有机食品认证。标准化生产、规范化经营的最重要条件，就是农产品质量安全。

④要力争规模推进、链条经营、立体开发。对于合作社来说，规模就是实力。

规模越大，实力越雄厚，竞争力越强。而规模有两个侧面：一个是讲群体优势，经营同一产业的成员户越多规模越大；另一个是将链条拉长，链条越长规模越大，效益越好，收入越高。

⑤专业合作社要走精、奇、新道路。所谓精，就是精细之意。一是不要种啥卖啥、养啥卖啥，原产品出售也必须分等定级，外观小修，净品上市，换装上市，提高身价。二是有条件的地方，尽量逐年向深加工的层次迈进。

⑥要立足当地资源，因地制宜，淘金挖银。有道是靠山吃山，靠水吃水。

⑦产业管理对内靠专业合作社的章程、靠制度，对外靠市场信息监控、靠经济合同约束。

(二)个体私营企业的组建过程

根据《中华人民共和国个体私营企业法》规定，私营企业开业需要注册登记。

1. 自然人设立有限公司

(1)自然人申请开办有限责任公司应具备的条件

①设立有限责任公司的股东及所需身份证明。

②已领照的私营企业（包括有限公司）作为股东应递交经原登记机关盖章的《营业执照》《企业法人营业执照》复印件。

③申请设立有限责任公司，应具备与生产经营和服务规模相适应的经营场地及必要的设施。有健全的服务制度，配备财会人员。

④申请设立有限责任公司应配备 8 名以上专职人员（股东、雇员）。

(2)申请登记的程序和手续

①自然人设立有限责任公司应提交下列文件：

a. 公司董事长或执行董事签署的设立登记申请书。

b. 全体股东指定代表或者共同委托代理人的证明。

c. 公司名称预先核准通知书

②申请人将以上应递交的文件证明备齐后，工商行政管理机关方予受理审核。审核合格的，工商行政管理管理机关在 10 天内（法定 30 日）核准登记，发给《企业法人营业执照》，公司即告成立。公司凭公司登记机关核发的《企业法人营业执照》刻制印章，开立银行账户，申请税务登记。

2. 自然人设立私营企业

(1)申请开办私营企业应具备的条件

①投资开办私营企业的对象及所需证明（件）。

②申请人（私营独资企业指投资者本人，私营合伙企业指合伙人共同推举的企业负责人）必须具有完全民事行为能力并具备相应的经营能力与条件。

③申请开办私营企业，应有与生产经营和服务规模相适应的资金、场地以及必要的设施，有健全的财务制度，配备财会人员。

④开办私营企业，必须有 8 人以上雇工。可作为私营企业雇工的人员包括城镇待业人员、辞退职人员、农村村民、离退休人员、劳教解除刑满释放人员以及停薪留职、停工待岗人员。

(2)申请登记的程序和手续

①申请人直接向企业所在地的县(市)、区工商局提出书面申请。

②经工商部门初审基本符合私营企业开办条件后，发给《私营企业名称呈报表》《私营企业开业申请登记表》及系列表格，申请人按表格内容及要求认真填写。

③申请登记应提交的资料

a. 书面申请报告，私营合伙企业同时提交合伙协议书；

b. 申请人(私营合伙企业的合伙人)的相应的身份证明；

c.《私营企业开业申请登记表》及系列表格；

d. 验资证明，应提交具有法定资格的验资机构出具的验资证明；

e. 生产经营场地证明；

f. 会计上岗证；

g. 雇工人员的身份证明(与投资人提交的有关证明相同)；

h. 范围中有报经审批项目的，必须要有关部门的批准文件；申请人将以上应递交的文件、证明完备后，工商行政管理机关方予正式受理。审核合格的，工商行政管理机关在 10 天内(法定三十日)核准登记，发给营业执照。

私营企业如果变更登记还要提供相应的手续。

(三)合伙制企业的组建过程

1. 设立合伙企业，应当具备下列条件

①有两个以上合伙人，并且都是依法承担无限责任者；②有书面合伙协议；③有各合伙人实际缴付的出资；④有合伙企业的名称；⑤有经营场所和从事合伙经营的必要条件。

2. 申请设立合伙企业，应当向企业登记机关提交下列文件

①全体合伙人签署的设立登记申请书；②全体合伙人的身份证明；③全体合伙人指定的代表或者共同委托的代理人的委托书；④合伙协议；⑤出资权属证明；⑥经营场所证明；⑦国务院工商行政管理部门规定提交的其他文件；⑧法律、行政法规定设立合伙企业须报经审批的，还应当提交有关批准文件。

(四)股份合作制企业的组建过程

股份合作企业 指以合作制为基础，由企业职工共同出资入股，吸收一定比例

的社会资产投资组建，实行自主经营，自负盈亏，共同劳动，民主管理，按劳分配与按股分红相结合的一种集体经济组织。

股份合作制企业是依法设立的、企业职工共同出资、共同劳动、民主管理、按劳分配和按股分红相结合的企业法人。它是一种典型的人合性与资合性兼备的企业。其中，劳动合作是基础。企业对其管理使用的财产拥有所有权。企业的最高权力机构是职工股东大会，采取一人一票的表决方式。企业以其全部资产对其债务承担责任，企业的出资人以其出资额为限对企业承担责任。

股份合作制企业的股权结构通常包括职工个人股和职工集体股两种。职工个人股是由职工个人自愿投资形成；职工集体股是由集体共有财产折价入股或向企业投资形成。

股份合作制企业可以设立董事会也可以不设立。不设立董事会的企业由职工股东大会选举或聘任总经理，负责企业的经营管理工作，是企业的法定代表人。设立董事会的企业，董事会是企业的业务执行机构和职工股东大会常设机构。董事长为企业的法定代表人。由董事会聘任总经理负责企业的日常经营管理。

（五）股份制企业的组建过程

1.股份制企业的组织形式与特征

（1）我国股份制企业主要有两种组织形式：股份有限公司和有限责任公司。

（2）股份制企业的特征

①发行股票，作为股东入股的凭证，一方面借以取得股息，另一方面参与企业的经营管理；

②建立企业内部组织结构，股东代表大会是股份制企业的最高权力机构，董事会是最高权力机构的常设机构，总经理主持日常的生产经营活动；

③具有风险承担责任，股份制企业的所有权收益分散化，经营风险也随之由众多的股东共同分担；

④具有较强的动力机制，众多的股东都从利益上去关心企业资产的运行状况，从而使企业的重大决策趋于优化，使企业发展能够建立在利益机制的基础上。

其中：股份有限公司是全部资本由股份构成并通过发行股票（或股权证）筹集资本的企业法人。股份有限公司的基本特征是：一是公司的资本总额平分为金额相等的股份；二是股东以其所认购的股份对公司承担有限责任；三是公司经过批准可以向社会公开发行股票，股票可以交易或转让；四是股东数不得少于规定的数目，但无上限；五是股东以其持有的股份享受权利和承担义务，每股有一表决权；六是公司的会计报告经注册会计师审查验证后公开。

有限责任公司是由两个以上股东共同出资，每个股东以其所认缴的出资额对公司承担有限责任,公司以其全部资产对其债务承担责任的企业法人,有限责任公司的基本特征是:一是公司的全部资产不分为等额的股份;二是公司向股东签了出资证明书,不发行股票;三是公司股份的转让有严格限制;四是股东的人数不得超过一定的限额;五是股东以其出资的比例享受权利和承担义务。

2.股份制企业的组建方式

股份制企业的组建方式有两种:一种是新设,一种是由现有企业改组。企业新建、扩建时、可将多方投资的份额转换成股份。

在企业兼并中,被兼并企业的资产所有者或将资产作为股份入股到兼并方企业中,将兼并方企业改组为股份制企业;兼并方企业也可以通过对其他企业控股,实现兼并,将被兼并方企业改组为股份制企业。

需要新增设投资的企业,可通过发行股票筹集资金,并将原有资产评估核股,改组为股份制企业。

企业集团的核心企业可通过参股、控股,壮大紧密层或发展其余成员企业。完全靠贷款建设和负债率比较高的企业,可以通过发行股票改变不合理的资本结构。

从本质上讲,股份有限公司只是一种特殊的有限责任公司而已。由于法律规定,有限责任公司的股东只能在50人以下,这就限制了公司筹集资金的能力。而股份有限公司则克服了这种弊端,将整个公司的注册资本分解为小面值的股票,可以吸引数目众多的投资者,特别是小型投资者。

项目十　实施现代农业创业计划

【项目目标】

完成本项目学习任务后，你应该能

1. 理解创业规模的概念，掌握影响创业规模的要素及创业规模的确定；

2. 熟悉并明确企业中各类人员的角色与职责；

3. 掌握识别项目范围的所有维度，懂得创业的资本预算方法，能进行简单财务预测。

【项目任务描述】

创业计划完成后，我们应当权衡它所提供的信息，最终决定是否开始行动。一旦决定实施创业计划，就会有很多事情要做。通过教师组织引导，学生听课、自学、讨论和案例分析等，在实施现代农业创业计划过程中，理解创业规模的概念，掌握影响创业规模的要素及创业规模的确定；熟悉并明确企业中各类人员的角色与职责；掌握识别项目范围的所有维度，懂得创业的资本预算方法，能进行简单财务预测。

【引导性案例】

创业，就要勇于追梦

有梦想谁都了不起

远在郑州的"90后"陶璞，从2007年在郑州新郑的流动摊点贩菜做起，当初一个月收入不足千元的务工人员如今已成长为一个年利润超过500万元农业科技公司的领路人。

起点低但目标高

和很多当地农民一样，陶璞的创业起点也很低，2007年，考虑到姐姐读大学的高额学费和父亲养家的艰辛，陶璞放弃了读大学，开始和父亲一起在新郑的流动摊点贩菜挣钱。陶璞从那时起，就立志要干出一番事业，改变整个家庭的命运。

吃苦其实是幸福

每天凌晨4点起床去郑州毛庄进货，6点前赶回摊点。冬天，陶璞裹着军大衣，缠着羊毛护膝，骑着三轮车迎着寒风前行，一边骑车一边牙打颤。不管再辛苦，每次感觉能帮父亲分担，他都觉得“吃苦其实是幸福的”。两年的辛苦，让陶璞的存折上有了5万元的存款，而在他人生的“存折”上则存下了宝贵的阅历、视野和见识。有了自己的第一桶金，陶璞决定迈向他的人生新计划，开超市！

思路决定出路，选择决定未来。创业，就要敢于为自己指路

2009年，卖了两年菜的陶璞开始为实施他的创业计划迈出第一步，因为感觉自己对超市运营及管理并无把握，他决定先去超市打工，虽然月收入几乎减半，但却让陶璞见识了超市里的黄瓜越贵却越抢手的现实和其中的“秘诀”。在超市打工一年后，陶璞看准商机，迈向他的下一个计划，加盟新郑绿野养猪专业合作社，而这里给他的事业插上了起飞的翅膀。通过一年的努力，陶璞的社员由开始的几个人发展到500人，生猪也达到了10万头，虽经历一场疫情，却最终挺过来了，赚到了人生的第一个100万元。后来在2011年初，陶璞实现了他的创业最终计划，创办一养苑现代农业科技有限公司，年利润超过500万元。

（资料来源：http://news.sina.com.cn/c/2013-05-05/031427027485.shtml）

案例点评：在案例中，我们努力想要表达的是这样一个道理：最好的理想，是最小的理想；最好的计划，是最能操作的计划。

任务一　创业规模的确定

一、学习准备

【典型案例】

观鱼镇蛋鸡养殖规模越做越大

养鸡对于农民来说，是再熟悉不过的事了。但依靠养鸡迅速地发家致富，却不是每个农民都能做到的事。最先在观鱼镇开始养蛋鸡的，是如今身兼德阳市人大

代表、绵竹市政协委员、观鱼镇继庄蛋鸡养殖协会会长等多种头衔的乡村能人林春富。这位1987年即在德阳市农牧局养殖场打工养鸡的农民，有一个聪明的头脑，4年的偷经学艺，潜心揣摩，使他对养蛋鸡的全过程技术烂熟于心。1991年，林春富回到了他在观鱼镇继庄村1组的家，开始了规模养殖蛋鸡的事业。第一年喂养了500只蛋鸡，当时鸡蛋的市场行情不错，当年的销售收入即有1万多元。初尝甜头后，林春富的干劲越来越大。1993年，他家养殖的蛋鸡达到1 400只。但这年的一场法氏囊病毒，让林春富遭遇了一场养鸡“滑铁卢”，所养的鸡全死掉了。家人的抱怨，邻里的讥讽，并没有让林春富灰心丧气。他东挪西借，凑足资金又干开了。吃一堑长一智，林春富对防疫把关更严，从此一帆风顺，事业越做越大。2003年，他养了11 000多只蛋鸡，销售收入达90多万元，利润10万元左右。如今，林春富每天鸡蛋销售收入都在2 000元以上。

头雁领路群雁飞。邻居见林春富养鸡发了财，纷纷加入到养鸡行列中来。如今，单继庄村就有养鸡户32户，养殖蛋鸡4万多只。而观鱼镇8个行政村里，7个村都有农户在养鸡。邻近乡镇也有30多户农家搞起了蛋鸡养殖业。眼看着全镇养鸡规模越来越大，2002年10月，观鱼镇继庄蛋鸡养殖协会在众养鸡户的期盼中正式挂牌，林春富众望所归当上了会长。从此，协会在指导农户科学养鸡、拓宽销售渠道等方面做了大量的工作，使养鸡户对未来充满了信心。

（资料来源：http://news.sohu.com/20041108/n222892481.shtml）

案例点评：“不积小流无以成江河”，生意的兴旺发达要一步一步来，毕竟当今很少有一夜暴富的，只有一夜暴贫的。生意做大需要每一个阶段和过程，踏踏实实，不要遇到困难就想着打退堂鼓；同时当今市场变化迅速，如果你思维显得滞后，你就没有机会了，所以洞察市场局势也是必要条件，有一句话叫利滚利，生意大你就必要不断拓展投资范围，不断提高自己适应能力。同时提醒你“风险”的节奏把握也很重要。

【资料准备】

1. 图书馆或资料室：利用图书馆或资料室的书籍或报刊，查找有关创业规模的知识、案例等信息资料。

2. 电脑、网络、新媒体：利用电脑上网或利用手机上 WiFi 等，查找有关创业规模及影响创业规模要素的知识、案例等信息资料。

3. 教师准备的资料单：关于确定创业规模的相关文章。

二、学习任务设计与实施

【学习任务设计】

见图 10-1。

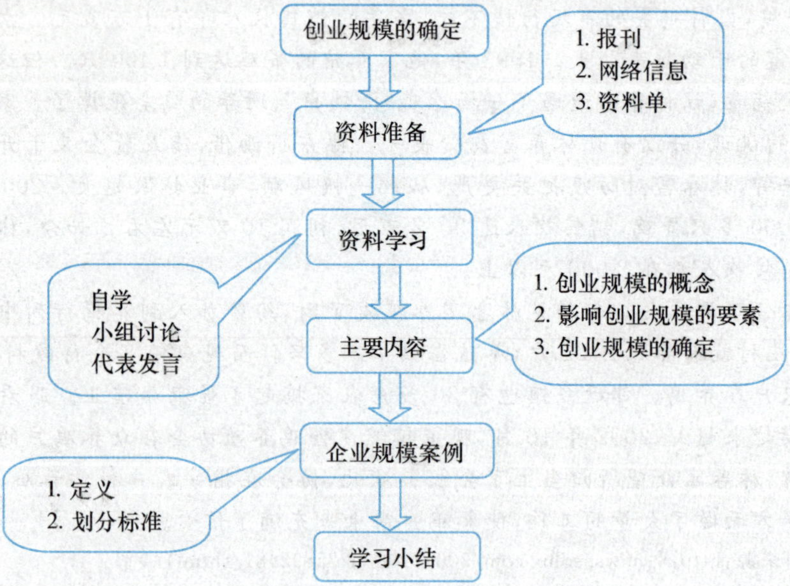

图 10-1 认识创业学习任务完成流程

【学习任务实施】

1. 安排学生课前预习创业规模的概念及划分标准，影响要素等有关内容。

2. 在教师的指导下，通过多种信息渠道查询资料。关键词有：创业规模、划分标准、影响要素、如何确定企业的规模等；汇总查找的相关资料。

3. 鼓励学生们自由地提出想法，从而激发出大家的创造力；教师的角色是记录员，把大家提出的想法和解决办法写在活页挂纸上，不加任何评论。

4. 教师和学生们一起分析所产生的各种想法，并进行分类，放弃多余的或无关的想法并对分析结果做出总结归纳。

三、学习拓展

(一)创业规模的概念

企业规模表示劳动力、生产资料和产品在企业中的集中程度。一般分为大企、中企、小企三级。因企业技术水平和资金、劳动力密集度不同，有 3 种划分标准：一是企业产品生产能力；二是固定资产价值；三是劳动力人数。

不同规模的企业在经济中的作用亦不相同。大型企业产量大、技术高、生产集中，是工业生产的骨干企业，在经济中起主导作用。中小型企业投资少、建设周期短、见效快，便于实现生产专业化，且适应市场变化能力较强，生产易接近原料地和市场，生产经营灵活。不同行业的企业规模大小的划分，随生产技术水平的提高，其划分标准也相应变化。工业布局中对企业规模的研究，应考虑不同行业企业的规模经济性；现有企业状况（规模结构、生产状况、经济效益、分布等）；资源、劳动力、资金等条件和市场需求。

（二）影响创业规模的要素

创业一般要面临企业内部环境和外界环境制约因素的影响，具体表现为：

1. 内部因素

（1）不少企业在创业之初对企业的发展方向不够明确，在发展过程中经常受到这样或那样的压力，导致企业的发展与目标出现较大的差距，影响企业发展。

（2）做大做强是大多数企业发展的最终目标，但是只有很少的企业意识到这需要长时间的财富积累。过于急躁冒进不仅使企业资源分散，配置效率低，还会给企业的经营管理和效益增长带来沉重负担。

（3）企业内部管理者素质是影响企业能否长期发展的关键因素之一，初创企业管理者水平相对比较低，这就导致企业决策水平不高，日常管理混乱，资金和人才的大量流失。

（4）企业在创业之初，产品如何能在市场上占有一席之位是所有企业面临的重要问题。企业只有通过准备的市场调查分析，制定科学合理的营销战略才能有效地规避风险，获得长远发展的机会。

（5）创业面临的最大的问题是技术创新能力不足。初创企业一般规模比较小，缺乏具有专门技术能力的中介组织、行业协会等提供诸如技术支持、市场咨询、员工培训和法律咨询等社会服务体系，自主开发新技术的难度加大，易导致产品质量差、资源浪费和环境污染，市场秩序混乱等。

2. 外部制约因素

（1）初创企业融资难不仅表现在企业发展阶段，调查表明，我国许多企业创业的初期的资金几乎完全依靠自筹，外加扩张投资时也几乎完全依靠内源融资手段，融资难成为创业的主要瓶颈之一。

（2）企业初创阶段因其规模小，设备和人才等资源的不足，在创业之初就要明确企业的发展道路，瞄准细分市场和市场空缺。

(3)承受环境条件影响能力的劣势。企业的个体实力有限,在政府制定的联合行动中交易成本就会过高,导致在对政策的影响力方面大企业具有优势。

国家通过各种政策支持和鼓励中小企业创业,但是就现状来看,企业在创业和发展过程中要克服的困难还有很多。各地方也根据各自中小企业发展情况,采取制定中小企业创业规划和建设成立中小企业创业基地等措施,对推动中小企业快速健康发展具有重大意义。

(三)创业规模的确定

不同的企业规模都有各自的评定标准,详见下表10-1,了解它们,有助于你确定自己的创业规模。

表10-1 统计上大中小型企业划分标准

行业名称	指标名称	计算单位	大型	中型	小型
工业企业	从业人员数 销售额 资产总额	人 万元 万元	2 000及以上 30 000及以上 40 000及以上	300～2 000以下 3 000～30 000以下 4 000～40 000以下	300以下 3 000以下 4 000以下
建筑业企业	从业人员数 销售额 资产总额	人 万元 万元	3 000及以上 30 000及以上 40 000及以上	600～3 000以下 3 000～30 000以下 4 000～40 000以下	600以下 3 000以下 4 000以下
批发业企业	从业人员数 销售额	人 万元	200及以上 30 000及以上	100～200以下 3 000～30 000以下	100以下 3 000以下
零售业企业	从业人员数 销售额	人 万元	500及以上 15 000及以上	100～500以下 1 000～15 000以下	100以下 1 000以下
交通运输业企业	从业人员数 销售额	人 万元	3 000及以上 30 000及以上	500～3 000以下 3 000～30 000以下	500以下 3 000以下
邮政业企业	从业人员数 销售额	人 万元	1 000及以上 30 000及以上	400～1 000以下 3 000～30 000以下	400以下 3 000以下
住宿和餐饮业企业	从业人员数 销售额	人 万元	800及以上 15 000及以上	400～800以下 3 000～5 000以下	400以下 3 000以下

1. 中小企业的确定

目前在中国,中小企业不仅仅是一个概念问题,而且是一个如何界定企业规模的实践问题;中小企业不是一个绝对的概念,而是一个相对大企业而言的概念。中小企业还是一个合成词,是中型企业与小型企业的合称,是近几年来才出现的词组。我国20世纪80年代和90年代中期提出的是大中型企业和小企业,直到90

年代后期才提出中小企业。

2.中小企业标准为：

(1)工业。中小型企业须符合以下条件：职工人数2 000人以下，或销售额30 000万元下，或资产总额为40 000万元以下。其中，中型企业须同时满足职工人数300人及以上，销售额3 000万元及以上，资产总额4 000万元及以上；其余为小型企业。

(2)建筑业。中小型企业须符合以下条件：职工人数3 000人以下，或销售额30 000万元下，或资产总额40 000万元以下。其中，中型企业须同时满足职工人数600人及以上，销售额3 000万元及以上，资产总额4 000万元及以上；其余为小型企业。

(3)批发和零售业。零售业中小型企业须符合以下条件：职工人数500人以下，或销售额15 000万元以下。其中，中型企业须同时满足职工人数100人及以上，销售额1 000万元及以上；其余为小型企业。批发业中小型企业须符合以下条件：职工人数200人以下，或销售额30 000万元以下。其中，中型企业须同时满足职工人数100人及以上，销售额3 000万元及以上；其余为小型企业。

(4)交通运输和邮政业。交通运输业中小型企业须符合以下条件：职工人数3 000人以下，或销售额30 000万元以下。其中，中型企业须同时满足职工人数500人及以上，销售额3 000万元及以上；其余为小型企业。邮政业中小型企业须符合以下条件：职工人数1 000人以下，或销售额30 000万元以下。其中，中型企业须同时满足职工人数400人及以上，销售额3 000万元及以上；其余为小型企业。

(5)住宿和餐饮业。中小型企业须符合以下条件：职工人数800人以下，或销售额15 000万元以下。其中，中型企业须同时满足职工人数400人及以上，销售额3 000万元及以上；其余为小型企业。

任务二 明确各类人员的角色与职责

一、学习准备

【典型案例】

谁当老板？

王强和刘丽夫妇俩要创办的企业是家庭式的个体企业，他们自己就是老板。

在有能力雇佣别人做工和管理之前，企业的员工就他们一家三口。夫妻俩和儿子就企业的管理和分工坐下来商量，聊聊各自的长处，适合做什么工作。王强见多识广，有主意，适合负责产品设计、生产管理、工艺技术和企业计划。刘丽心细，善于言辞，适合管账、采购和销售。儿子王晓明在学校学习了很多企业管理知识并且对城里的情况也比较了解。他们最后达成共识，王强可以当经理，但在大事上，他们三人将共同商量决定。

（资料来源：创办你的企业：创业计划手册. 北京：中国劳动社会保障出版社，2009.）

案例点评：产品是靠人来生产的，企业是靠人来管理的。为了让新企业能成功而顺利地运转起来，必须很好地选择和安排人员。如果新的企业只依靠业主自身的资源不能使之运转，就需要朋友或者亲戚的加入，作为业主，必须要知道你的企业有哪些工作要做，并且要雇用合适的人去做这些工作。一个有效率的企业，必须有一支具备知识和技能的员工队伍。

【资料准备】

1. 图书馆或资料室：利用图书馆或资料室的书籍或报刊，查找有关企业机构设置、人员配备、岗位职责与管理制度、工作绩效的评价与考核等有关资料。

2. 电脑、网络、新媒体：利用电脑上网或利用手机上 WiFi 等，查找有关企业机构设置及人员配备、岗位职责与管理制度、工作绩效的评价与考核等有关资料。

3. 教师准备的资料单：关于明确各类人员的角色与职责等相关文章。

二、学习任务设计与实施

【学习任务设计】

见图 10-2。

【学习任务实施】

1. 在教师的指导下，通过多种信息渠道查询资料。关键词有：机构设置、人员配备、岗位职责、管理制度、工作绩效的评定与考核等。

2. 将现实生活中可能出现的情况编写“角色扮演”剧本，描述每个角色要扮演的情况；选出学生在模拟情景中扮演剧本中的特定角色。

3. 表演结束后，进行全班讨论，评价表演结果。

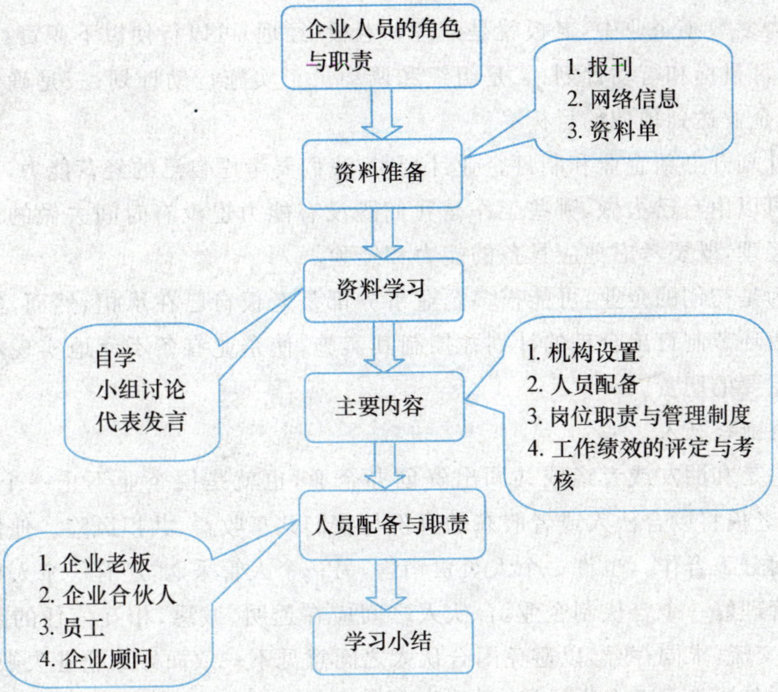

图 10-2 明确各类人员的角色与职责学习任务完成流程

三、学习巩固

(一)机构设置

企业组织结构是指企业全体员工实现企业目标而进行的分工协作，在职务范围、责任和权力方面所形成的结构体系。一般至少可分为：

(1)综合管理部门，可以称为综合部、综合管理部、行政人事部、行政部、人力资源部；

(2)市场营销部门，可以是市场部、销售部、营销部；

(3)财务管理部门，可以称为财务部、财务管理部、计划财务部等；

(4)如果是生产制造类行业，还必须要有生产部门，可以是车间、生产部等。

(二)人员配置

企业离不开员工，企业也是靠人来管理的，所以良好的企业人员管理计划对企业的发展至关重要。小企业规模不大，一般由下列人员组成：

1.老板本人

在大多数小企业中，老板就是经理。老板(经理)可以行使以下职责：一是开发创意，制订目标和行动计划；二是组织和调动员工实施行动计划；三是确保计划的执行，使企业达到预期的目标。

在计划开办新企业和制订企业计划时，我们要考虑自己的经营能力，要明确哪些工作可以由自己去做，哪些工作是我们既没有能力也没有时间去做的。如果需要一个经理，既要考虑他应具备的能力和经验。

因为是初创的企业，可能很多企业事务都是老板自己在承担，然而，给企业运转的每个环节制订出合理的计划并控制其实施，使企业有条不紊地实现利润是老板更为重要的职责。

2.企业合伙人

如果是和朋友或者亲戚共同出资创办企业，也就是说企业不止一个老板，那么，这些老板将以合伙人或者股东的身份与我们共享收益、共担风险。他们将决定彼此如何分工合作。也许一个人负责销售，另一个人管采购，还有一个人抓管理。

要管理好一个合伙制企业，合伙人之间应在透明、诚恳、相互信任的基础上常沟通、多交流，求同存异，以避免因合伙人之间意见不一致而导致企业失败。因此，有必要准备一份书面合作协议，明文规定各自的责任和义务，一定要建账，且账目明晰。

3.员工

如果我们没有时间或者能力把全部工作包下来，就要雇人。最小的企业可能只雇1～2个临时工就可以了。有的企业则需要雇佣更多全时员工。

为了雇佣到合适的员工，要考虑以下几点：一是参照我们的企业想法，把该做的工作列出来；二是明确哪些工作自己做不了；三是详细说明所缺岗位需要的技能，工作态度和其他要求；三是决定完成每项工作需要的人数；四是要对员工(包括企业老板本人)合理定岗定薪定责；五是选择合适的招聘途径；六是作简单的员工培训；七是进行员工管理。

小企业的人员组成有合伙人、员工以及我们自己，这些人都将影响到企业的成败。我们要管好企业，就要慎重地选择人员，要明白他们各自的角色和岗位。

一个有效率的企业要组织的严谨，让所有员工知道自己必须做什么，以及完成任务需要哪些技能。认真搞清楚我们所需要的人员，为全体员工建立岗位责任制，我们的企业管理起来就会容易得多。

(三)岗位职责与管理制度

【典型阅读】

确定员工的岗位职责

王强在外地企业做管理的表弟郭二宝告诉他,做好企业分工,制定岗位职责,哪怕像他们这样只有家人参与的企业同样非常重要,这样的话可以使三个人各自完成自己这块事情,而不会造成一件事情重复在做或者有些事情没有人做的现象。而且,将来企业做大了,也可以合理地对员工定岗位、定责任、定工资,评价员工是否完成本职工作能有个依据。最后,王强夫妇俩与儿子商量,定出了创业初期的岗位职责表:

岗 位	工作说明	所需素质或技能	谁的任务	
			第一阶段	第二阶段
老板	做计划、制定目标、监督实施、协调内部关系、与工商税务等单位打交道	有主见、认真、果断、善于应变、容易交往	王强	王强
财务	出纳、收款、记账、管理现金、盘点库存	认真踏实、有条理、诚实	刘丽	刘丽 王小明
销售管理	市场调查、与顾客建立和保持良好的关系、接订单、销售预测、制定价格、提出促销方法、发放送货、采购原料	认真、思路敏捷、有热情、善于与人交往、有谈判能力、守信用	刘丽 王小明	刘丽 王小明
生产管理	组织生产、监督生产、控制质量、管理工具设备和技术资料、维修、制订生产计划	认真了解产品、懂技术有动手能力、善于与人相处、能处理矛盾解决问题	王强	王强
产品设计开发	跟踪市场需求动态、收集样品、设计制作样品	有美术和文化素质、有创造性、多面手、懂工艺	王强 外甥女	王强 外甥女
生产工人	选料、上色、浸泡、编织、熏蒸、晾晒、刷漆	有责任心、勤快、能吃苦、手巧	一家三口	工人

(资料来源:创办你的企业:创业计划手册.北京:中国劳动社会保障出版社,2009.)

阅读点评：在企业中，如果员工未被授予明确的责、权、利，就不知道自己在组织中扮演什么角色，处于什么地位，就会产生焦虑感，同样会感到迷惘。企业中没有级别（或者说等级），就意味着没有分工；没有分工就无所谓责、权、利；没有责、权、利就形不成规矩；没有规矩就形不成合力；没有合力这个企业存在的必要性就要大打折扣。

企业的成功在很大程度上取决于企业的员工，在了解自己需要雇佣怎样的人员后，就需要认真考虑员工的选聘和管理问题了，这在企业中显得尤为重要。

1.工作绩效的评定与考核

在组织到合适的人员加入我们的企业后，需要激励他们去完成企业目标。中小企业经营过程中经常会遇到一个头疼的问题：企业需要的员工大量流失。

由于是初创的小企业，也许不能开出高额的员工工资，因此，我们需要运用人性化的员工管理手段来留住人才、激励员工。比如，夸奖、额外奖励、明确的加薪升职制度、关心员工生活等。总之，企业老板应当用各种人性化方式激发员工对企业的良好感情和积极的工作热情，以实现优秀员工长期留用和高效工作的目标。

但在进行企业工作绩效的评价与考核时，要注意：

(1)进行工作分析。要发挥考绩对整个管理系统的信息反馈作用，必须开展有效的工作分析，即明确岗位职责及岗位员工对素质要求，确定哪些是完成工作必需的绩效要素。只有明确了岗位职责，才能有针对性地对企业内部的各个工作团队及员工的实际工作行为进行考核，判断其行为与企业所要求的职责规范之间的拟合程度，并以此作为绩效的衡量标准与考核依据。考核的全过程中一定要有管理层和员工的密切配合，在合作中解决信息不对称的问题。

(2)建立绩效考核体系。要使考核工作规范、有序、高效，必须建立科学的绩效考核体系。绩效考核体系的构建是一项系统工程，包括计划、实施、考核、考核结果的反馈及考核结果的处理和应用。首先要更新观念，认识到业绩不是考出来的，而是通过一个科学的体系管理出来的；其次，要明确绩效管理的目标；然后就要贯彻执行；最后总结考核。

(3)设计考核指标体。必须进行科学的分析，结合企业的个体情况，制定操作性强的定量与定性指标相结合的指标体系。要注意指标过多，计算就会变得繁琐，一些重要的指标会被淹没而难于显示其重要影响。

(4)选择绩效评价工具。每一种评价工具都有其优点和不足。例如，等级排序法能避免居中趋势，但在所有员工的绩效确实都高的情况下，这种方法会引起员工的不良感受。需要指出的是，虽然绩效考核理论推崇与特定的工作行为联系在一起是绩效考核工具,但企业更愿意接受较为简单的工作绩效考核方法。

(5)完善工作绩效标准。古人云:“没有规矩,难成方圆。”应确保向所有的考核者等考核对象提供明确的工作绩效标准。完善企业的工作绩效评价系统,把员工能力与成果的定性考察与定量考核结合起来,建立客观而明确的管理标准,定量考核,用数据说话,以理服人。改变过去员工考核中定性成分过大,评价模糊,易受主观因素影响的不足。

任务三 识别项目范围的所有维度

一、学习准备

【典型案例】

如何用预算控制企业

程某是一家有一定规模的中小企业的经营者,这几年在艰难的创业过程中渡过了一个又一个难关、克服了一个又一个困难,及时抓住了市场机遇,使企业在很短的时间内得以迅速成长壮大。但是,随着企业规模的不断扩大,管理上常显得捉襟见肘:比如明明账上有利润,但在接一项重要订单时,突然发现资金周转不过来;又如在进行某一业务时,总认为会有一定的利益,但结果又往往与预想不符。

李某经营着一家化工厂,生意做得红红火火的,有了一定的资金积累。这几年看到房地产赚钱,于是投资办了一家房地产公司,但楼盖到一半,突然发现钱不够用。原因是每一项工程费用都超出计划费用,原已筹集的资金已不敷使用,而银行看到该公司停工,也不再贷款,原来的贷款又到了期,李某焦头烂额。

(资料来源:http://china.findlaw.cn/jingjifa/kuaiji/kjfal/34388.html)

案例点评:这是一个涉及企业管理的问题,程某、李某之所以会发生以上问题,因素是多方面的,而这和他们没有预算意识、没用预算控制好企业有直接关系。任何一个企业都应该处于一种有序运作的状态中,而预算管理恰是有序运作的一个不可或缺的必要组成部分。企业创业要有规划又要有计划性,预算管理就是计划性的一种体现,有了良好的预算管理会使企业的经营在有序的轨道上运行。程某、李某可以不会做预算,但是不能不懂预算。因为只有懂得了预算知识,才能监督专业人员，为企业做出科学预算；只有懂得了预算知识，才能使用预算，用预算控制企业，发挥预算的作用。

【资料准备】

1. 图书馆或资料室：利用图书馆或资料室的书籍或报刊，查找有关项目预期、项目预算、项目实施的有关资料。

2. 电脑、网络、新媒体：利用电脑上网或利用手机上 WiFi 等，查找有关项目预期、项目预算、项目实施的有关资料。

3. 教师准备的资料单：关于识别项目范围的所有维度的理论总结和案例等相关文章。

二、学习任务设计与实施

【学习任务设计】

见图 10-3。

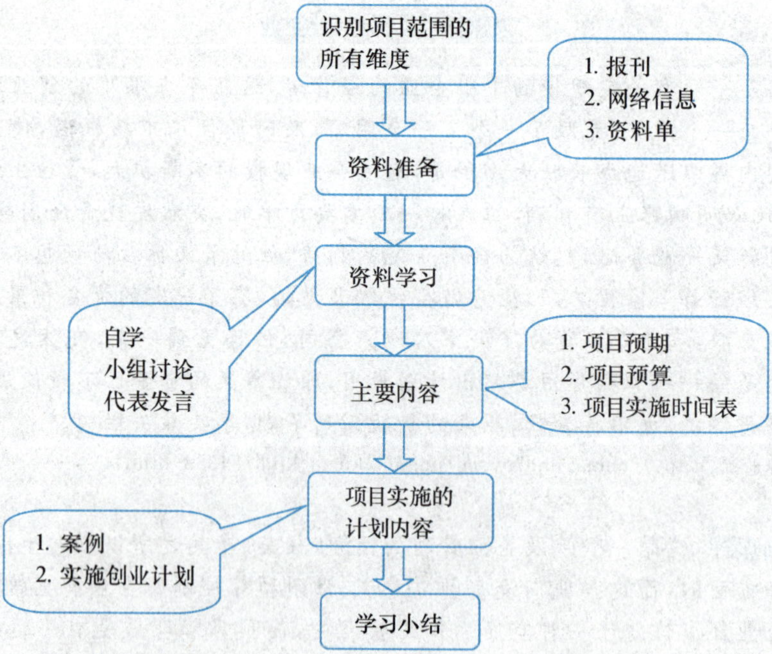

图 10-3 识别项目范围的所有维度学习任务完成流程

【学习任务实施】

1. 在教师的指导下，通过多种信息渠道查询资料。关键词有：项目预期、项目预算、项目实施等；汇总查找的相关资料。

2. 通过头脑风暴法扩大学习成果，要求学生们尽量提出自己不同的想法，同时要求大家不要对别人的想法作评论，以便大家尽情地就问题提出建议。

3. 每组选一个代表，在全班讲解小组的学习路径、学习收获，组员补充收获的内容；教师和学生们一起分析所产生的想法，并进行分类、归纳总结，达到全班同学共享学习资源和收获体会，巩固所学的知识内容。

三、学习巩固

(一)项目预期

项目预期是根据现有已知信息所预测结果的过程。通常未来的资产收益是不确定的。在创业过程中，预期收益的重要性，怎么强调都不为过。它是进行投资决策的关键，输入变量计算。不对它做出估计，什么买卖决策、投资组合一切都免谈。它不仅对投资者重要，对于企业管理者来说，也同样重要，因为企业的预期收益是影响企业成本的主要因素，关系到企业将来选择什么样的方式继续从事经营。

项目预期是制订创业计划时很重要的部分。收入来自销售，没有好的销售就不可能有利润，大多数人往往过高估计自己的销售额，因此，我们在预测销售时不要过分乐观，应保守一点，留有余地。

做项目预期绝不是一件容易的事，我们必须通过市场调查才能做出销售决定。预期销售有几种基本方法：

经验——如果我们在同类企业中工作过，甚至在竞争对手的企业工作过，应该对市场有所洞察和了解，利用这方面的知识来预期我们的销售。在研究一家现有的企业时，如果要达到与其相同的销售和利润水平，需要一段时间。

与同类企业进行对比——将我们的企业资源、技术和市场营销计划与竞争对手的进行比较。基于他们的水平来预期我们的企业销售，这可能是最常用的销售预期方法。如果在本地区没有竞争者，到其他地方看看那里的企业是怎样运作的。

实地测试——小量试销我们的产品或者服务，看看能销出多少。这种方法对制造和专业零售商很有效果，但不适合于大量库存的企业。如果使用实地测试的方法，创业的起步规模要小，甚至保持半开工状态，慢慢将企业做大。

预订单或购买意向书——可以通过分析要求我们提供产品或者服务的近期来函来预期销售量。如果我们的企业客户不多，可以采用这种方法。这种方法适用于出口商、批发商或者制造商。这些必须是书面购买意向书，不能信赖口头协议。

进行调查——调查访问那些可能成为我们客户的人，了解他们的购买习惯，做好调查不容易，我们最初打算提的问题一般应以亲戚、朋友为对象进行初测。分析一下结果，然后判断提的问题是否提供了预测销售所需的信息。我们不可能访问所有潜在顾客，所以需要做抽样调查。抽样调查的对象能够代表我们潜在的顾客群，这点很重要。

【典型案例】

预期销售收入

王强和刘丽打算3月份开办企业。他们计划正常月份每月生产400件柳编织品。但在头3个月，考虑到企业刚开始经营，缺乏知名度，他们计划的生产量要小得多，预计的是100件、200件和300件。由于当地柳编工艺历史悠久、手工工艺精湛，产品销往全国各地，所以王强认为，只要紧跟市场需求开发产品，是能够完成这个计划的。他们的柳编花篮每件售价20.6元，含增值税。下面是他们对当年销售收入的预测：

项目	3月	4月	5月	6月	7月	8月	9月	10月	11月	12月
销售数量(件)	100	200	300	400	400	400	400	400	400	400
产品单价(元)	20.6	20.6	20.6	20.6	20.6	20.6	20.6	20.6	20.6	20.6
含税销售收入(元)	2 060	4 120	6 180	8 240	8 240	8 240	8 240	8 240	8 240	8 240

（资料来源：创办你的企业：创业计划手册.北京：中国劳动社会保障出版社，2009）

案例点评：预测销售和销售收入是准备创业计划项目预期中最重要和最困难的部分。大多数人都会过高估计自己的销售，因此，你在预测销售时不要太乐观，在开办企业的头几个月里，你的销售收入可能不会太高。

（二）项目预算

我们可能会认为小企业投资少，不需要详细计算启动资金，但有许多小企业在创办初期却因为无钱购买原材料等后续流动资金而造成创业失败。因此，正确预测启动资金需求是企业老板开办企业之前必须考虑的问题。

启动资金用来支付场地（土地和建筑）、办公家具和设备、机器、原材料和商品库存、营业执照和许可证、开业前广告和促销、工资以及水电费和电话费等费用。

这些支出可归为两类：

1.投资

投资，即为企业构建的固定资产以及为开办企业而支出的一次性费用。固定资产是指价格较高、使用寿命较长的资产，如设备、房屋等。一次性费用指装修费、开办费等。每个企业开办时总会有一些投资，有的企业用很少的投资就能开办，而有的却需要大量的投资才能启动。明智的做法是把必要的投资降到最低限度，让企业少担些风险。

投资需要资金，开办企业时，我们必须有这笔钱，而且说不定要等好几年后才能挣足钱收回这笔投资。因此，开办企业之前，有必要预算一下企业到底需要投入多少资金。你的投资一般可分为三类：

(1)企业用地和建筑。办企业或开公司，都需要有适用的场地和建筑。也许是用来开工厂的整个建筑，也许只是一个小工作间，也许只需要租一个铺面。如果我们已经有合适的场地和建筑，就能降低投资。

(2)设备。设备是指开办企业说需要的所有机器、工具、车辆、办公家具等。对于制造商和一些服务行业，最大的需要往往是设备。一些企业需要在设备上大量投资，这样一来，弄清楚需要什么设备，选择正确的设备类型就显得非常重要。即便是只需要少量设备的企业，也要慎重考虑自己确实需要哪些设备，并把它们写入创业计划。

(3)一次性费用。我们的企业还需要支付开业前发生的一些费用，如开办费、装修费等。开办费包括开业前市场调查费、培训费、差旅费、印刷费、注册登记费等。

2.流动资金

流动资金，即企业日常运转所需要支出的资金。我们的企业开张后要运转一段时间才能有销售收入。制造商在销售之前必须把产品生产出来；服务商在开始提供服务之前要买材料和用品；零售商和批发商在卖货之前必须先买货。企业在揽来顾客之前都要先花时间和费用进行促销。所以，我们还需要一定的流动资金，用于支付以下开销：

(1)购买并储存原材料和成品。制造商在生产产品需要原材料；服务商的经营者也需要一些材料；零售商和批发商需要储存商品来出售。我们预计的库存越多，需要用于采购的流动资金就越多。既然购买存货需要资金，我们就应该将库存降到最低限度。

(2)促销。新企业开张，需要促销自己的产品和服务，而促销活动需要流动资金。

(3)工资。如果雇佣员工,在起步阶段我们就得给他们付工资。而且,还要以工资方式支付自己家庭的生活费用。这样一来,计算流动资金时,我们就要计算用于发工资的钱,通过用每月工资总额乘以还没达到收支平衡的月数就可以计算出来。

(4)租金。正常情况下,企业一开始运转就要支付企业用地用房的租金。计算流动资金用于房租的金额,用月租金额乘以还没达到收支平衡的月数就可以得出来。而且,我们还要考虑到租金可能一付就是6个月或一年,会占用更多的流动资金。

(5)保险。同样,企业一开始运转,就必须投保并支付所有的保险费,这也需要流动资金。

(6)公用事业费。企业开始运转后,我们还需要支付一些公用事业部门的费用,如交通费、邮电费、电费、水费等。

(7)其他费用。在企业起步阶段,我们还要支付一些其他费用,如设计费、文具用品费、业务招待费等。

(三)项目实施时间表

如果我们已经决定要开办企业,但还停留在纸面上。在和顾客实际打交道之前还有很多工作要做。做这些事情要有章法,按部就班。所以,我们要制定一份项目实施时间表,规定清楚有哪些工作要做,由谁来做,以及什么时候完成。

我们要落实的事情很多,所以尽量不要浪费时间,项目实施时间表是能帮助我们安排任务的最简单有效的方法。项目实施的时间表要做得严谨,以免有遗漏事项。

【典型案例】

心动不如行动

王强和刘丽觉得他们该思考的问题也思考得差不多了,对这个项目的把握还是比较大的,但是,万事开头难,他们觉得要做的事情还有很多,有些事情很重要也很急,该从哪里下手呢?夫妻俩经过商量决定心动不如行动,应该立即着手分工,按照事情的轻重缓急分头去落实创业前期的事情。他们拟定了一份项目的实施时间表,由王强负责督促每项工作的进展。

需要采取的行动	由谁来做	时间安排
办理工商、税务登记手续	王强	1月18日—1月20日
生产车间改造	王强和王小明	1月20日—1月30日
购买设备	王强	1月20日—2月23日
产品试生产	王强和外甥女	1月23日—1月30日
宣传自己的新企业	刘丽	1月18日—3月1日
与经销商联系购销合同	王小明	2月1日—2月5日

(资料来源:创办你的企业:创业计划手册.北京:中国劳动社会保障出版社,2009)

案例点评:一份创业计划汇总了一个创业者所需要的全部信息,它是一份非常重要的文件,让你的企业构思在变为现实之前有一次纸上测试的机会。创业计划完成后,你应当权衡它所提供的信息,最终决定你是否开始行动。一旦决定实施创业计划,就会有很多事情要做。安排这些工作的最好办法是制定一份项目实施时间表。

成事不易,创业更难。选择创业这条路,自然而然地我们会憧憬成功的景象,而不会想到万一失败的问题,因为一开始就想到失败,未免太消极也太不吉利了。然而,往坏处打算尽管令人不愉快,却是创业之初应该考虑清楚的。当我们确定自己适合创业后,不必急着马上走上创业这条路,还必须先评估一下我们的创业计划是否可行。

1.能否用语言清晰地描述出我们的创业构想。我们应该能用很少的文字将自己的想法描述出来。根据成功者的经验,不能将这想法变成自己的语言的原因大概也是一个警告——还没有仔细地思考吧!

2.真正了解我们所从事的行业吗?许多行业都要求选用从事过这个行业的人,并对其行业内的方方面面有所了解。否则,我们就得花费很多时间和精力去调查诸如价格、销售、管理费用、行业标准、竞争优势等。

3.看到过别人使用过这种方法吗?一般来说,一些经营红火的公司经营方法比那些特殊的想法更具有现实性。有经验的企业家中流行这样一句名言:“还没有被实施的好主意往往可能实施不了。”

4.想法经得起时间考验吗?当未来的企业家的某项计划真正得以实施时,他会感到由衷的兴奋。但过了一个星期、一个月甚至半年之后,将是什么情况?它还那么令人兴奋吗?或已经有了完全不同的另外一个想法来代替它。

5.设想是为自己还是为别人？我们是否打算在今后5年或更长时间内，全身心地投入到这个计划的实施中去？

6.有没有一个好的网络？开始办企业的过程，实际上就是一个组织诸如供应商、承包商、咨询专家、雇员的过程。为了找到合适的人选，我们应该有一个服务于自己的个人关系网。否则，有可能陷入不可靠的人或滥竽充数的人之中。

7.明白什么是潜在的回报？每个人投资创业，其最主要的目的就是赚最多的钱。可是，在尽快致富的设想中隐含的绝不仅仅是钱。我们还要考虑成就感、爱、价值感等潜在回报。如果没有意识到这一点，那就必须重新考虑你的计划。

经过自我分析后证明我们自己适合创业，同时也能正确回答上述的几个问题，那么我们创业的成功胜算将会很高，可以决定着手去创业。

项目十一　规避现代农业创业风险

【项目目标】

完成本项目学习任务后，你应该能

1. 了解现代农业创业可能面临的风险；
2. 明确规避现代农业创业风险的对策；
3. 掌握制定现代农业创业风险应急预案的方法。

【项目任务描述】

现代农业创业生产运营过程集自然再生产和经济再生产于一体，这导致现代农业企业面临的风险具有自身的行业特征。通过教师组织引导，学生听课、自学、讨论和案例分析等，作为一个创业者了解现代农业创业可能面临的风险，如何识别风险？制定应对现代农业创业风险的预案，明确规避现代农业创业风险有哪些对策。

【引导性案例】

水貂养殖中的行情风险

水貂是名贵的毛皮动物，黑龙江省养殖的水貂因皮毛质量好在国际市场上很受欢迎。宝清县的刘得财看清这一商机，在 20 世纪 90 年代开始养殖水貂进行创业，由于肯钻研，技术上又得到当地有关部门的支持，养殖前几年就取得了很好的效益，养殖规模不断扩大。随着养殖时间的延长，刘得财发现，养殖水貂的盈利高低，除了技术、成本、管理等外，水貂的行情也占了很大的比例。行情高的时候一张水貂皮可以卖到 500 元，而最低的时候 只有 200 元，变化不定的水貂行情让养殖户们很难决策，也不敢下决心扩大规模。已经有了十几年养殖经验的刘得财发现，水貂的行情波动时间一般不会很长，往往在低价 3 年后价格会有所回升，他尝试着投资建了冷库，在水貂行情最低时不再销售，而是储存在冷库中等待价格回升。这一方法取得了一定的效果，在2007年世界水貂市场低迷时不少养殖户赔了本，关闭了养殖场，而刘得财通过库存等到在价格回升后销售，减少了自己的损失。

（资料来源：曾学文. 农民创业培训实用教程. 北京：中国农业科学技术出版社，2012）

案例点评：由于农业生产经营中常常受到自然条件、社会条件等的制约，有大量不可预知的因素，创业风险是不可避免的。但风险又是在一定条件下可以规避的。通过采取一定的措施，使创业者有条件应对风险，东山再起，完成创业。

任务一　了解现代农业创业可能面临的风险

一、学习准备

【知识准备】

1. 什么是风险

风险是指损失的不确定性。可能发生，也可能不发生。同时风险是会造成损失的。

2. 为什么现代农业创业有风险

（1）现代农业创业风险的原因

①现代农业创业者多数企业小，人员少，专业知识少，与传统农业相比，风险要大得多。

②现代农业创业多数是专业从事一个项目，生产一种产品，在专业化的条件下，创业者能够提高生产效率，更好地完成生产与经营，同时创业要有较大的投入，在这种条件下，一旦出现不确定性的事件，也可能带来较大的损失。

③传统农业主要是满足家庭生活的需要，而现代农业创业者主要是面向市场。在现代社会，市场需求、供应等随时都会发生变化，进一步增加了现代农业创业的不确定性和风险的可能性。

（2）现代农业创业风险的特征

①客观性。现代农业创业风险不以人的意志为转移，是客观存在的。

②不确定性。现代农业创业风险在空间、时间、损失程度等方面都存在不确定性，创业者可以分析和掌握创业的进程，但由于各种因素是不断变化、不完全确定、

难以预料的，因此造成了创业风险的不确定性。

③可变性。随着形势的变化，信息化程度的提高，人们经验的丰富等，影响现代农业创业风险的大小、性质和程度也会发生变化。

④可识别性。根据风险的定义、分类、性质，风险是可能被认识的，也就是可以加以管理和控制的。

⑤相关性。现代农业创业风险与创业者的行为紧密相连，即使是同一风险，不同的创业者所采取的措施或策略不同，所产生的风险大小结果也会不同。

(3)风险与创业的关系

既然创业总要有不确定性，有带来较大损失的可能性，为什么还有不少农民全力投入创业呢。从根本上讲，主要是市场上风险与盈利往往是联系在一起的。传统的，我们熟悉的农业经营风险小，但盈利也小。现代农业创业风险较大，但其效率高，一旦成功，盈利高，能够促进企业的发展，带来人们生产和生活水平的根本改变。因此，创业者需要了解风险，认识风险，同时也要不畏风险，还要采取有效的措施尽可能规避风险。

【资料准备】

1.图书馆或资料室：利用图书馆或资料室的书籍或报刊，查找有关现代农业创业风险的知识、案例等信息资料。

2.电脑、网络、新媒体：利用电脑上网或利用手机上 WiFi 等，查找有关现代农业创业风险的知识、案例等信息资料。

3.教师准备的资料单：关于风险、农业创业风险原因等相关文章。

二、学习任务设计与实施

【学习任务设计】

见图 11-1。

【学习任务实施】

1.在教师的指导下，通过多种信息渠道查询现代农业创业风险的原因、特征等有关内容资料。

2.每组选一个代表，在全班讲解所了解的现代农业创业风险的案例，达到全班同学共享学习资源和收获体会，巩固所学的知识内容。

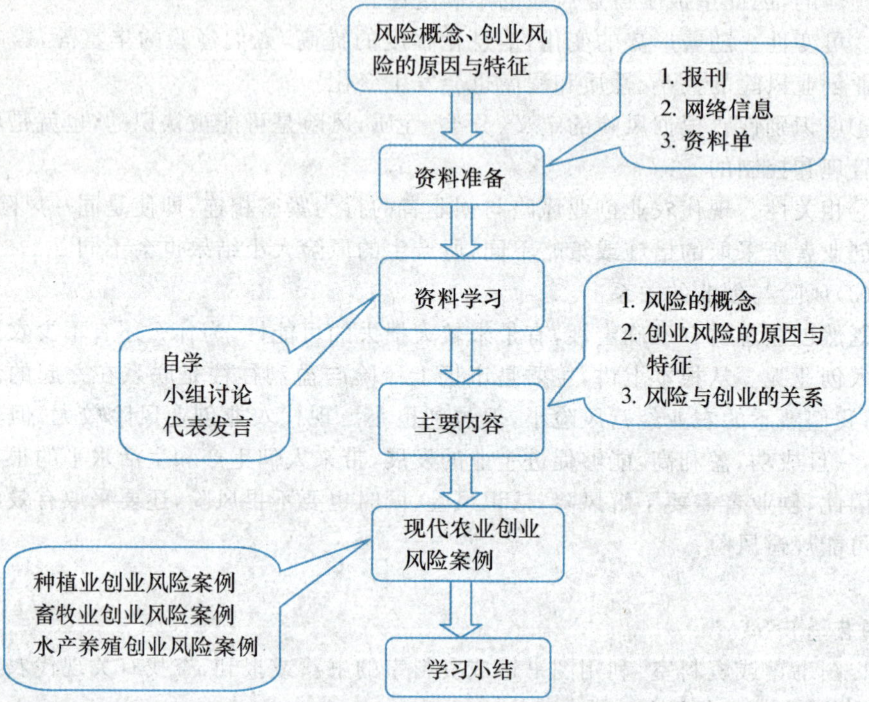

图 11-1 认识现代农业创业风险学习任务完成流程

三、学习拓展

现代农业创业风险的种类

按照风险形成的不同层次，农业企业的风险可分为以下六个方面：

1. 自然风险

农产品生产的周期性、自然灾害的客观存在、农业生产力水平较低，这些都会给农民带来风险。

(1)自然资源风险。自然资源风险可以理解为正常条件下的自然环境风险。农业企业生产的自然特性与其所占用资源的量、质和地理位置都密不可分，并在很大程度上直接决定了农业企业经营业绩的好坏。

在数量方面，相关资源的短缺(如水资源和土地资源)会严重影响农业企业的生产营运。在质量方面，环境污染对资源质量所带来的不利影响会从根本上影响农业企业的经营效益。与此同时，资源的地理位置也直接决定了农业企业的营运成本，距离越远运输成本越高，交通不便也会使成本提高。

(2)自然灾害风险。自然灾害风险可以理解为异常条件下的自然环境风险。由于农业的生产特性,自然因素对农业的影响相比其他行业更为敏感和严重。自然灾害一方面会影响农业企业的产量,另一方面还会影响农业企业的产品质量;这些都会增加农业企业的风险,造成农业企业效益不稳定。

2.技术风险

技术风险,是指由于农民缺乏农业技术或某些技术在应用后产生的不确定副作用,对农业生产经营活动所造成的损失。

【典型案例】

埋在土壤里的风险

农民袁某,在2008年、2009年大规模:种植设施茄子,经过多年的积累,摸索出了一些管理经验,对茄子的主要疾病防治技术基本上能够"自助"。由于连年轮作,在2010年5月,茄子叶片出现了大面积的茄子褐轮纹病。由于当地的农民不了解致病的原因,也不太清楚如何防治,只好凭借自己的感觉采取试探性的办法,把多菌灵、托布津等农药都试用了一遍,结果不但不见效,反而影响了茄子的最佳生长时期,造成产量大幅度下降。

(资料来源:http://wenku.baidu.com/view/fdfca8b269dc5022aaea000d.html)

案例点评:(1)农民的技术风险主要来源于两个方面:一方面是设施茄子连年轮作,病原在土壤中积累;另一方面是连续使用同一种农药容易造成植物的抗药性。(2)由于农民对疾病的防治不确定,仍然按照过去的经验进行防治,盲目采用农药而造成了减产的损失。

现代农业的技术风险来自于农业技术经济绩效的不确定性、农业技术应用的复杂性和农民素质状况。对新技术理解的偏差和操作的失误都可能对农业生产造成直接经济损失和灾难性的后果。

3.市场风险

农户还面临产品销售不畅、价格偏低、价格不稳定或者受到竞争对手的挤压而带来的市场风险。形成市场交易风险的原因主要包括两个方面:

(1)由于谈判力量不对等而导致价格波动的风险。谈判力量不对等是指在市场交易双方的拉锯战中,谈判力量强弱悬殊比较大,谈判力量强的一方在交易中处于主动地位,控制(决定)市场交易行为,谈判力量弱的一方在交易中处于被动地位，往往服从市场交易行为。

【典型案例】

协会的力量

江苏省东海县黄川镇是大面积草莓种植乡镇，种植草莓有20多年的经验。2002年以前，草莓从种植到销售都是个体农民分散经营，由于农民不了解市场行情，草莓的销售价格通常由购买者决定，农民被动接受收购方给定的价格。有时农民不能接受比较低的价格，但草莓不能储存，为了减少损失，也不得不接受对方较低的报价。收购方为了获得比较好的利润，针对不同的单个种植户采取不同的价格。就这样每到草莓大量上市的季节，就轮番上演草莓价格大战。后来依托黄川镇政府成立了草莓协会，按照销售合同出售草莓，不仅稳定了销售价格，极大地调动了农民种植热情，种植规模也得到了扩大。目前依托草莓协会连接的草莓种植面积达600多公顷，黄川也成为远近闻名的“草莓之乡”，有力地推动了地方农业经济的发展。

（资料来源：http://wenku.baidu.com/view/fdfca8b269dc5022aaea000d.html）

案例点评：①农业分散经营的农户在市场交易环节中处于很低的谈判地位，农民较弱的谈判能力产生了市场风险。②弱势地位的改变在于合作。农业协会可以缓解小农户大市场的矛盾，降低了一家一户的小农经济的市场风险，对市场风险进行重新分配。

(2)市场信息不对称产生的交易风险。市场信息不对称就是在交易过程中双方接受的市场信息不一致。单个农户购买生产资料、销售自己生产加工（初加工）的农产品时，就面临着因为交易对象众多而带来的高度不确定性，而市场的不完整、市场信息不畅通、市场交易条件经常变化以及农产品市场的近乎完全竞争特征等，都在加剧这种不确定性的程度。

4.订单风险

农产品订单是指农户根据其本身或其所在的乡村组织同农产品的购买者之间所签订的订单，组织安排农产品生产的一种农业产销模式。但是农民往往处在弱势群体的地位，由此产生了订单风险。

无效的订单

徐州市丰县某镇把洋葱作为主打品种，徐州某食品公司的黄某是洋葱的出口商，与当地镇政府签订收购合同，每年的洋葱由该公司负责收购，镇政府组织农民种植洋葱，每年收获的洋葱经过简单的扒皮和去杂、分拣包装等初级加工后，通过该公司出口到日本、韩国等地方，洋葱的销售主体与种植户之间的连接是一个标准的订单模式，农户每年按照订单的数量和价格得到收益，2006 年签订了洋葱购销合同。由于国际市场"白粉"事件的影响，日本代理方大量地压缩订单，中间商由于难以承担订单的"违约"压力，不得不宣布破产，造成上千公顷的洋葱无人收购，最后种植户不得不承担订单风险。

（资料来源：http://wenku.baidu.com/view/fdfca8b269dc5022aaea000d.html）

案例点评：①农业订单的签订主体存在诚信意识不强的问题，前端种植户是最大的风险承担者。②订单的形式、内容和签订程序不规范也是导致农业订单兑现难的重要原因。

5.农资及其价格风险

农资价格风险主要指两个方面：一方面是假冒农药、化肥、农膜、农机具等农用生产资料，充斥农村市场，给农业经营主体带来的损失；另一方面是农资价格上涨造成的损失。据有关资料讲农民每年因假冒的农资造成的损失占农民年收入的10%～15%；因农资价格上涨造成的损失约占农民年收入的13%。

任务二 如何规避现代农业创业风险

一、学习准备

【典型案例】

不可预知的自然灾害

"2007 年，由于遭遇了多年未遇的洪涝灾害，我承包的 3.79 公顷水稻几乎绝收，幸亏办了农业保险，今年初就拿到了赔付款 12 000 元，这真是一件花小钱保平安的大好事。”江苏省南京市江宁区淳化街道民主村的万昌军欣慰地说。虽然遭受了自然灾害的风险，但由于事前防范参加了农业保险，因而他是有灾无险。

2007 年，北京市发生了各种自然灾害，其中有 0.48 万公顷粮食、0.145 万公顷瓜果获赔 2 336 万元；6 800 头生猪、种猪、奶牛等获赔 1 120 万元。为了预防风险，农民及时投保，在遭受灾害后能够得以尽快恢复生产，做到灾年不减收。2007 年，昌平区南邵镇三合庄村民师志英投保 0.67 公顷苹果园，交纳保费 720 元。她的果园因冰雹受灾，中国人民财产保险公司查勘定损后及时兑现了 3.2 万元理赔款，师志英高兴地说：“今年投保保了本，以后还得保。”房山区琉璃河镇北京远奉酥梨合作社的 9.33 公顷梨园参加了保险，缴纳保费 7 650 元。2007 年 7 月份出现大面积雷雨天气，合作社梨园遭受风灾，合作社成员及时得到赔付 66 080 元。

（资料来源：吉文林. 开始你的农业创业. 北京：中国农业出版社，2010）

案例点评：农业创业的风险无处不在，面对外部的威胁农业创业者无法回避风险，只有采取减轻的对策。以上案例就是农民利用国家农业保险政策来化解、分担农业创业风险，从而增强了农民农业创业的信心。

【资料准备】

1. 图书馆或资料室：利用图书馆或资料室的书籍或报刊，查找有关规避现代农业创业风险的知识、案例等信息资料。

2. 电脑、网络、新媒体：利用电脑上网或利用手机上 WiFi 等，查找有关规避现代农业创业风险的知识、案例等信息资料。

3. 教师准备的资料单：关于规避农业创业风险的相关文章。

二、学习任务设计与实施

【学习任务设计】

见图 11-2。

【学习任务实施】

1. 安排学生课前查找规避现代农业创业风险案例。

2. 每组选一个代表，在全班讲解如何规避现代农业创业风险的案例，从而达到巩固所学的知识的目的。

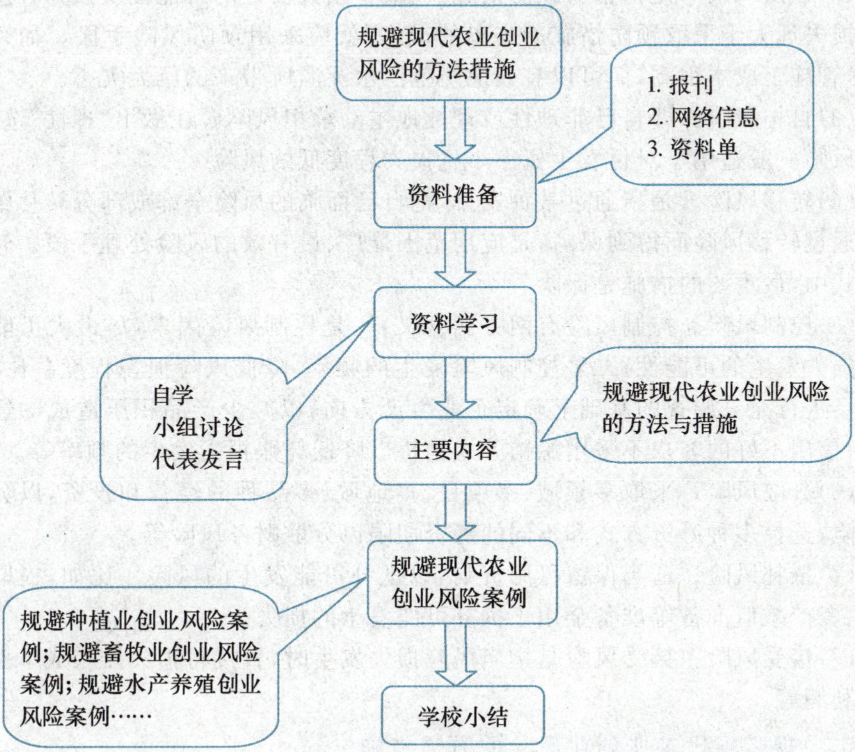

图 11-2 规避现代农业创业风险任务完成流程

三、学习巩固

创业风险贯穿在整个创业过程，创业者在经营运作中，首先应搞清楚哪些风险对效益影响最大，在管理过程中时时控制住这些影响效益的因素，掌握最新的行业信息并及时做出调整，将风险控制在可接受的范围内。有关资料表明，自然风险占农业经营风险的25%左右，市场风险约占40%，技术约占25%，其余的约占10%。因此对农业创业者而言，在风险的规避和防范时，积极应对创业过程中的风险。

(一) 风险防范的种类

(1)规避风险。当企业进行各项投资决策时，要准确判断风险大小，对风险很大的方案要尽量规避，尽管此方案可能给企业带来较大的财务收益；某些业务给企业带来收益不能抵消给企业带来的损失，就应该放弃这项业务。比如，拒绝与信用不良企业的业务往来。

(2)预防风险。是指采取预防措施,以减少损失发生的可能性及损失程度。若潜在损失远大于采取预防措施所支出的成本,就应采用预防风险手段。如兴修堤坝,尽管施工成本很高,但可以有效地防范洪水泛滥所带来的巨大灾害。

(3)自担风险。即自己非理性或理性地主动承担风险。在做出“理性”选择时,自担风险一般适用于对付发生概率小且损失程度低的风险。

(4)转移风险。是指通过某种安排,把自己面临的风险全部或部分转移给另一方。通过转移风险而得到保障,是应用范围最广、最有效的风险处理手段。转移风险方式中,最重要的措施是保险。

(5)控制风险。控制风险有两方面含义:一是控制风险因素,尽最大可能减少风险损失发生的可能性;二是控制风险发生的频率,降低风险损害程度。比如,在对市场进行充分调查的基础上确定企业生产方向,以减少产品积压造成的经营风险;对信用不好的客户不采用赊销方式销售以降低坏账损失发生的频率等。

(6)分散风险。采取多领域、多项目、多地域、多品种的经营和投资,以分散经营风险;选择多种筹资方式和不同的筹资期限以分散财务风险等。

(7)抵补风险。适当保留可用资财,以抵补可能发生的风险。比如,提取坏账准备、资产减值准备等准备金用于抵补可能发生的损失。

(8)接受风险。接受风险是指当风险损失发生时,直接将损失摊入成本费用或冲减利润等。

(二)规避现代农业创业风险的方法措施

尽管投资者期望高风险带来高报酬,市场竞争的结果也要求风险收益对等,但这仅仅是一种愿望和可能。对企业管理工作来讲,善于防范和控制风险是非常必要的。

1.投入保险

保险实际上是面临风险的人们通过保险人(保险公司)组织起来,从而使个人风险得以转移、分散,由保险人组织保险基金集中承担,当被保险人发生损失时,可从保险基金中获得补偿。换句话说,保险将“一人损失,大家分摊”,是实现“人人为我,我为人人”,的一种社会互助形式。

农业保险是指专为农业生产者在从事种植业和养殖业生产过程中,对遭受自然灾害和意外事故所造成的经济损失提供保障的一种保险。

农业保险按农业种类不同可分为种植业保险、养殖业保险;按危险性质分为自然灾害损失保险、病虫害损失保险、疾病死亡保险、意外事故损失保险;按保险责任范围不同可分为基本责任险、综合责任险和一切险;按赔付办法不同可分为种植业损失险和收获险。

我国农业保险主要险种有:养殖业如生猪保险、养鸡保险、养鸭保险、保险、牲畜保险、奶牛保险、耕牛保险、山羊保险、淡水养殖保险、养鹿保险等;种植业如水稻保险、蔬菜保险、林木保险、水果收获保险、西瓜收获保险、小麦保险、油菜保险、棉花保险、烤烟保险等。此外还包括农机交强险等。

2.用足优惠的农业政策资源

在一定程度上农业政策具有公共产品的性质,利用好农业政策平台是农业创业者必走的"捷径"。近年来,我国按照"多予、少取、放活"的方针,出台多项农业政策,如专项资金扶持政策、保险政策、补贴政策等,具体包括农作物保险、能繁母猪保险、粮食直补、农资综合直补、水稻良种推广补贴、油菜良种推广补贴、大型农机具购置补贴等政策。

【典型案例】

种粮补贴激发农民种粮热情

上海涌现"家庭农场",上海松江区新浜镇陈堵村农民许迪表近采格外忙,2008年签约承包了7.33公顷地种植水稻。

种粮农民心中的"账本"上,已记上了一系列优惠:粮食种植补贴,规模在1公顷以下的,每公顷丰补贴1 050元,1～2公顷的,每公顷补贴1 200元,2公顷以上的,每公顷补贴2 250元;农资综合补贴,中央和市级补贴总计为每公顷1 035元;水稻良种补贴,由农业部门免费供应种子;此外,还有农药补贴每公顷210元,有机肥补贴每吨250元,绿肥补贴每公顷450元……所有补贴汇总起来,农民平均1公顷水稻可获得补贴高达3 450元。

松江区2008年特别给予"家庭农场"每公顷3 000元的补贴,再加上各级政府部门原来对水稻种植户的每公顷2 250元补贴,种植大户一公顷可获得的种植补贴达5 250元;同时,还将对"家庭农场"实施种子供应技术指导、上门收购、产品销售等一体化服务。许迪表种了7.33公顷地,按种植水稻的正常效益,减去土地流转费和农忙时雇工等成本费用,一公顷稻田净赚5 250元。以上应该没问题,7.33公顷稻田的净利润就有4万元左右。

(资料来源:http://wenku.baidu.com/view/fdfca8b269dc5022aaea000d.html)

案例点评:国家和地方粮食直补政策,激发了农民发展规模种植的热情,"家庭农场"将会成为未来中国现代农业发展的主要模式。

3.成立农民专业合作经济组织

在激烈的市场竞争中，农业是一个弱势产业，农民是一个弱势群体，为了降低生产成本，提高盈利水平，就需要通过合作联合起来，借助外部交易规模的扩大，节约交易成本，提高在市场竞争中的地位。同时，还可通过扩大经营规模，以提高机械设备等的利用率，寻求规模效益，规模的扩大可带动地方经济的倍增效应，市场的运作者可以在更大范围内稳定农产品的价格，争取市场谈判的主动权。农业合作经济组织按照合作的领域可以分为生产合作、流通合作、信用合作和其他合作，提高千家万户的小生产者在千变万化的大市场中的竞争能力和经济效益。

目前运作比较成功的模式——“公司＋农户”模式，是一种化解农户市场风险的组织制度创新。农产品的市场化运作使由农产品自然秉性带来的价格波动得到了一定的制约。单个农户的市场风险通过一体化企业的统一加工、集中销售，得到大幅减小。在行情不看好的情况下，由公司承担全部的市场风险，农户只要抓好生产就可以等到稳定的收入。所以，目前“公司＋农户”的模式值得农业创业者去体验。

4.寻求与知名企业的市场协同

协同是指各方面相互配合，协助完成某项事情。企业通过市场协同可以实现低成本、高效益运作，从而降低风险。协同效应就是指企业之间在生产、营销、管理等环节，从不同方面共同利用同一资源而产生的整体效应；俗话说“一根筷子轻轻被折断，十双筷子牢牢抱成团”，企业善于通过市场协同作用达到扩大规模、开拓市场、降低经营成本和经营风险的目的，延长企业的寿命。目前常见的企业协同大多为市场协同。市场协同的主要表现形式有；品牌租用，品牌延伸，品牌扩展等。

【典型案例】

品牌与市场的嫁接

江苏省徐州市铜山县黄集镇是一个养鸭大镇，有近300个养殖户，年生产能力达5 000万只，在养殖方面具有很好的发展前景，可是在市场经营方面相对较缺乏战略意识。家禽行业市场波动较大，由于受到生产周期较长的影响，加之产品又是需保鲜的食品，因此导致市场风险直接存在。本地的育成鸭都是运往南京进行深加工，运输成本和运输风险比较大，极大地制约了鸭农的养殖积极性。

2003年，铜山县黄集镇搞建筑业出身的农民吕永久，投资6 000万元成立精益诚鸭业有限公司，从种鸭饲养、鸭苗孵化到成鸭的育成实行全方位“一体化”的生产和服务，在整个鸭业的产业链条中进行延伸，向前延伸到饲料的加工，向后延伸到深加工，在附加产品方面进行羽绒的深加工。特别是在市场销售方面，经过分割的产品通过借助中间商品牌销售到了徐州、南京、镇江的各个超市。公司为当地的深加工企业"钟记"、"南京桂花鸭"提供货源，依靠"钟记"、"南京桂花鸭"的加工技术，借助企业的品牌优势和"钟记"、"南京桂花鸭"的市场知名度，把产品销售给千家万户，从而激活当地弱势的加工企业，扩大了农户养殖规模，也实现了企业与品牌的"双赢"。

（资料来源：http://wenku.baidu.com/view/fdfca8b269dc5022aaea000d.html）

案例点评：①农产品在市场化的过程中凭标准、品牌交易已经成为一种趋势，通过品牌树立农业企业形象，促进企业产品信息的迅速传播，以便赢得市场。②品牌延伸意指使用一个品牌名称在同一市场上，成功地切入同一市场的另一个区块。借助优势企业激活弱势企业；通过企业扩大生产规模，大力度开发市场，使得市场规模的扩张带动养殖规模的壮大。

5.走可持续的发展道路

农业企业的可持续发展表现为经营活动中若干生产要素的发展，从整体的角度表现为应当持续盈利（在一段时间内总体盈利），通过外在技术（人员）的"内化"过程，"渐进式"地实现企业由量变到质变的过程，以更好地抵御技术风险。

在农业技术不断创新的今天，许多经营企业为了缩短技术的经济效益时段，以雇佣（租赁）的方式从其他地方借来技术，由于忽视了技术的"内化"过程，产生"水土不服"的应用风险。

农业创业者在利用外来技术时，需要树立可持续发展的战略意识，对引进的技术采取以下措施规避技术风险：一是"本土化"，结合当地的农业生产的水、肥、气等自然条件，有选择性地加以利用；二是技术租用渠道正规化，聘用专家时通过正规渠道是一种规避风险的办法；三是不断"充电"，做好"技术的储备"，作为创业者需要对新技术、新工艺加强学习，给自己的头脑"充电"，让企业"固本强基"，把劣势转化为优势，使企业走可持续发展的道路。

6.走多元化的发展道路

多元化的发展战略措施是指充分利用生产和加工相关程度较低的农业和农副产品以分散风险。通过进行投资组合，达到在相同期望收益情形下组合风险最小或相同组合风险情形下期望收益最大的目的。

【典型案例】

冯汝贵的致富经

冯汝贵，江苏兴化市竹泓镇村民，在蔬菜种植工作中，他能积极示范推广新品种、新技术，为现代、高效农业的发展作出了较大的贡献，在本地蔬菜产业中发挥了较强的示范带动作用。他在设施蔬菜的生产经营过程中，有两条成功的经验值得推广：一是在品种上采取多样化的种植模式，由过去单一番茄品种发展成一个以草莓和以番茄为主、兼顾其他品种蔬菜的中等规模的无公害蔬菜生产基地。二是在种植规模上扩大，2007 年以来，先后投入资金 30 多万元，新建蔬菜钢架大棚 16 个，发展番茄、莴苣、甜玉米和草莓等应时蔬菜生产；建成了一个可存栏 100 头的养猪场并配套 1 个 100 米^3 的沼气池，建立起“猪—沼—菜”生态循环农业生产模式，预计蔬菜年创纯收 45 000 元/公顷，生猪出栏 250 头/年。

（资料来源：http://wenku.baidu.com/view/fdfca8b269dc5022aaea000d.html）

案例点评：①品种上采取多元化的种植模式，可以综合地利用市场和农业设施等资源，降低单位成本。②在种植规模上进行扩大，调动村民的种植热情，为竹泓镇现代、高效农业的发展做出了较大的贡献，在本地蔬菜产业中发挥了较强的示范带动作用。③通过辐射作用，扩大了地方的影响力，形成种植规模与市场规模的联动。

7.走一体化的发展道路

一体化就是延长农业产业链的经营模式，在农业的经营过程中，将整个农业生产过程分为产前、产中和产后三个环节，将不同类型风险在整个链条中进行分解，通过明确不同环节的主要风险类型及其作用机制，寻求不同的管理方式，实现降低农业企业风险的目的。

在养殖产业中许多农业生产合作社的经营就是一体化的发展模式，经营主体由于能够集中经营，统一标准，统一组织实施，其技术成本就比单个农户要小得多。而农业一体化经营企业通过市场调研，选准具有开发潜力的技术，在成本最小化的前提下进行科学的开发。农业企业要有精通农业技术应用过程的专业人员，以帮助农民解决农业技术应用过程中的各种问题，从而使农业技术的风险降低到足够小的程度。

例如，建立基地养殖户联合体，可以为当地群众提供品种改良、生产技术、科技普及、加工销售等“一条龙”式的服务。其优势是可以把原来的“多(生产者)多(购买者)”交易变成了“一(公司)多(农户)”交易,可以实现“自助”服务,不受外部供应商的控制。基地养殖户通过联合经营、共同服务而形成的利益共同体,可以推动当地养殖业向良种化、规模化、产业化方向发展。

8.防范和减轻风险的其他措施

(1)调查采购方的信誉。特别是进行大宗交易时,应调查对方信誉,以确保安全。创业者可以根据对方经营时间的长短建立自己的经营策略。

(2)使用法律手段保护自己的合法权益。就是通过签订经济合同来保护自己的权益。只要签订了购销合同,哪怕客户赖账,也可以按照经济合同中的约定进行索要,若仍遭拒绝,经济合同在法庭上就是最好的证据,可做到举证有效。

(3)先拣“西瓜”,后拣“芝麻”。真正的企业家并不是风险的追逐者,而是希望捕获所有的回报、将风险留给别人的人。在发展产品的时候既不能“单打一”,也不能把企业所有盈利空间寄托在一种产品上面。在理财界有一条“定律”:不要把鸡蛋都放在同一个篮子里(进行分散投资以规避投资风险,获取较好的回报)。所以,在农业企业成长的过程中,发展系列化产品组合很有必要。

农产品的系列组合发展时不能“眉毛胡子一把抓”。首先,先拣“西瓜”,就是抓关键,把“厚利产品”作为重点,进行重点发展;其次,后拣“芝麻”,就是培育“明星产品”市场成长性好的产品,使其尽快成长为“厚利产品”,同时要善于淘汰“鸡肋产品”(不盈利但占用较多资源的产品)。

(4)控制交易进程,保持非饱和的“金鱼效应”。保持循序渐进就是遵循可持续发展的原则;把市场做成“非饱和”状态。有的人形容经营市场就像饲养金鱼,金鱼不会被饿死,但如果投食量过大会被“撑死”,这就是:金鱼效应。市场也一样,如果短时间过量供货,会造成价格下跌,市场陷入“疲软”状态。因此,农业创业者在经营过程中要坚持长远的经营眼光,只有保持循序渐进才能更好地发展。

总之,农业企业经营风险具有客观性、多样性和隐含性,农业企业经营主体应针对不同风险,采取不同措施,有效地化解和规避风险。同时更需要针对风险因素进行系统分析,采取综合预防措施控制风险,将风险转化为机会,这对于增强农业企业经营的运营效率和化解、规避风险至关重要。

任务三 制定现代农业创业风险应对预案

一、学习准备

【典型阅读】

企业自然灾害应急预案

为了有效提高应急处置企业发生自然灾害的能力和水平，规范应急处置工作，减轻或者消除自然灾害的危害，保障全体员工的人身安全，减少企业财产损失，根据国家法律法规和规范性文件，结合企业实际，特制定本应急预案。

一、适用范围

1. 本预案所指结合企业实际；

2. 本预案所指自然灾害应急事件包括：洪灾、旱灾、地震、火灾、冰暴、雪等，因素而造成房屋倒塌、淹没、道路阻塞等的应急事件。

3. 企业自然灾害应急预案领导小组：组长一人；副组长若干人；成员若干人。

二、工作目标

1. 加强自然灾害危害性教育，提高企业自我保护意识。

2. 完善自然灾害事件的报告网络，做到早预防、早报告、早处置。

3. 建立快速反应和应急处理机制，及时采取措施，确保不因自然灾害而危及企业及员工安全和财产损失。

三、工作原则

1. 预防为主，常备不懈。经常宣传自然灾害事件的预防知识，提高企业员工的安全保护意识。加强日常检查，发现隐患及早采取有效的预防和控制措施，努力减少自然灾害事件的损失。

2. 依法管理，统一领导。严格执行国家有关法律法规，对自然灾害事件的预防、报告、控制和救治工作实行依法管理，对于违法行为，依法追究责任。成立企业自然灾害事件应急处置领导小组，负责预防、指挥、协调、处理工作。

3. 快速反应，运转高效。建立预警快速反应机制，增强人力、物力、财力储备，提高应急处理能力。一旦发生自然灾害事件，快速反应，及时高效地做好处置工作。

四、组织管理

1. 在企业自然灾害事件应急处置领导小组的统一领导下，指导和落实企业自然灾害事件预防的各项工作。

2. 监督、汇总和收集企业自然灾害事件的信息情况，分析、研究企业自然灾害预防的工作措施。

3. 根据不同季节和情况，宣传自然灾害事件的预防知识。

4. 检查企业预防自然灾害事件的措施落实情况。

5. 学习其他单位处置自然灾害事件的经验和做法。

6. 根据自然灾害事件的分级预警控制措施的相关要求，对企业的工作安排及其他相关工作做出及时调整。

7. 做好因自然灾害所发生的处置工作。

五、自然灾害事件的预防

1. 高度重视，切实加强对自然灾害事件的领导和管理。将预防自然灾害事件的工作纳入企业目标管理考核，并定期开展专项检查，发现问题及时提出整改措施。

2. 应经常性地对办公楼、场地、围墙、水沟、电线、树木等建筑开展自查，尽早发现问题，及时消除安全隐患。

3. 企业应在自然灾害事件发生前做好广大员工的疏散安排工作。

4. 增加企业投入，切实加固好自然灾害事件易发生的基础设施。

六、自然灾害事件的报告

1. 企业在洪灾、旱灾、地震、火灾、冰暴、雪等自然灾害期间，应建立24小时值班制度，并设立和开通值班电话。

2. 严格执行企业重大自然灾害事件报告制度。对发生的事件做到按程序逐级报告，并以最快的通讯方式在1小时之内报告有关部门，确保信息畅通。

3. 任何部门和个人都不得隐瞒、缓报、谎报。

4. 任何个人有责任和权力向企业举报自然灾害事件的隐患。

七、自然灾害事件的应急反应

根据自然灾害事件的发生情况，结合企业的特点，应启动相应的自然灾害事件的应急预案，做出应急反应和处置。

保证组织落实、人力落实、财力落实，以最快、最高效的办法，处置好所发生和即将发生的事件，确保员工的安全。

八、责任追究

根据法律法规及有关规定的要求，企业一把手是企业安全工作的第一责任人，对员工安全、企业稳定工作负总责。实行责任追究制度，对所发生的自然灾害事故特别是重特大事故，要进行严肃查处，坚持事故原因未查清不放过，责任人员未处理不放过，整改措施未落实不放过，有关人员未受到教育不放过。对于玩忽职守，疏于管理，造成企业自然灾害事故者，应视情节轻重，给予有关责任人相应处分，触犯刑律的要依法追究其刑事责任。

（资料来源：http://wenku.baidu.com/）

阅读点评：制订企业自然灾害应急预案的目的，是为了企业在自然灾害发生时有备无患，能够有条不紊地组织应对，不致于手忙脚乱打乱仗，但制订预案时自然灾害并未发生，因此，制订预案首要的要做到未雨绸缪，把有可能发生的情况考虑周全，并落实责任要具体明确，以免自然灾害发生时由于工作不到位而造成损失。

【资料准备】

1. 图书馆或资料室：利用图书馆或资料室的书籍或报刊，查找有关创业风险应对预案的资料。

2. 电脑、网络、新媒体：利用电脑上网或利用手机上 WiFi 等，查找有关创业风险应对预案的资料。

3. 教师准备的资料单：关于创业风险应对预案的理论总结和案例等相关文章。

二、学习任务设计与实施

【学习任务设计】

见图 11-3。

【学习任务实施】

1. 在教师的指导下，通过多种信息渠道查询资料。关键词有：应对预案、创业风险、现代农业等；汇总查找的相关资料。

2. 对所搜集的有关现代农业创业风险应对预案的资料进行整理、归纳和分析，每人写一份学习收获；然后进行小组讨论，通过头脑风暴法扩大学习成果，并集中集体智慧每组完成一份综合性的学习收获体会。

3. 每组选一个代表，在全班讲解小组的学习路径、学习收获，组员补充收获的内容；教师组织发动全班同学讨论、评价各小组的学习情况，达到全班同学共享学

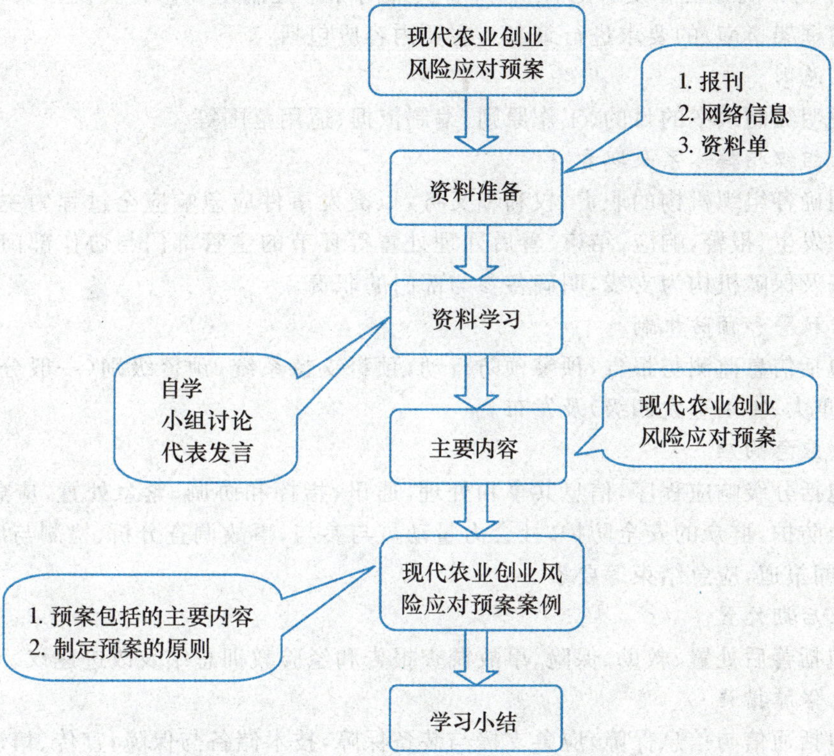

图 11-3　现代农业创业风险应对预案学习任务完成流程

习资源和收获体会，巩固所学的知识内容。

三、学习巩固

(一)现代农业创业风险应对预案概述

预案即预备方案，是指根据评估分析或经验，对潜在的或可能发生的突发事件的类别和影响程度而事先制定的应急处置方案。对于现代农业创业者来说，现代农业创业的自然风险和市场风险更为突出，因此其风险防范意识丝毫不可松懈，特别是应该做到未雨绸缪，针对创业中潜在的而且发生可能性比较大的事件，要制定切实可行的应对预案，以免在风险发生时手忙脚乱或者束手无策，减少因被动而出现的损失。

(二)现代农业创业风险应对预案的主要内容

现代农业创业风险应对预案，属于企业重大事件应急预案，其主要内容可参照

2004年国务院办公厅发布的《国务院有关部门和单位制定和修订突发公共事件应急预案框架指南》的要求进行编制。主要内容应包括：

1.总则

说明编制顶案的目的、工作原则、编制依据、适用范围等。

2.组织指挥体系及职责

明确各组织机构的职责、权利和义务，以突发事件应急响应全过程为主线，明确事件发生、报警，响应、结束、善后处理处置等环节的主管部门与协作部门；以应急准备及保障机构为支线，明确各参与部门的职责。

3.预警和预防机制

包括信息监测与报告，预警预防行动，预警支持系统，预警级别（一般分一般、较大、重大、特别重大四级）及发布。

4.应急响应

包括分级响应程序，信息共享和处理，通讯，指挥和协调，紧急处置，应急人员的安全防护，群众的安全防护，社会力量动员与参与，事故调查分析、检测与后果评估，新闻报道，应急结束等要素。

5.后期处置

包括善后处置、救助、保险、事故调查报告和经验教训总结及改进建议。

6.保障措施

包括通信与信息保障，应急支援与装备保障，技术储备与保障，宣传、培训和演习，监督检查等。

7.附则

包括有关术语、定义，预案管理与更新，沟通与协作，奖励与责任，制定与解释部门，预案实施或生效时间等。

8.附录

包括相关的应急预案、预案总体目录、分预案目录、各种规范化格式文本，相关机构和人员通讯录等。

现代农业创业风险应对预案因其涉及范围小，可在以上有关内容中根据当地情况和创业项目的特点有所取舍，以突出重点，有的放矢。

（三）制定现代农业创业风险应对预案的原则

应对预案要明确在突发事件发生之前、发生过程中，以及刚刚结束之后，谁负责做什么、何时做、相应的策略和资源准备等。它是针对可能发生的重大事件及其影响和后果严重程度，为应急准备和应急响应的各个方面所预先做出的详细安排，是开展及时、有序和有效救援工作的行动指南。因此，制定现代农业创业风险应对预案应遵循以下原则：

(1)应明确应急救援的范围和体系，使应对准备和应对管理不再是无据可依、无章可循，尤其是培训和演习工作的开展。

(2)要有利于做出及时的应急响应，降低事件后果。

(3)可通过编制基本应对预案，以保证应对预案足够的灵活性，对那些事先无法预料到的突发事件或事故，也可以起到基本的应急指导作用，成为开展应急救援的“底线”。在此基础上，可以针对特定危害编制专项应对预案，有针对性地制定应对措施，进行专项应对准备和演习。

(4)要在发生超过应对能力的重大事件时，积极与上级应急部门进行沟通和协调，借助外部力量，尽可能减少损失。

(5)要强化风险防范意识。

【小资料】

企业应急(应对)预案的结构与写法

预案，从文种性质来看，它属于工作计划的一类，但具有“方案”的专一性、专业性、周密性、时限集中性等要求，属于应用写作研究的范畴。现实中预案通常形成以下较为固定的结构模式和写法：

1. 标题

采用公文式标题写法，如××企业风险应急(应对)预案。

2. 前言

分析预案所针对的风险有关的种种现实状态，再结合上级的指示，本企业的经营理念等，提出预案的总任务、目标。前言须文字精练，高度概括，不要写得繁琐、冗长，不可喧宾夺主。

3. 主体

(1)指导思想。这部分强调制订、执行此预案的重要性、必要性和总的原则与理念。这是不可或缺的重要内容，只有认识上提高了、统一了，全公司上下才能行动上重视和统一，拧成一股绳，确保预案实施的力度和效果。

(2)组织架构。这部分是将有限的人力合理分工配置，只有组织架构清晰，才能确保分工到人，责任明确，同时亦要注意分工中的合作，走活一盘棋。

(3)信息网络。这亦是预案的重要内容，包括与政府及有关部门横向联系的方式与责任人，也包括企业内部紧急状态下的联系方式。如内容较多，可只在正文部分简述，将具体的人员名单、电话号码、单位、地址等作为附件列后。

(4)具体任务、措施和步骤。这部分是预案的实质性核心部分，通常是将保护单位划分成若干责任区，每一责任区形成一个章节，各自围绕任务、措施、步骤分别阐述。

4.结尾

可再次强调执行此预案的希望和要求，呼应前文，总结全文。另外，俗话说："计划不如变化快"，在强调执行此预案的规定性的同时，也应在结尾指出，对于预案没有预计到的情况、问题，执行者要发挥才智，灵活应对，同时对应急(应对)预案也应有所了解。

5.附件

前文已经阐述到，预案的写作通常带有附件。对于那些简单的、同质性的文字部分、各种数据、区域分布情况等，应设计成各种图表作为插图(表)或附图(表)。

(资料来源：http://baike.baidu.com/)

项目十二　提高现代农业创业的经济效益

【项目目标】

完成本项目学习任务后，你应该能

1. 掌握降低成本开支的关键环节；
2. 掌握打造优质农产品品牌的途径；
3. 熟悉应用创新性成果的主要形式；
4. 掌握农产品营销的主要着力点。

【项目任务描述】

企业办起来，是创业迈出了可喜的一步。但是，创办企业不是创业的目的，而创业的目的是获得预期的经济效益，即通过创办企业为市场提供所需要的产品而获得所希望的合理合法的利润。实际上，现代农业创业者要提高所创办企业的经济效益是一个恒久的课题，应引起高度重视，并不可懈怠。鉴此，通过教师组织引导，学生听课、自学、讨论和案例分析等，掌握如何降低所创办的企业成本开支、打造优质农产品品牌、应用创新性成果和重视农产品营销等的途径与方法。

【引导性案例】

慈善背后的本分

杨平，现年61岁，吉林松原的扶余市蔡家沟镇大十八号村人。他给人的感觉只有两个字——朴实。他是一个老实巴交的农民，也是一个砖厂的厂长。他文明经营、照章纳税，而且热心公益、乐于奉献。

“杨平砖厂”的地址就在大十八号村路边，占地约1 000 米^2，分为烧窑厂房、堆料厂房、成品厂房等车间，30多名工人在这里工作。

“我办砖厂只是闲不惯，想找点有用的事做，也能改善一下家里的生活。”谈起创业办砖厂遭遇的困难和付出的辛劳，杨平不愿多讲。前些年，村里砖厂对外承包，他觉得自己可以试一试。积蓄加贷款，杨平建起了有20多个窑洞的砖厂，全套生产设备一次性安装调试成功，就此开始了创业的生涯。

杨平凭借着从其他一些私人企业和砖厂借鉴的经验，一方面抓产品质量，一方面积极寻找销路。每天早上不到8点，他就会赶到砖厂。制作、装货、运货、销售，他都要一一盘点。杨平说，今后还打算多学一些经营管理知识，使企业走上一条健康持续发展的路子。“我虽然已经过了60岁，但我相信自己还能做些事，好日子长着呢！”

近年来，杨平砖厂的效益一直不错。凭着过硬的产品质量和一如既往的打拼精神，他建设标准厂房、引进先进设备、使用高新生产技术、扩大生产规模。不但产品销售不断看好，他的厂子还为当地农民增加收入创造了平台。“无论做人还是做事，诚信不可丢！”杨平说，他的砖厂始终坚持两条经营之道：一是注重产品质量，保证所售成品砖货真价实；二是诚信经营、礼貌待人，做到童叟无欺。农闲时节，村里很多人都到砖厂来打工，认他的做人与经商之道。

创业与致富的背后，杨平的故事才变得更加精彩。“先富带后富，创业带就业，致富思源，吃水不忘挖井人！”这些年来，生活状态改变的同时，这些字眼就常在杨平的心中频繁萦绕。凡是镇里和村里举办公益捐款活动，他都识大体、顾大局，带头响应。蔡家沟镇大十八号村下辖五个屯，其中之一的西沟屯村民自发地组织起来，有钱的出钱，有力的出力，干群携手，在屯里安了19盏路灯。这件事让杨平知道了。他跟妻子说：“那些捐款安灯的人，家里都不是很富裕。尤其是李桂琴家，收入比咱们家少多了，可是竟能一下拿出3 000元钱给村里安灯，咱们也应该向这些人学习，拿出点钱，把剩下那四个自然屯的灯都给安上！”妻子祁英对丈夫的提议特别赞同。第二天，夫妻俩就展开了对四个自然屯的实地勘察。经过一番测算，杨平花了12万多元买回了100盏路灯、100根水泥杆和13块电表。然后，砖厂又出车出人，在村里电工的指导下，开始施工。他们起早贪黑，一连干了8天，将100盏路灯全部安装完毕。从此，大十八号村五个自然屯全都亮起了路灯。从此，这个村的百姓们再也不用摸黑儿走夜路了。每天晚饭后，街上的人渐渐多起来，大人们站在灯下谈天说地，小孩子们围在光亮里嬉戏玩耍。

“你别看杨平为村里的事、百姓的事出手大方，但对自己，他抠着呢。”砖厂的副厂长介绍说。其实，从杨平不足10米^{2}的办公室里那简单得不能再简单的一桌一椅就可以看出究竟。一掷十几万元奉献他人，自己的生活和办公条件如此简陋，很难让人把两者合并到一个人身上。杨平年收入几十万元，他的自用车却是个“微型面包”。用他自己的话来说，就是一分钱也要花在有用的地方。他还自己花钱刻了许多有关学习传统文化的光碟，对前来买砖的顾客免费发放。

这就是杨平的故事，与其说是一个创业者的故事，不如说是一个奉献者的故事。这个世界上有许多有钱人，但是既会赚钱，又会花钱，并赢得世人尊敬的有钱人却不多。无疑，杨平就是一个既能聪明赚钱，又会智慧花钱的人，是我们这个时代真正的创富先锋。

（资料来源：http://www.fuyujob.cn/Article/ShowArticle.asp? ArticleID=2000）

案例点评：杨平做善事一掷千金，但其背后的创业，抓质量、找销路、精打细算、重视诚信，体现了一个创业者清醒的头脑和应有的精明。实际上，作为一个创业者，提高创业的经济效益，尽快完成原始积累，需要这种以质量、品牌、诚信、效益立足的基础。只有这样，才能在市场上站住脚；只有这样，才能积累更多的财富。

任务一 努力降低成本开支

一、学习准备

【典型案例】

高明秋创业种粮讲核算 五亩地年均纯收入六千元

山东乳山市下初镇农民高明秋在创业中利用5亩耕地种粮食，几年下来这5亩地平均每年纯收入6 000元。他的主要做法是：

1. 选优种。2002年秋，高明秋选择了中国农业科学院培育的特色小麦品种“黑麦1号”，这种小麦亩产平均在500千克以上，而且含铁量高于普通小麦80%多，含钙比普通小麦高130%多，宜做面食，价格比普通小麦每千克能高出0.1元左右，而且不用为找市场烦恼。1年下来，以每亩收成为500千克计算，每亩收益将增加50元。

2. 降成本。高明秋了解到，他种的小麦营养成分独特，在施肥上应控制氮肥用量，多施农家肥和磷、钾肥，使用农家肥本身比使用氮肥1亩地的成本平均要低40元左右，而且连续3年不使用或是少使用氮肥、多使用农家肥，不仅养地，而且还能扭转氮肥用量连年上升的趋势。要实现亩产500千克，一般要求耕层深度为30厘米，耕层土壤有机质含量1%以上。全生育期化肥每亩施用量大致为纯氮10.5～

15 千克，五氧化二磷 8.5 千克，氧化钾 6.5～9 千克，锌肥 1～2 千克。这样算起来，普通 1 亩地要投入 60 元的化肥，而科学管理、科学施肥，只需要投入 20 元左右，剔出 38 元钱的机耕费以及合计 30 元种子和化肥的投入，1 亩的纯收入将为 532 元。

3. 合理调整种植结构。割完麦子后，可以种豆，可以种玉米，也可以种花生。高明秋选种了金海 5 号玉米。这种玉米亩产平均在 900 千克左右，高产时可达 1 000千克。由于底肥足，土壤酸碱度平衡，别人需要亩施 70 元钱左右的化肥，他只需要增施 50 元钱左右的氮肥和其他有机肥即可。近几年，每千克玉米的市场价格一般在 1.0～1.3 元浮动，按每千克 1.0 元计算，如果亩产 900 千克，那就可收入 900 元，剔去成本，纯收入超过 820 元。这样一年种两季粮食，1 亩纯收入就达到了 1 350元，再扣除农药、浇水等成本，一年可收入1 300元。算上个别地块贫瘠，5 亩地平均每年亩均收入可过1 200元。

（资料来源：http://www.lnjn.gov.cn/edu/zfj/2010/6/152512.shtml）

案例点评：高明秋种地精打细算，他的“种地经”由选优种、降成本和优化种植结构构成，这也是他“赚钱”的保证。实际上，提高农业创业经济效益的途径，无非就是增收和节支这两大方面。

【资料准备】

1. 图书馆或资料室：利用图书馆或资料室的书籍或报刊，查找有关降低成本开支的资料。

2. 电脑、网络、新媒体：利用电脑上网或利用手机上 WiFi 等，查找有关降低成本开支的资料。

3. 教师准备的资料单：关于降低成本开支的理论总结和案例等相关文章。

二、学习任务设计与实施

【学习任务设计】

见图 12-1。

【学习任务实施】

1. 在教师的指导下，通过多种信息渠道查询资料。关键词有：农业创业、成本开支、降低途径等；汇总查找的相关资料。

2. 对所搜集的有关降低农业创业成本开支的资料进行整理、归纳和分析，每人

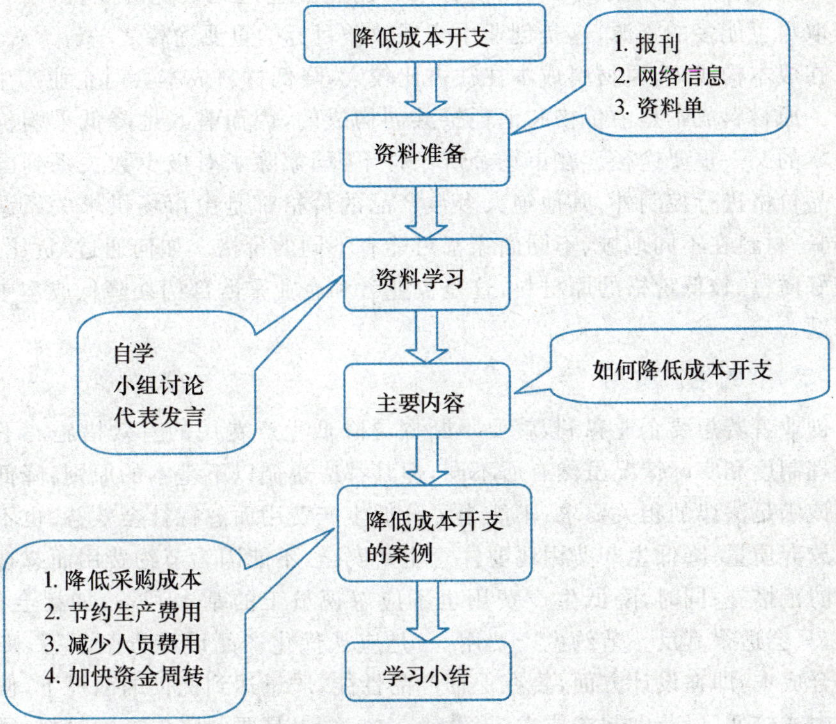

图 12-1 提高现代农业创业经济效益学习任务完成流程

写一份学习收获；然后进行小组讨论，通过头脑风暴法扩大学习成果，并集中集体智慧每组完成一份综合性的学习收获体会。

3. 每组选一个代表，在全班讲解小组的学习路径、学习收获，组员补充收获的内容；教师组织发动全班同学讨论、评价各小组的学习情况，达到全班同学共享学习资源和收获体会，巩固所学的知识内容。

三、学习巩固

提高现代农业创业的经济效益，主要有以下途径：

（一）降低采购成本

在采购设备、原材料和分包服务的过程中，必须清楚地界定出特定的需要，并且还要找到最低的价格和最具竞争力的供应商。在现实的项目采购操作中，要实现这两个“最”字的目标是十分不容易的。但是，要通过对采购管理中部分环节的控制，来有效降低采购成本，从而使有限的创业资金达到最优的配置，用有限的资金获取尽可能多的资源，这是创业中实现效益目标的重要途径之一。

在成本构成中，原材料成本往往占比较大，降低材料成本会对企业产生较大的效益。原材料成本是由价格和消耗量共同构成的，因而有效地降低采购价格是降低成本的又一重要途径。在市场经济条件下，国家除了对极少数关系到国计民生的产品价格进行控制外，其他绝大多数产品的价格都是由市场供求关系调节。因此，同一材料在不同地域、不同商家都可能有不同的价格。如何通过"货比三家"取得较好质量、较低价格的原材料，这是创业者和企业采购部门在降低成本中的的永恒课题。

(二)节约生产费用

创业者若想要企业赢利，就要不断探寻降低生产费用的有效措施。不同企业的管理制度和实际情况虽然有所不同，但其都应遵循以下基本的原则：降低生产费用应该满足法律的相关要求；不能为了降低生产费用而忽视社会效益；也不能偷工减料放弃质量；降低生产费用还要注意生产安全，不能因为节约费用而忽视必要的安全防范措施；同时，降低生产费用也不应忽视员工的基本利益，如社会保险等。否则，只会适得其反。节约生产费用，一是应从优化产品设计方案入手，降低产品的综合成本，即在设计方面，要在保证产品性能、质量达到优良的前提下，使生产费用适中或较低，以节省制造成本，提高经济效益；二是要制定先进的材料、能源消耗定额，防止生产过程中的浪费，即对于可比产品可根据产品设计和以往的经验数据制定合理的原材料和能源消耗定额，作为对实际消耗进行考核和分析的依据。有很多本来效益很好的企业，当市场竞争激烈后，经不住市场价格下滑的考验，除资金周转不灵等财务因素外，很大程度上由于长期忽视降低生产费用的工作，致使企业生产成本高居不下，造成企业无法在市场价格下降后继续生存而破产。

(三)减少人员费用

一般的情况下，很多人一想到减少人员费用、降低人力成本支出，首先想到的是以降低工资，或干脆删减必需的福利成本，再就是想到裁减员工，这都是舍本逐末、杀鸡取卵的做法，不但不能从根本上解决企业的生存和竞争压力，而且还有可能导致企业走向内外交困的局面。实际上，这些做法并不一定能够降低企业人力成本，相反还会给企业带来更大的人力成本损失。事实上，这是根本没有彻底弄清楚人力成本的真正内涵所致。降低人力成本并不是简单地降低所支付的人力价格，不是简单地砍掉一些必要的人力成本，而是要最大限度地降低无效成本，提高人力成本率。实际上，人力成本率和无效成本与企业的组织架构、工作流程、工作质量与绩效、薪酬设计、人员组合、业务优势、员工素质等紧密关联，降低人力成本的有效策略必须从这些方面入手。一般来说，减少人员费用，应该主要着眼于以下四方面：一是不需要的职能、工作或程序上的人员，二是需要但工作量不饱满的富余的人员或时间，三是成本投入与绩效产出比较低的人员，四是招聘费用和工伤费用高的人员。总而言之，如何有效地控制人力成本，应该说是企业人力资源管理的重要内容，这是因为人力成本过高会影响企业在其他方面如技术上的投入，成本太低及人工成本支付不足往往又很难吸引人才的加入而最终形成对企业发展的羁绊。

(四)加快资金周转

资金短缺、不足和周转不畅也是企业中十分突出的矛盾和问题，严重制约着企业生产经营活动的正常进行，也会危及企业的发展，是创业者关注和重视的一个重要问题。资金是企业进行生产经营活动最基本的条件，加速资金周转、节约资金占用是创业者的重要工作目标和重要工作任务。实际上，在企业营运资金循环的过程中，在不同阶段以不同的形式分别占压在原材料、应收账款、产成品等上面。资金周转速度快，会相对节约流动资产，等于相应地扩大了资产的投入，用相同的资金完成更大规模的生产，取得更好的经济效益。加快企业资金周转，一要加强对存货的管理，即要建立和完善存货管理制度、内部控制制度和适合企业自身发展需要的存货信息化管理系统；二要加强应收账款的管理，应尽量减少资金的在途时间；三要建立流动资金管理岗位责任制，调动企业各部门管好用好资金的积极性。

任务二 打造优质农产品品牌

一、学习准备

【典型案例】

褚橙传奇：农产品品牌化成功的典型案例

2010年，从外地毕业来到昆明工作的王女士依然清晰地记得自己第一次吃褚橙的经历：下班路过一家水果摊，见一横幅打着“褚时健种的冰糖橙”。出于好奇，王女士到水果摊和老板确认“种橙的褚时健”是不是就是“那个褚时健”。“褚时健的故事我曾听人八卦过，印象很深，当老板确认就是他的时候，我就买了点品尝，味道出乎意料的好。”

“味道出乎意料的好”，这是很多初次品尝者的感受。按照往年来看，“褚橙”每千克12、13元的出厂价，比昆明市面上的普通橙子高出数倍，可是不出云南省就卖完了。这几年，云南市面上其他大小品牌的橙子，销售都会避开“褚橙”上市。云冠牌冰糖橙能够有如此风头，靠的当然不仅仅是褚时健这个招牌。

传奇背后，是当事者十年磨一剑的坚韧与艰辛，是跌到谷底再度爬起的勇气和斗志。

2002年，当巨大的荣耀和挫折都已经成为过去时，75岁的褚时健回到玉溪新平，这里有他近20年的记忆。

从20世纪60年代初来新平，到1979年调任玉溪卷烟厂厂长，在农场、畜牧场、糖厂工作多年的他，对这里的一草一木都熟悉得不能再熟悉了。

据媒体报道，出狱后，不少人来找褚时健做生意，有让他去烟厂当顾问的，有让他去搞矿的，开价都是几十万元，但他衡量许久都没答应。

机缘巧合，哀牢山旁嘎洒附近的一个农场经营不善，要顶出去，褚时健便想着试试。这个农场原来种甘蔗和橙子，但因为水源、管理没有跟上，效益一直不好。回忆起往事，褚时健介绍说：“我弟弟以前是搞水果业的，从他那里了解到中国水果行业的相关情况。美国的水果一直在世界前列，所以我不服气。我尝了很多冰糖橙，湖南的、国外的，感觉都还有不足。橙子含维生素多，吃了对身体有益，又容易存储，所以就下狠心种这个果子。”褚时健后来这样解释种橙子的原因。

75岁的褚时健踏上了二次创业之路，新平金泰果品有限公司成立了。公司的灵魂人物是褚时健，董事长是他的妻子马静芬。果苗从哪买，果树怎么栽，怎么施肥，所有这些都要从头学起。因为不懂，吃了不少亏，走了许多弯路。

冰糖橙从栽苗到挂果需要5～6年时间。“弄错了不光损失钱，更重要的是损失时间。”这对75岁开始种橙子的褚时健来说尤为重要。“那些年刚搬到山上，住的是窝棚，晚上睡觉看得见天的那种，经常能遇到蛇、虫子什么的，要是没有他陪着，我真不敢住在山上。”妻子马静芬回忆。

橙子刚挂果时，褚时健年年都会遇到不同问题，果树不是掉果子，就是果子口感不好。这个没什么爱好的老人，买来有关果树种植的书，一本一本地看。

后来橙子不掉了，但口感淡而无味，既不甜也不酸，褚时健睡不着，半夜12点爬起来看书，经常弄到凌晨三、四点，最后得出结论，一定是肥料结构不对。

这种果子褚时健不敢卖到市场上，怕砸了牌子。第二年，褚时健和技术人员改变肥料配比方法，果然，口味一下就上来了。据说，这种用烟梗、鸡粪等调制的有机肥，成本虽只有200多元，效果却赶得上1 000元的化肥。

褚时健发现，果子的口味很大程度上取决于肥料的各类养分比例。为保证果园用肥质量，公司投资51万元专门建设了有机肥厂。车间配备了现代化程度较高的装载机、粉碎机、搅拌机等有机肥配制机械，按照生产需要定制配方专门生产。基本实现了肥料自给，从而减少了化学肥料使用量，降低了肥料投入成本，保证了果园土壤的改良、果树营养的供给和产品的质量。

“冰糖橙不是越甜越好，而是甜度和酸度维持在18∶1左右，这样的口感最适合中国人的习惯。”褚时健说。

几年后，名为“云冠”的冰糖橙上市，老两口在街头促销。只是，在过往行人眼里，这对老夫妻与其他的水果摊贩没有什么区别，包括他们叫卖的橙子。

当地冰糖橙品牌繁多，市场竞争很激烈，橙子怎么卖出去，成了一个大问题。后来，马静芬想打出一个“褚时健种的冰糖橙”的横幅。褚时健起初不同意，但马静芬坚持。结果，横幅一打出来，加上橙子的口味和品质，很快销售一空，“褚橙”的名字也被叫开了，“云冠”反被渐渐淡化。

（资料来源：http://news.kunming.cn/news-pic/content/2012-11/30/content_3144916.htm）

案例点评：褚时健利用自己的“名人”效应打造的“褚橙”品牌农产品而使其获得了创业上的成功。实际上，褚时健的名声和人缘，是“褚橙”品牌价值的有机组成部分，但生产者在生产过程中的特殊心血也带来了无法估量的附加值。在云南以至国内，有品质支撑的“褚橙”基本就没做过多少宣传，这就是“品牌”的魅力。

【资料准备】

1.图书馆或资料室：利用图书馆或资料室的书籍或报刊，查找有关打造农产品优质品牌的资料。

2.电脑、网络、新媒体：利用电脑上网或利用手机上WiFi等，查找有关打造农产品优质品牌的资料。

3.教师准备的资料单：关于打造农产品优质品牌的理论总结和案例等相关文章。

二、学习任务设计与实施

【学习任务设计】

见图12-2。

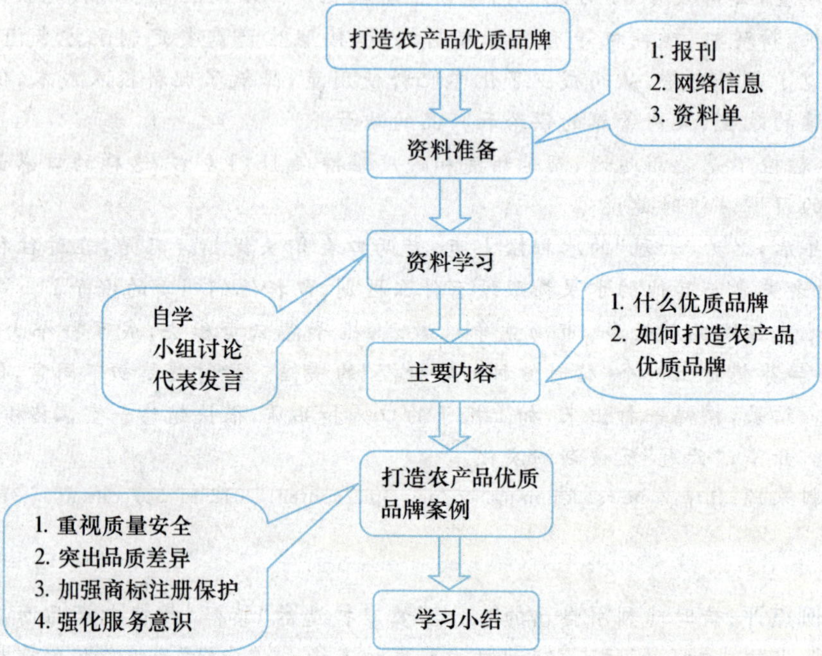

图 12-2 打造优质农产品品牌学习任务完成流程

【学习任务实施】

1. 在教师的指导下，通过多种信息渠道查询资料。关键词有：优质农产品、品牌价值、农业创业等；汇总查找的相关资料。

2. 对所搜集的有关打造优质农产品品牌的资料进行整理、归纳和分析，每人写一份学习收获；然后进行小组讨论，通过头脑风暴法扩大学习成果，并集中集体智慧每组完成一份综合性的学习收获体会。

3. 每组选一个代表，在全班讲解小组的学习路径、学习收获，组员补充收获的内容；教师组织发动全班同学讨论、评价各小组的学习情况，达到全班同学共享学习资源和收获体会，巩固所学的知识内容。

三、学习巩固

(一)什么是品牌

品牌简单地说是指消费者对产品及产品系列的认知程度。品牌是人们对一个企业及其产品、售后服务、文化价值的一种评价和认知，是一种信任。品牌已是一种商品综合品质的体现和代表，当人们想到某一品牌的同时总会和时尚、文化、价值联想到一起，企业在创品牌时不断地创造时尚，培育文化，随着企业的做强做大，不断从低附加值转向高附加值升级，向产品开发优势、产品质量优势、文化创新优势的高层次转变。当品牌文化被市场认可并接受后，品牌才产生其市场价值。

(二)打造农产品优质品牌的途径

1. 重视质量安全

农产品(食品)质量安全，泛指农产品(食品)的可靠性、使用性和内在价值，包括在生产、贮存、流通和使用过程中形成、残存的营养、危害及外在特征因子，既有等级、规格、品质等特性要求，也有对人、环境的危害等级水平的要求。

为了推进农产品(食品)质量安全工作，政府有关部门推出了“三品一标”的品牌建设措施。“三品一标”是无公害农产品、绿色食品、有机农产品和农产品地理标志的统称，是政府主导的安全优质农产品公共品牌，是当前和今后一个时期农产品生产消费的主导产品，是农业发展进入新阶段的战略选择，是传统农业向现代农业转变的重要标志。

2. 突出品质差异

要创立农产品品牌，并使之形成名牌，需要建立农产品品质的差异。如果是同质的农产品，消费者就没有必要对其进行识别和挑选。一般来说，可以从以下几个方面来形成产品品质的差异：一是品种优化。不同的农产品品种，其品质有很大差异，主要表现在色泽、风味、香气、外观和口感上，这些直接影响消费者的需求偏好。在打造农产品品牌的实际活动中，农产品品种质量的差异主要根据人们的需求和农产品满足消费者的程度，即从实用性、营养性、食用性、安全性和经济性等方面来评判。二是生产区域优化。许多农产品种类及其品种具有生产的最佳区域。不同区域地理环境、土质，温湿度、日照等自然条件的差异，直接影响农产品品质的形成，许多农产品，即使是同一品种，在不同的区域其品质也相差很大。中国地域辽阔，横跨亚热带、温带和寒带，海拔高度差异也很大，各地区都能形成当地的名、特、优农产品。因此，因地制宜地开发当地名、优、特产品的生产，以创立当地的名牌农产品。三是生产方式优化。不同的农产品生产方式直接影响农产品品质；生产中采用不同的农业生产技术措施也直接影响产品质量，如播种时间、收获时间，以及灌溉、修剪、嫁接、生物激素等的应用，也会造成农产品品质的差异。四是营销方式优化。市场营销方式也是农产品品牌形成的重要方面，包括从识别目标市场的需求到让消费者感到满意的所有活动，如市场调研、市场细分、市场定位、市场促销、市场服务和品牌保护等。提高农产品营销能力，有助于扩大农产品品牌的影响，有助于提高农产品在市场上的地位和份额。所以，营销方式是农产品品牌发展的基础，而品牌的发展又进一步提高了农产品竞争力。

3.加强商标注册保护

没有品牌，特色农产品就没有市场竞争力；没有品牌，特色农产品就不能卖出好价钱。商标是农产品的一个无形资产，对提升农产品品牌效益和附加值有着不可估量的作用。商标对很多人特别是农民朋友来说，也许是一个很空泛很抽象的概念。但它对农产品的实际意义和作用我们无法否认：它可以促进农业产业结构调整、提高农产品的市场知名度、占有率，加快农业产业化进程，增加农民收入。商标是商品生产者和经营者为使其产品与其他同类或相似产品相区别而附加在产品上的标记，它由文字、图形或其组合而成。由于商标具有辨别功能、广告功能和质量标示功能，所以商标已成为参与市场竞争的锐利武器。注册商标是农产品取得法律保护地位的唯一途径。没有法律地位的农产品终究要被他人侵蚀、淘汰。然而一旦名牌商标被他人抢注或冒用，不但商标价值大打折扣，更重要的是会损害名牌产品的形象，影响企业的声誉。因此，农产品生产企业在创立名牌的同时，应积极进行商标注册，使之得到法律的保护，获得使用品牌名称和品牌标记的专用权。

那么，该如何申请注册商标呢？《中华人民共和国商标法》规定，自然人、法人或者其他组织可以申请商标注册。因此，农村承包经营户、个体工商户均可以以自己的名义申请商标注册。申请注册的商标应当具有显著性，不得违反《中华人民共和国商标法》的规定，并不得与他人在先的权利相冲突。办理商标注册申请需要提交《商标注册申请书》、证明申请人身份的有效证件的复印件以及其他文件。申请人可以委托商标代理机构办理商标注册申请手续，也可以直接到国家工商行政管理总局商标局办理商标注册申请手续。

4.强化服务意识

现在的企业竞争力不再是单纯的产品质量、性价比，后期服务以及服务质量已经起到了相对决定性的因素。产品品牌是公众对这个产品的认知度，服务是人们对生产厂家的服务态度的一个公认度。因此可以说，一个完整的产品品牌是由产品本身的品牌形象和围绕其建立起来的服务品牌构成的。

服务品牌不仅仅是后期的服务，它应该包括：服务品牌理念、服务品牌行为、服务品牌形象、服务品牌传播、服务品牌管理等五大体系，具有服务模式、服务技术、服务质量、服务价格、服务文化、服务信誉、服务品牌等特征。一般来说，打造服务品牌的方式有：提炼服务品牌理念、建立服务品牌行为标准、梳理服务品牌形象、策划服务品牌传播等。

任务三 应用创新性成果

一、学习准备

【典型案例】

科技专利助力“农二代”回乡创业

近年来，中央和地方加大对农业科技推广应用的扶持，大力推动现代农业的发展，如今科学技术改变了耕作方式，提高了农业生产效率。福建省农业科学院农业生态研究所的两项“茶树灵芝”的发明专利与老涂（涂章峰的父亲）合作在建阳崇雒利用废弃的茶枝茶梗种灵芝，成为目前市场上唯一含有茶多酚的灵芝产品。

1987 年出生的涂章峰，在浙江开办过外贸服装厂，在现代农业科技的吸引下，2011 年回到家乡做起了“农二代”。他利用自己多年经营服装厂的营销理念，2015 年伊始，在福建南平的建阳开了一家“茶树灵芝专卖店”。他信心满满地说：“2015 年，预计茶树灵芝干品的产量会超过 8 吨，我们希望至少一半做成泡袋装的灵芝片，把茶树灵芝打造成建阳农业的第一名片！”小涂对产品推广有更远的想法，也给茶树灵芝赋以青春的市场生命。

（资料来源：http://www.faas.cn/gov/www2/724/2015-01-30/24123.htm）

案例点评：老涂利用专利技术种出富含茶多酚的灵芝，小涂将富含茶多酚的灵芝做成泡袋饮片，通过营销打造品牌，为其成功创业奠定了基础。实际上，农业创业中产品的创新，常常需要科学技术做后盾，而产品出来后，则需要重视营销的作用，只有这样，一个新产品才能被消费者所认识。

【资料准备】

1. 图书馆或资料室：利用图书馆或资料室的书籍或报刊，查找有关创新助力创业的资料。

2. 电脑、网络、新媒体：利用电脑上网或利用手机上 WiFi 等，查找有关创新助力创业的资料。

3. 教师准备的资料单：关于创新助力创业的理论总结和案例等相关文章。

二、学习任务设计与实施

【学习任务设计】

见图 12-3。

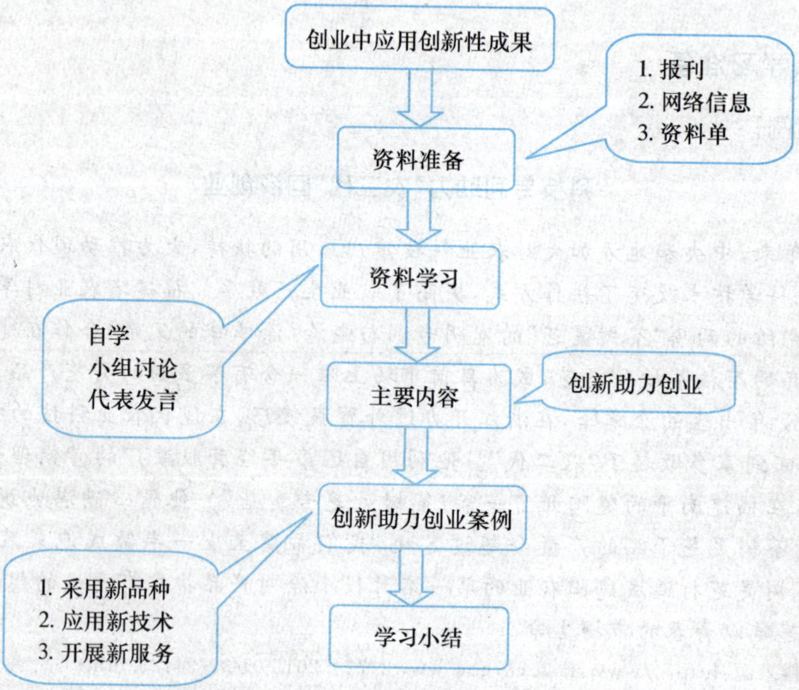

图 12-3 应用创新性成果学习任务完成流程

【学习任务实施】

1. 在教师的指导下，通过多种信息渠道查询资料。关键词有：创业、创新、助力等；汇总查找的相关资料。

2. 对所搜集的有关应用创新性成果的资料进行整理、归纳和分析，每人写一份学习收获；然后进行小组讨论，通过头脑风暴法扩大学习成果，并集中集体智慧每组完成一份综合性的学习收获体会。

3. 每组选一个代表，在全班讲解小组的学习路径、学习收获，组员补充收获的内容；教师组织发动全班同学讨论、评价各小组的学习情况，达到全班同学共享学习资源和收获体会，巩固所学的知识内容。

三、学习巩固

由于创新始终是农业创业的灵魂，因此在农业创业中不断应用创新成果，就会给现代农业创业者带来效益。

（一）采用新品种

农业新品种对农业生产具有不可忽视的促进作用。近年来，由于种子市场上不断推出大量的新品种，促使我国粮食产量不断提高。杂交玉米、优质小麦、转基因抗虫棉、高产大豆等突破性优良新品种，使我国农作物良种覆盖率达95%以上，良种对粮食增产的贡献率超过40%。此外，新品种促进种子质量进一步提高。由于育种工作高度重视种子生产的各个环节，注意提高种子质量和充分发挥品种的产量优势，使农业新品种的优势更为突出。因此，现代农业创业者要重视农业新品种的应用，以提高农业创业的效益。在新品种应用中，要注意选择能够适应当地生长环境，具有抗旱、抗病、抗倒、抗虫等方面的特征与特性的新品种，以能够发挥品种的优势，获得显著的经济效益。

（二）应用新技术

现代农业是一个高科技的综合体，它的发展离不开农业科学技术。因此，从事现代农业创业，首先要考虑的就是做精还是做大。如果说想要做精，不打算做大，这就要求突出核心优势。如果想做大，就要能进行复制。传统农业是通过化肥、农药以降低质量的方式获取了产量。当数量已经足够可以满足需要的时候，就一定要设法提高质量，保证质量安全，这就需要应用新技术。其次是要依靠农业科学技术对传统农业进行改造，如育种，就是通过科技手段经过选育和改良，使传统品种变成一个高产、优质、抗性好的新品种。这是一个系统工程，专业的研究、科学的生产、正确的加工、合理的销售，需要融入现代科学技术。目前，我国现代农业的发展是在规模化的过程中，要把现代农业科技的元素渗入进去，以不断提高农业的产出效率。第三是要重视发掘农业生产环节中的机会。其实农业的生产过程中有特别多的影响因素，需要大量的过程监控。如旱涝、病虫害需要监控，湿度、温度也需要监控，等等，这都需要依靠科学技术解决问题。

此外，创建农产品品牌，也需要在产前、产中、产后各环节全方位进行科技攻关，不断提高产品的科技含量。一是围绕市场需求，在农作物、畜禽、水产的优良、高效新品种选育上重点突破，促进品种更新换代，以满足消费者不断求新的需求；二是围绕新品种选育，做好与之相配套的良种良法的研究开发与推广工作，要着力解决降低动植物产品药残问题，保证食品卫生安全，以消除进入国际市场的障碍；

三是围绕产后的保鲜、储运、加工、包装、营销等环节，开展相应的技术攻关，加大对保鲜技术的研究，延长产品的消费时效，根据消费者购买力和价值取向设计开发不同档次的产品，逐步形成一个品牌、多个系列，应用现代营销手段扩大品牌知名度，培育消费群体，提高市场占有率；四是注重技术引进，积极引进国外新品种、新技术、新工艺，并通过技术嫁接，推动国内品牌的创建。

（三）开展新服务

由于现代农业创业者以其采用新品种、应用新技术等，往往在当地具有示范带动作用，因此其应在完善农业的社会化服务方面有所作为，如开展试验示范，提供农资服务，进行技术指导，拓展销售渠道等，通过拓展新的服务项目和提高服务质量获得相应的收入和效益。特别是在农村劳动力转移就业较多的地区，要积极发展代耕代管等服务业务，一是满足当地农业发展的需要，二是为自身发展赢得更为广阔的空间和更为宽松的条件。

任务四　重视农产品营销

一、学习准备

【典型阅读】

如何巧卖农产品

1. 肉鹅切割归类卖

有位农民创业者养了几千只肉鹅，但出栏时市场行情较差，于是他将肉鹅分割销售，鹅毛分成鹅绒、鹅羽，按类别和等级销售；鹅肉则分成鹅头、鹅脖、鹅肠、鹅架、鹅胸脯、鹅爪、鹅腿、鹅心等，并调制成各种菜肴，上市后不仅畅销，而且效益增加了近1倍。实际上，鸭、鸡、猪、牛、羊都可以分割来卖。但这投资也比较大，还需要办理各种许可证和资格证。要算清楚投入产出比，有钱赚再投入做。

2. 粉丝剪断包装卖

有位农民经纪人在销售粉丝过程中，发现人们煮粉丝时很难将其折断，于是便把粉丝加工成筷子一样长短的包装来销售，投放市场后深受消费者欢迎。站在客户方便使用的角度设计包装，就能够增加销量，但需要注意避免过度包装，过度包装会增加消费者的负担，还污染环境。

3. 蔬菜做成盆景卖

有农民看到城里人喜欢养花，便将朝天椒、五彩椒、茄子、樱桃、番茄、生姜、心里美萝卜等栽在花盆中，有花有果，既可观赏又可食用，很受城里人喜爱。但这属于创意农业，需要算清楚投入产出比，有效益才能做。

4. 芝麻糊现配现卖

有的农民买来一台小型磨面机，将黑芝麻事先在家炒熟，然后用三轮车将磨面机和炒熟的黑芝麻拉到菜市场，现做黑芝麻糊现卖，受到消费者的欢迎。当然，还可以现榨香油等。

5. 把高品质的农产品放进礼品盒里卖

像七彩山鸡、珍珠鸡、火鸡等之类的产品装在礼盒里卖，可以提高这些农产品的身价。当然，草莓、柴鸡蛋、有机菜等，也可以这样做。礼品有价情无价，以此提升农产品的附加值。

6. 微博营销

最近电视报道了浙江长兴农民走时尚，微博卖起了土鸡蛋，销售情况还很不错。

（资料来源：http://chuangye.yjbys.com/zhidao/ruhechuangye/547321.html）

阅读点评：当前，农产品的个性化营销，关键是要盯住市场的需要和消费者的期盼，切实解决农产品使用中的不方便问题。此外，也要注意营销新形态的应用，如网上营销、新媒体上营销等。

【资料准备】

1. 图书馆或资料室：利用图书馆或资料室的书籍或报刊，查找有关创新农产品营销的资料。

2. 电脑、网络、新媒体：利用电脑上网或利用手机上 WiFi 等，查找有关创新农产品营销的资料。

3. 教师准备的资料单：关于创新农产品营销的理论总结和案例等相关文章。

二、学习任务设计与实施

【学习任务设计】

见图 12-4。

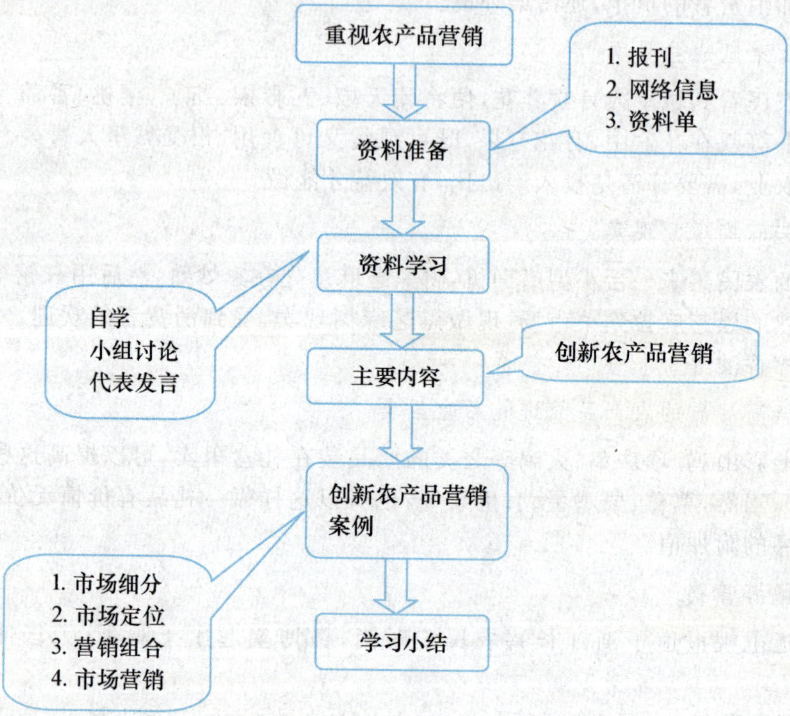

图 12-4 重视农产品营销学习任务完成流程

【学习任务实施】

1. 在教师的指导下，通过多种信息渠道查询资料。关键词有：创业、农产品营销、创新等；汇总查找的相关资料。

2. 对所搜集的有关重视农产品营销的资料进行整理、归纳和分析，每人写一份学习收获；然后进行小组讨论，通过头脑风暴法扩大学习成果，并集中集体智慧每组完成一份综合性的学习收获体会。

3. 每组选一个代表，在全班讲解小组的学习路径、学习收获，组员补充收获的内容；教师组织发动全班同学讨论、评价各小组的学习情况，达到全班同学共享学习资源和收获体会，巩固所学的知识内容。

三、学习巩固

农产品营销即农产品市场营销，是指在创造、沟通、传播和交换农产品的过程中，为顾客、客户、合作伙伴以及整个社会带来价值的一系列活动、过程和体系，即营销人员针对农产品市场所开展的经营与销售行为。对于现代农业创业者来说，重视农产品销售，应主要从以下几个方面着力：

（一）市场细分

农产品市场细分就是根据农产品总体市场中不同购买者在需求特点、购买行为和购买习惯等方面的差异性，把农产品总体市场化分为若干个不同类型的购买者群体的过程。每个用户或消费者群就是一个细分市场，或称子市场。每一个细分市场都是由具有类似需求倾向的消费者构成的群体，分属于不同细分市场的消费者对同一农产品的需求与欲望存在明显的差异。

随着农产品的极大丰富及消费行为的多样化，消费者对农产品的需求、欲望、购买行为以及对农产品营销策略的反应等表现出很大的差异性，这种差异性使农产品市场细分成为可能。现代农业创业者为了求得生存与发展，要在竞争激烈的市场上站稳脚跟，就必须通过市场调研，根据消费者的需要与欲望、购买行为、购买习惯等方面的差异性，通过市场细分，发现市场机会。

农产品市场细分的依据是消费者需求的多样性、差异性。消费者对农产品的需求与偏好主要受地理因素、人口因素、心理因素、购买行为因素等方面的影响。因此，这些因素都可以作为农产品市场细分的依据。通过市场细分寻找到农产品的差异化，这是农产品市场细分的目的。任何一种农产品都不可能满足所有消费者的需求。研究和分析消费者需求和欲望的差异性，并据此把一个农产品市场细分为几个甚至多个更加专业化的市场，结合创业者自身的条件和优势，有针对性地选择一个或者多个适合自己的目标市场进行生产经营活动，这就是市场细分。市场细分能帮助创业者了解市场的各部分和客户群是类似的还是不同的——如果能比竞争对手做得更好，那么就可以成为一种竞争优势，就能赢得市场和效益。

（二）市场定位

农产品的市场定位是对农产品所施行的市场定位行为，是指农业创业者根据竞争者现有产品在市场上所处的位置，针对消费者对该产品某种特征或属性的重视程度，强有力地塑造本企业产品与众不同的鲜明的个性或形象，并把这种形象生动地传递给顾客，从而确定该产品在市场中的适当位置的过程。农产品的市场定位是农业创业者通过为自己的农产品创造鲜明的特色和个性，从而在顾客心目中塑造出独特的形象和位置来实现的。这种特色和形象可以通过产品实体方面体现出来，也可以从消费者心理方面反映出来，还可以从价格、品牌、质量、档次及技术先进性等方面表现出来。

农产品市场定位的实质是取得目标市场的竞争优势，确定企业及其产品在顾客心目中的适当位置并留下值得购买的印象，以便吸引更多的顾客。因此，市场定位是创业者市场营销体系中的重要组成部分，对于提升企业市场形象，提高农产品市场竞争力具有重要意义。

农产品市场定位的实质是农业创业者取得在目标市场上竞争优势的过程。因此，市场定位的过程一般包括三个步骤，即明确自身潜在的竞争优势，选择相对的竞争优势，显示独特的竞争优势等。农产品市场定位的策略是指农产品生产经营者根据目标市场的情况，结合自己的条件确定竞争原则，通常有“针锋相对式”、“填空补缺式”和“另辟蹊径式”三大策略。

（三）营销组合

农产品的营销组合即农产品市场营销组合，是指农业创业者为了销售农产品以实现营销目标和进入目标市场而对可控制的各种营销因素的综合运用。由于企业可控制的市场营销因素很多，人们出于不同的目的从不同的角度提出了各种分类方法，其中，目前最常用的一种分类方法是由美国西北大学教授菲利普·科特勒的“6Ps”的营销组合理论，他认为营销组合因素可概括为“6Ps”，即产品（Product）、价格（Price）、地点（Place）、促销（Promotion）、政治力量（Political Power）和公共关系（Public Relations）六个组合因素。市场营销组合是现代营销观念指导下的整体营销思想的体现，是企业的市场战略的重要组成部分。

对于农业创业者而言，将营销组合的各因素视为统一的整体，把产品、价格、渠道、促销等方面的营销因素有机地结合起来，并根据不同的目标市场和不同的市场营销环境，制定出全方位的市场营销组合策略，完成农产品的销售，实现营销目标，取得理想的经营利润。

1. 产品策略（Product Strategy）

产品是市场营销组合中最重要的因素，任何企业的营销活动必须以产品为基础。因此，产品策略是市场营销组合策略的基础。目前我国农产品市场普通产品严重过剩，优质农产品、特色农产品相对不足，而且随着人民生活水平的提高，对优质农产品和特色农产品的需求量越来越大，从而开发优质农产品、特色农产品前景广阔。开发优质农产品和特色农产品，一方面要提高现有农产品的品质，另一方面要加强与农业科研单位的合作，不断开发优良、特色新品种。此外，还要引进并驯化国外的优良新品种。

2. 定价策略（Price Strategy）

定价策略是市场营销组合中最活跃的因素，企业定价既要考虑消费者的承受能力，以利于促进销售，又要考虑企业的成本补偿，以保证获取利润。

农产品价格普遍偏低，同类产品的价格差别不大，再加上农产品自身的特殊性，农产品的定价策略要充分考虑各种因素，遵循优质优价的原则，以优质农产品、特色农产品实行高价，树立价格差异，通过高价策略获得竞争优势。

3. 渠道策略（Distribution Channel Strategy）

分销渠道是营销组合的重要因素，而且极大地影响着企业营销组合的其他因素。目前，对于创业者来说，农产品的销售渠道主要有专业市场、贸易企业、大型超市和直接销售等。

4. 促销策略（Promotion Strategy）

促销策略是市场营销组合的重要组成部分，在企业的营销活动中具有十分重要的作用。农产品的营销对于促销策略的运用要慎重，最重要的是要围绕营销目标合理预算促销费用，在促销预算范围内有选择地运用人员推销、营销广告、营业推广和公共关系等促销手段。

（四）市场营销

"好酒不怕巷子深"的时代已一去不复返，再好的商品如果不进行强有力的宣传，将难以被社会公众认知，更难成为有口皆碑的名牌。提高产品的知名度和美誉度，促进名牌的形成，可以从以下三个方面着手：

1. 加大广告投入，选择好的广告媒体

广告是企业用采向消费者传递产品信息的最主要的方式。广告需要支付费用，一般来说投入的广告费用越多，广告效果越好，要使优质农产品广为人知，加大广告宣传的投入是必要的。可利用广告媒体如报纸、杂志、广播、电视和户外路牌等来传播信息。

2. 改善公共关系，塑造品牌形象

通过有关新闻单位或社会团体，无偿地向社会公众宣传、提供信息，从而间接地促销产品，这就是公共关系促销。公共关系促销较易获得社会及消费者的信任和认同，有利于提高产品的美誉度、扩大知名度。

3. 注重农产品包装，提升农产品身价

进口的泰国名牌大米，如金象、金兔、泰香、金帝舫等，大多包装精致。而我国许多农产品却没有包装，有些即使有包装也较粗糙，这不利于名牌的拓展。包装能够避免运输、储存过程中对产品的各种损害，保护产品质量；精美的包装还是一个优秀的"无声推销员"，能引起消费者的注意，在一定程度上激起购买欲望，同时还能够在消费者心目中树立起良好的形象，抬升产品的身价。

附 录

项目评价反馈

（各项目教学任务完成后使用）

一、自我评价

1. 为了完成现代农业创业的机遇把握的学习任务，你都做了哪些准备

(1)查找了哪些资料？

(2)你有哪些设想？

2. 运用所学的知识，分析你熟悉的一个特定类型的创业实例，分析其所作所为所体现的对现代农业创业机遇的识别与把握

3. 通过自学、讨论和调研，你有什么收获

二、小组评价

从学习态度、学习方法、团队合作和学习能力的提升等方面评价。

序号	评价项目	评价情况
1	与其他同学口头交流学习内容是否流畅	
2	是否尊重他人	
3	学习态度是否积极主动	
4	是否服从教师的教学安排	
5	是否能保持学习环境的干净整洁	
6	是否遵守学习场所的规章制度	
7	是否达到全勤	
8	团队学习中主动与合作的情况如何	

参与评价的同学签名________________________________

三、综合评价

1.教师评价

(1)对整个学习内容的小结归纳;

(2)对学习过程的总体评价。

教师签名________________

2.学生评价

(1)对教师授课效果的评价;

(2)对学习效果的评价。

学生签名________________

参考文献

[1] 鄢毅平．现代农民创业教育读本．北京：中国人口出版社，2010．

[2] 农业部农民科技教育培训中心，中央农业广播电视学校．现代农业创业指导．北京：中国农业出版社，2008．

[3] 农业部农民科技教育培训中心，中央农业广播电视学校．开始你的农业创业——农业创业培训教程．北京：中国农业出版社，2010．

[4] 王文新．新型职业农民创业培训教程．北京：中国农业科技出版社，2014．

[5] 胡春明．中国现代农业园区深度调研与投资战略分析报告．深圳：前瞻产业研究院，2014．

[6] 朱明德．现代农业．重庆：重庆大学出版社，2011．

[7] 刘明国．现代农业模式的分类与比较．农业经济，2011（09）．

[8] 朱启臻．现代农业发展的基础与条件．前线，2015（02）．

[9] 蒋云飞．赢在创业．http：//book．ebusinessreview．cn/bookpartinfo-44547．html

[10] 国际劳工组织北京局．创办你的企业．北京：中国劳动社会保障出版社，2003．

[11] 刘志，刘银来．现代农业创业基础．武汉：湖北科学技术出版社，2012．

[12] 董和金．试论机遇的特性．求索，1996（05）：44-46．

[13] 陈震红，董俊武．创业机会的识别过程研究．科技管理研究，2005（02）．

[14] 涂同明．新型农民创业培训教程．武汉：湖北科技出版社，2010．

[15] 冯忠泽，李庆江，任爱胜．中国农产品及农产品市场特点分析．中国农学通报，2008（09）．

[16] 曾学文．农民创业培训实用教程．北京：中国农业科技技术出版社，2012．